# Secretos
## de
# ultratumba

# Secretos
## de
# ultratumba

## PERRY STONE

CASA
CREACIÓN
A STRANG COMPANY

La cita de la Escritura marcada (N-C) corresponde a la Sagrada Biblia Nácar-Colunga, 16ª edición, © Biblioteca de Autores Cristianos, Madrid, 1978. Usada con permiso.

La grafía y significado de los términos griegos corresponden a la *Nueva concordancia exhaustiva de la Biblia de Strong*, de James Strong, Editorial Caribe, 2003. Usada con permiso.

Traducido por: María Mercedes Pérez, María del C. Fabbri Rojas y María Bettina López.

Director de diseño: Bill Johnson

Originally published in the U.S.A. under the title: *Secrets from Beyond the Grave*
Published by Charisma House, A Strang Company, Lake Mary, FL 32746 USA

Library of Congress Control Number: 2100931920
ISBN: 978-1-61638-078-6

10 11 12 13 * 7 6 5 4 3 2 1
Impreso en los Estados Unidos de América

# Contenido

### Capítulo 7

## El hombre es un ser tripartito: una parte muere y dos partes viven ....................................89

### Capítulo 8

## El misterio de las experiencias próximas a la muerte ........111

### Capítulo 9

## La mejor bienvenida jamás conocida .....................124

### Capítulo 10

## Los misterios del tiempo-luz y de la eternidad...............141

## Capítulo 11

## Capítulo 12

## Capítulo 13

## Conclusión

Una oración para ser redimido . . . . . . . . . . . . . . . . . . . . . . . . .234

Notas . . . . . . . . . . . . . . . . . . . . . . . . . . . . . . . . . . . . . . . . . . . . . .235

# ¡Los muertos están rogando que usted no vaya a donde están!

Hoy nadie conoce su nombre. Sabemos que era una persona muy adinerada que vestía espléndidamente de lino y púrpura y disfrutaba en su salón privado de banquetes que festejaba diariamente. Él registro histórico dice que tenía cinco hermanos en su familia. (Vea Lucas 16:19-31.) Sin advertencia, fue hallado repentinamente muerto en su casa. Aunque en realidad, estaba vivo y seguía viviendo en otro mundo —una dimensión extraña, una esfera bastante misteriosa identificada como *Seol* o *Hades*. Aunque su cuerpo había sido enterrado, su alma y espíritu seguían operando con sus cinco sentidos, recordando bien su vida anterior, recordando su prosperidad, y recordando que un mendigo murió de hambre en la puerta de su casa mientras él, que era rico, había ignorado deliberadamente la apremiante situación del pobre hombre.

Este hombre rico era ahora un prisionero eterno en una tierra de almas de difuntos. Las Escrituras inspiradas identifican estas cámaras como excavadas bajo la corteza de la tierra, como mostraré en este libro. Aunque este ex aristócrata no había tenido tiempo para Dios ni compasión para la gente pobre mientras vivía en su mansión y se atiborraba de las comidas más deliciosas, ahora tendría que imaginar por siempre lo que podría haber sido, en una tierra donde el tiempo cesa de existir.

En este mundo de almas de difuntos, aprendió cómo orar. Por extraño que parezca, él nunca preguntó si podría salir de esta prisión subterránea de fuego y llamas, como sabiendo que no había ningún escape. Su oración fue por los vivos. Un *hombre muerto* estaba orando por los *vivos*. Su pedido fue que se enviara al pobre mendigo de regreso de entre los muertos a la casa de este ex hombre rico para advertir a sus hermanos que no vinieran a este lugar. Su oración nunca fue respondida. Sus hermanos tenían a "Moisés y los profetas" (Lucas 16:29), o tenían el conocimiento de las Escrituras. Al hombre rico se le dijo: "Si no oyen a Moisés y a los profetas, tampoco se persuadirán aunque alguno se levantare de los muertos" (v. 31).

En este libro, sin embargo, estoy respondiendo parcialmente a la plegaria milenaria de ese hombre rico. Voy a guiarlo a través de un viaje por el inframundo para mostrarle lo que usted experimentará y lo que puede esperar si parte de esta vida sin hacer un pacto redentor. La oración de este ex millonario es: "Por favor no venga adonde estoy".

Había, pues, un mendigo, un hombre cuyo nombre era Lázaro. No el Lázaro que Cristo levantó de los muertos, sino otro hombre con el mismo nombre. Su vida terrenal fue de continua miseria. No sólo fue un mendigo cuyas huesudas, temblorosas manos se tendieron para pedir unas migas de la mesa del hombre rico, sino que también tenía su cuerpo entero cubierto de llagas dolorosas y sangrantes. Los únicos amigos que tuvo este débil y pobre trozo de humanidad fueron los perros que vinieron y lamieron sus llagas. Este pobre hombre mendigaba en la propiedad del hombre rico, pero ni el hombre rico no identificado ni sus cinco hermanos prestaron atención a sus necesidades.

Parece que el hombre rico y el mendigo murieron aproximadamente al mismo tiempo. El hombre rico cerró sus ojos en la muerte y despertó en un mundo de fuego, llamas y tormento. El viejo mendigo recibió una escolta personal de ángeles hacia un lugar confortable donde conoció personalmente a Abraham, el patriarca de la fe hebrea, y fue consolado en la vida después de la muerte.

Esta historia, narrada por Jesús, solamente es registrada por uno de los cuatro autores de los Evangelios: Lucas, que era médico (Col 4:14). Como médico, Lucas frecuentemente fue detallista al presentar información que lo debe de haber intrigado desde una racional perspectiva médica. Los doctores deben lidiar con los partos, el sufrimiento y la muerte. Lucas da grandes detalles del nacimiento virginal de Cristo y de los hechos milagrosos que rodearon el nacimiento de Juan el Bautista (capítulos 1 y 2 de Lucas), de los sufrimientos de Cristo como que "su sudor era como grandes gotas de sangre" (Lc 22:44), y de la historia de dos hombres y sus experiencias en la vida después de la muerte (Lc 16:19-31).

He debatido con personas que no creen en la vida después de la muerte y que dudan especialmente de la existencia de un lugar llamado *infierno*. Afirman que la historia registrada por Lucas no fue más que una parábola narrada por Cristo para ilustrar una cuestión espiritual. Sin embargo, las marcas identificatorias que encontramos en las parábolas de Cristo faltan por completo en esta historia.

En la época de Cristo había dos grupos religiosos principales que frecuentemente se oponían a sus enseñanzas: los fariseos y los saduceos. Los fariseos creían en el cuerpo, el alma y el espíritu, y que el espíritu dejaba el cuerpo físico al morir. Los saduceos, en cambio, no creían que en el hombre hubiera un espíritu eterno ni que éste dejara el cuerpo con la muerte. Por lo tanto, este relato de Lucas 16, dicho por Cristo y registrado por el doctor Lucas, era un golpe directo a los incrédulos saduceos.

Una parábola es una historia que contiene otro significado *oculto* dentro de la historia. Las parábolas de Cristo eran historias con otras interpretaciones dentro de esas historias. Por ejemplo, el trigo y la cizaña son los hijos del reino y los hijos de Satanás (Mt 13). La parábola del sembrador revela las cuatro maneras en que los hombres responden al mensaje del evangelio (Mr 4). En las parábolas, Cristo nunca dio nombres específicos, pero en este relato nombra a Lázaro, Abraham y Moisés. Antes de la crucifixión de Cristo, tanto los justos como los injustos iban a cámaras inferiores situadas bajo las montañas, y había un gran abismo entre el nivel superior donde habitaba el justo (el seno de Abraham) y las cámaras bajas llamadas infierno (Lc 16:22-31).

Si por alguna razón usted nunca ha leído el relato de la muerte de estos dos hombres y sus vidas más allá de la tumba, este libro le explicará la vida después de la muerte con gran detalle. Si usted ha leído u oído que esta historia no es literal, sino solamente una parábola, le daré amplia información para probar que efectivamente existe la vida después de la muerte. Si usted cree que hay dos mundos más allá de éste, y si desea conocer mejor con qué tropezará segundos después de dejar esta vida, este libro responderá a sus preguntas.

Los que vivimos al presente, al final pasaremos de esta vida "de la manera que está establecido para los hombres que mueran una sola vez, y después de esto el juicio" (He 9:27). Cuando partamos de esta cáscara de arcilla, hay solamente dos lugares donde nuestro espíritu y alma eternos podrán quedar hasta la resurrección y el Día del Juicio Final. Es este mundo invisible de las almas de los difuntos el que quiero explorar con usted. En uno de esos lugares, los muertos están rogando que usted nunca vaya allí. En el otro, hay un Sumo Sacerdote que está intercediendo para que usted termine su viaje y despierte en el paraíso de Dios. Será usted quien escoja su destino.

# Capítulo 1

# Viaje más allá
# de la tumba

xisten tres mundos, uno visible y dos invisibles. Sin
embargo el ámbito que no se ve es tan real y tangible como
el que se ve. Estas tres dimensiones se describen en el siguiente pasaje:

> Para que en el nombre de Jesús se doble toda rodilla de los que
> están en los cielos, y en la tierra, y bajo la tierra.
>
> —Filipenses 2:10

"Los que están en la tierra" son los seres humanos que viven. "Los
que están en los cielos" incluye a Dios, Cristo y los ángeles. "Los
que están bajo la tierra", incluye las cámaras donde los ángeles caídos están atados en oscuridad, mientras esperan el día de su juicio
(2 P 2:4). Según el Nuevo Testamento, también las almas y los espíritus de los hombres y mujeres que murieron están reservados,
algunos en una zona especial del cielo y otros en cámaras ubicadas
bajo tierra.

La ubicación de quienes ya residen en el cielo es identificada por
el apóstol Pablo como un paraíso celestial, al cual se refiere en 2
Corintios 12:1-4. Lo opuesto son las *cámaras de retención*, conoci-
das como la tierra de las almas impías que partieron, están ubicadas bajo la tierra, muy profundamente debajo de la corteza de las
montañas, e incluyen una serie de grandes cavernas y cuevas adonde son llevadas las almas y espíritus de los impíos inmediatamente
después de su muerte física en la tierra. (Vea Números 16:30-33;
Lucas 16:23-31).

## La creación del infierno

Moisés registró que "En el principio creó Dios los cielos y la tierra" (Gn 1:1). Antes de que Dios creara a Adán y Eva en el Jardín del Edén, los ángeles preexistían con Dios y observaban las actividades de la Creación a medida que el Todopoderoso la llamaba a la existencia (Job 38:4-7). Algunos eruditos señalan que en Génesis 1:1, la palabra hebrea para "creó", que es "*bara*", indicaba que los cielos y la tierra fueron formados en una condición perfecta.[1]

Sin embargo, en Génesis 1:2 leemos que "la tierra estaba desordenada y vacía, y las tinieblas estaban sobre la faz del abismo". La oscuridad está sobre el "abismo". La palabra hebrea para "abismo" es *tejóm* y alude a las cámaras subterráneas bajo la tierra donde se almacenan las aguas.[2] Este caos aparente que vemos en el versículo 2 ha sido identificado por algunos estudiantes como el tiempo de la caída de Satanás y sus ángeles desde el cielo (Is 14:12-15; Lc 10:18; Ap 12:7-10), que produjo un suceso caótico en la tierra.

Así, entre las misteriosas y desconocidas "eras pasadas" de Génesis 1:1, y la caída de Satanás de Génesis 1:2, la expulsión de Satanás del cielo a la tierra golpeó al planeta como un rayo (Lucas 10:18), y, como algunos sugieren, ése fue el tiempo en que Dios creó un lugar llamado *infierno* en el centro de la tierra. Está claro que el infierno no fue creado para el hombre, sino que originalmente fue sólo para Satanás y sus ángeles rebeldes. Leemos en Mateo 25:41:

> Entonces dirá también a los de la izquierda: Apartaos de mí, malditos, al fuego eterno preparado para el diablo y sus ángeles.

Aunque los detalles de la expulsión de Satanás del cielo y la creación del infierno permanecen un poco en el misterio, las aguas que cubrían la tierra en Génesis 1:2 se cree que eran las aguas que enfriaron el planeta después de que cámara tras cámara del infierno fue formada en el centro de la tierra. Curiosamente, hay científicos que creen que la tierra fue en un tiempo una bola de fuego que finalmente se enfrió (con agua) y constituyó el planeta que ahora habitamos. La diferencia entre lo que estoy compartiendo y la teoría científica de "desarrollo gradual del planeta" es el elemento tiempo. Los científicos creen que el proceso de formación tomó miles de millones de años. Sin embargo, aunque en eras pasadas la creación original de Génesis 1 puede haber ocurrido hace millones de años, el marco de tiempo registrado desde Génesis 1:3 en adelante —donde Dios crea la luz, las plantas y al hombre— fue de apenas un poco más de seis mil años atrás según la teología tradicional. En cuanto a si el infierno fue preparado *antes* de la caída de Satanás (Gn 1:1) o después (Gn 1:2), la Escritura y la ciencia concuerdan en estos hechos: existen distintos niveles bajo la tierra, y el centro de la tierra es fuego.

## Las cavernas subterráneas

A través de toda la Biblia hay cinco diferentes palabras usadas para identificar el área que yo llamo infierno. Estas palabras son:

- *Seol*: una palabra hebrea del Antiguo Testamento
- *Hades*: una palabra griega del Nuevo Testamento
- *Gehenna*: una palabra griega del Nuevo Testamento
- *Tártaro*: una palabra griega del Nuevo Testamento
- *Abismo*: una palabra griega del Nuevo Testamento

La palabra *Seol* se usa sesenta y cinco veces en el Antiguo Testamento. Se traduce como *infierno* treinta y un veces en la Biblia, treinta y un veces como la palabra *sepulcro*, y tres veces se traduce como la palabra inglesa *pit* (pozo). La palabra Hades se traduce como *infierno* diez veces en el Nuevo Testamento. También se halla en 1 Corintios 15:55, donde la palabra inglesa es "sepulcro" (grave). La única excepción es Apocalipsis 6:8: el caballo amarillo es muerte, y el infierno (*Hades*) lo sigue.

Por definición, la palabra *Hades* es "región de los espíritus de los muertos perdidos, pero incluyendo los de los muertos bienaventurados en los tiempos anteriores a la ascensión de Cristo".[3]

Los padres de la Iglesia primitiva se refirieron al Hades. Un padre anteniceno comentó:

> Este es el compartimento de tormento del Seol-Hades donde las almas impías han ido siempre e irán hasta el final del Milenio…El Hades es un lugar del sistema creado, tosco, un lugar bajo la tierra, en el cual la luz del mundo no brilla; y

como el sol no brilla en este lugar, necesariamente debe haber
perpetua oscuridad allí.[4]

La tercera palabra, *tartaroo*, es una palabra griega traducida
como infierno y que se halla sólo en un lugar:

> Porque si Dios no perdonó a los ángeles que pecaron, sino que
> arrojándolos al infierno los entregó a prisiones de oscuridad,
> para ser reservados al juicio......
>
> —2 PEDRO 2:4

El Tártaro fue considerado en la mitología griega tanto un espíritu como una deidad, y el lugar de una caverna inferior al Hades
en la cual están confinados la mayoría de los espíritus malvados.
Se creía que era el primer lugar creado en las regiones del infierno,
ya que los ángeles pecaron siglos antes de que Adán fuera creado
y pecara. Pedro revela que ésta es la prisión de los ángeles caídos.

Así como en el futuro Satanás será arrojado al abismo, y tiene
asignado un lugar del infierno para evitar que escape durante mil
años (Ap 20:3), también esos ángeles que se rebelaron contra Dios
durante la caída de Lucifer y los que se corrompieron en los días de
Noé produciendo la prole de gigantes (Gn 6:4), ahora están encade-
nados en pozos de oscuridad en las partes más bajas de la tierra. No
existe indicio de que almas humanas se encuentren en esta región,
sólo los ángeles caídos. Judas escribió:

> Y a los ángeles que no guardaron su dignidad, sino que aban-
> donaron su propia morada, los ha guardado bajo oscuridad,
> en prisiones eternas, para el juicio del gran día.
>
> —JUDAS 6

La siguiente palabra que revela otra caverna bajo la tierra es el
vocablo griego *ábusos*, que se traduce al inglés como *abyss* (abismo).
Esta palabra se halla nueve veces en el Nuevo Testamento y se traduce en el libro de Apocalipsis como "el pozo del abismo" (Ap 9:1-2, 11;
11:7; 17:8; 20:1, 3). Esta palabra alude a un área no especificada bajo
la tierra que es un gran vacío, una cavidad vacía que no puede ser
medida. Este lugar era conocido por el espíritu maligno que Cristo enfrentó durante su ministerio. En una ocasión, Cristo expulsó
una gran hueste de demonios de un hombre, y el principal espíritu

maligno pidió no ser confinado al "abismo" (Lc 8:31). La King James Version dice "profundidades" (deep), pero la palabra griega es *abussos*, o el abismo. Así que, hace casi dos mil años, el mundo de espíritus malignos y caídos que está bajo la autoridad de Satanás era completamente consciente de su destino final: en el abismo.

El mundo espiritual conoce las Escrituras, como se evidenció durante la tentación de Cristo cuando Satanás citó el Salmo 91. (Compare el Salmo 91:11-12 con Mateo 4:6). El profeta Isaías predijo que Lucifer un día sería arrojado "hasta el Seol, a los lados del abismo" (Is 14:15). En tiempos de Cristo, los espíritus malignos que se encontraban con Él sabían que tenían como destino final ser confinados en un "abismo". Tal vez después de ver a Cristo, ¡creyeron que el tiempo de su destrucción había llegado!

En el texto hebreo, cuando se hace alusión a las cámaras subterráneas, la palabra *profundidades* (deep) (*tejóm*) es considerada el "mar primigenio". En la Septuaginta (el Antiguo Testamento traducido del hebreo al griego), se usa la palabra *abyss* (*abismo*) en lugar de *tejóm*. Así, la palabra *tejóm* está ligada al mar (Job 28:14) y a las profundidades de la tierra en el Salmo 71:20. En el Apocalipsis, Juan revela que la entidad maligna que un día se convertirá en el Anticristo de la profecía bíblica (identificado por Juan como "la bestia") será poseída y controlada por un espíritu que surgirá del abismo:

> La bestia que has visto es la que antes era pero ya no es, y está a punto de subir del abismo, pero va rumbo a la destrucción.
>
> —APOCALIPSIS 17:8, NVI

## El área de Ge-Hinnom

La última palabra hallada en el Nuevo Testamento que se traduce como infierno es el vocablo griego *geenna*, transliterado al inglés como *Gehenna*. La palabra griega *geenna* se encuentra doce veces en el Nuevo Testamento Griego y se traduce once veces como *infierno* en los cuatro Evangelios (Mateo, Marcos, Lucas y Juan). La palabra misma, sin embargo, tiene un significado histórico detallado y más amplio que el de un mero vocablo griego para infierno.

Primero, en Jerusalén existe un área que histórica y bíblicamente se llama Ge-Hinnom. Hoy en día, fuera de los muros del sudoeste

de la antigua ciudad de Jerusalén, hay un barranco muy profundo
y un valle conocido en el Antiguo Testamento como el Valle de los
hijos de Hinnom, llamado Tofet en tiempos antiguos.

> Porque Tofet ya de tiempo está dispuesto y preparado para el
> rey, profundo y ancho, cuya pira es de fuego, y mucha leña; el
> soplo de Jehová, como torrente de azufre, lo enciende.
>
> —ISAÍAS 30:33

En el antiguo Israel el valle servía como una frontera entre las
tribus de Judá y Benjamín (Jos 15:8; 18:16). En tiempos de los cana-
neos el área se llamó Ge-Hinnom, o el Valle de los hijos de Hinom.
Los primitivos habitantes adoraban a un ídolo llamado Moloc. Este
dios hecho por los hombres era originariamente un dios amonita
que se sentaba sobre un pedestal de bronce y aparentaba ser un
hombre de la cintura para abajo y un becerro de la cintura para
arriba. Quienes adoraban a Moloc pasaban a sus hijos por las llamas (2 Cr 33:6).

Jeremías habló de este hecho terrible en Jeremías 7:31:

> Y han edificado los lugares altos de Tofet, que está en el valle
> del hijo de Hinom, para quemar al fuego a sus hijos y a sus
> hijas, cosa que yo no les mandé, ni subió en mi corazón.

Rashi, un famoso rabino del siglo doce, escribió un comentario
sobre Jeremías 7:31:

> Tofet es Moloc, que fue hecho de bronce, y lo calentaban desde
> la parte inferior; y estando sus brazos estirados y calientes,
> colocaban al niño entre sus manos, y era quemado; cuando
> gritaba con vehemencia, los sacerdotes golpeaban un tambor,
> para que el padre no pudiera oír la voz de su hijo, y su corazón
> no fuera conmovido.[5]

Así, desde los primeros tiempos, el valle de Hinnom estuvo liga-
do a la adoración a los ídolos, el fuego y a la muerte de niños en las
llamas de Moloc.

En el Nuevo Testamento, el área de Hinnom estaba ubicada fuera
de una de las principales puertas de Jerusalén, la Puerta de Dung.
Habiendo estado en Jerusalén más de treinta veces, y habiendo estado

de pie en el valle de Hinom, conozco ciertos datos históricos fascinantes ligados al área. En tiempos de Cristo, el valle en realidad era el basurero de la ciudad. Además era un lugar donde se quemaban los restos de los animales muertos. El área era un desfiladero muy profundo y tenía elevados y resbaladizos muros rocosos a cada lado del valle que iba desde el desfiladero hasta la cima de los montes. El fuego ardía continuamente en el valle, acompañado por los olores que normalmente acompañan a la quema de basura.

Cuando Cristo hizo alusión al infierno en el Nuevo Testamento, usó la palabra griega *Gehenna* y pudo presentar una vívida imagen a sus oyentes, que estaban muy familiarizados con los desperdicios de la Gehenna.

> Hay dos palmeras en el valle de Ben Hinnom, entre las cuales se levanta el humo, y esto es lo que aprendemos "Las palmeras de la montaña son aptas para el hierro". Y: "Esta es la puerta de la Gehenna".[6]

Cristo a menudo usó objetos visibles para ilustrar verdades espirituales. Habló de ovejas y cabras usando estos animales como una analogía para los justos y los impíos. Lo mismo vale con el trigo y la cizaña. Estos granos naturales, que eran comunes en Israel, son usados como imagen para describir a los hijos del mundo (la cizaña) y los hijos del reino (el trigo). (Vea Mateo 13:24-38).

Los escépticos enseñan que como Cristo usó la palabra *geenna* para infierno, y este lugar estaba ubicado en Jerusalén, el infierno no existe, y sólo fue un valle de Jerusalén. Esta *teoría* es como decir que Cristo habló de Jerusalén, y ya que Jerusalén era una ciudad real en su tiempo, la Nueva Jerusalén mencionada en Apocalipsis 21 y 22 es una alegoría y realmente no existe en el cielo. Cuando habló del infierno, Cristo usó esta palabra para pintar una clara imagen en las mentes de sus oyentes, que estaban familiarizados con los abismos profundos, las llamas ardiendo continuamente, y el humo que se elevaba de esa zona, comparándolo con el verdadero infierno de las almas que partieron.

## Ge-Hinnom y la muerte de Judas

Uno de los doce primeros apóstoles fue Judas Iscariote (Mt 26:14). Judas identificó a Jesús con un beso (v.49) y lo traicionó por treinta piezas de plata (Mt 27:3). Judas después se arrepintió de sus acciones, pero se arrepintió para sí mismo y no para con Dios (v.3). Después de arrojar las monedas de plata en el piso del templo, Judas fue y se ahorcó en un árbol (v.5). Más tarde cuando los apóstoles reemplazaron a Judas, Pedro afirmó: "Éste, pues, con el salario de su iniquidad adquirió un campo, y cayendo de cabeza, se reventó por la mitad, y todas sus entrañas se derramaron" (Hch 1:18) Críticos eruditos dicen que esto es una contradicción: una afirmación dice que Judas se ahorcó, y la otra que cayó de cabeza. Como siempre, hay una sencilla explicación para estos complejos debates teológicos.

He estado en el área numerosas veces y hasta visité un monasterio que se halla en la cima de un cerro que da al valle de Hinom. En la cima hay muchos árboles cuyas ramas se extienden sobre el precipicio hacia el valle que está debajo. Aparentemente, Judas tomó una cuerda y se ahorcó saltando al precipicio, con su cuerpo colgando de la rama. En ese momento, la rama se quebró, y el cuerpo de Judas se desplomó bruscamente, estrellándose contra las rocas irregulares que sobresalían de los muros del acantilado y cayó sobre las rocas del valle. De este modo no existe contradicción. Él se ahorcó primero, y después de que la rama se quebró, su cuerpo cayó. El impacto causó los resultados mencionados en Hechos 1:18. Con respecto a Judas, Pedro escribió:

> Para que tome la parte de este ministerio y apostolado, de que cayó Judas por transgresión, para irse a su propio lugar.
>
> —Hechos 1:25

Judas era parte del ministerio apostólico y cayó en pecado cuando "Satanás entró en él" (Jn 13:27). Después de su muerte, Pedro dijo que él se fue "a su propio lugar". La palabra *lugar* en griego es *topos* y alude a una ubicación certera. Puede aludir a un lugar (habitación) que una persona ocupa (Lc 14:9-10). Algunos eruditos sugieren que esta frase "su propio lugar" alude a una habitación especial del infierno a donde fue llevado Judas por traicionar a Jesús.

Cristo había dicho de la persona que lo traicionara: "mejor le sería a ese hombre no haber nacido" (Mr 14:21).

Resumiendo la vida y la muerte de Judas:

- ☞ Fue elegido como uno de los doce apóstoles (Mateo 10:1-4).
- ☞ Es llamado "obispo" basado en una profecía de Salmos (Sal 109:4-8; Hechos 1:20).
- ☞ Le fue dada autoridad espiritual sobre los demonios y las enfermedades (Mateo 10:1).
- ☞ Fue asignado como el tesorero del ministerio (Juan 12:6).
- ☞ Fue llamado ladrón antes de traicionar a Cristo (Juan 12:6).
- ☞ Terminó vendiendo su ministerio por dinero (Mateo 26:15).
- ☞ Fue llamado "diablo" por Cristo (Juan 6:70).
- ☞ Permitió que Satanás entrara en su corazón en la última cena (Juan 13:27).
- ☞ Traicionó a Cristo con un beso y lo entregó a los soldados (Mateo 26:48).
- ☞ Se dio cuenta de sus pecados, pero se arrepintió solo para sí y no para con Dios (Mateo 27:3).
- ☞ Fue y se quitó la vida (Hechos1:18).
- ☞ Su alma y espíritu fueron llevados a su propio lugar bajo la tierra (Hechos 1:25).

## Dinero ensangrentado para un cementerio

Como las treinta piezas de plata fueron dinero usado para traicionar a un inocente y derramar sangre inocente, se colocó una maldición sobre todo el que tal hiciera. Puesto que la sangre de Cristo fue derramada como resultado de la acción de Judas, el dinero no podía ser devuelto a los fondos del templo. Fue usado para comprar un campo en los cuales enterrar los cadáveres de los extranjeros que morían en Jerusalén. El campo, llamado *Acéldama*, que significa "campo de sangre", fue comprado en el valle donde se halló el cuerpo sin vida de Judas. Cuando estuve en el área de Acéldama en Jerusalén, me di cuenta de que este campo está ubicado en el borde de lo que se conoce como valle de Hinom o Ge-Hinnom. Judas literalmente se quitó la vida ¡en el borde de lo que en su tiempo se llamaba *infierno!* Cristo usó la palabra *Gehenna* para describir el infierno. Existen diversos comentarios históricos y judíos que dan su perspectiva y opinión acerca del tema del infierno. Entre los judíos hay siete nombres de siete diferentes divisiones de la Gehenna, y una creencia sobre que las entradas a este infierno están tanto en el mar como en tierra firme. Según Josefo, los esenios describían la Gehenna como una cueva fría y oscura.[7] Esta área fue a lo largo de la historia un lugar para enterrar a los muertos, como indicaba Jeremías.

> ...Y serán enterrados en Tofet, por no haber lugar.
>
> —JEREMÍAS 7:32

Esta palabras —*Hades, Seol, Tártaro, Gehenna* y el abismo— son las cinco principales usadas para identificar el infierno de los ángeles caídos, ciertos espíritus malignos y las almas de los impíos.

## La ubicación de las cavernas del infierno

Después de pasar cientos de horas investigando las posibles ubicaciones y entradas a este misterioso mundo subterráneo, surgen tres hechos importantes.

Primero, estas cámaras y cavernas están ubicadas todas bajo la superficie terrestre. En la Escritura el cielo siempre se identifica como estando *arriba* y al infierno siempre se hace referencia como estando *abajo*, o debajo (Nm 16:30; Job 11:8). Nunca se dice del infierno que esté arriba, y nunca se ubica al cielo abajo. Segundo, estos lugares subterráneos de retención de los impíos y ángeles caídos están debajo de las montañas, como se revela en la historia de Jonás (Jon 2:6). Finalmente, un aspecto menos conocido y enseñado del infierno es que muchas de las entradas se localizan debajo de los mares (Job 26:5).

El infierno definitivamente está ubicado abajo y bajo la tierra:

- ☞ "Desciendan vivos al Seol" (Sal 55:15)
- ☞ "Mas tú derribado eres hasta el Seol" (Is 14:15).

☞ "Las hice descender al Seol" (Ez 31:16).

☞ "También ellos descendieron con él al Seol" (Ez 31:17).

☞ "...Dios no perdonó a los ángeles cuando pecaron, sino que los arrojó al infierno..." (2 P 2:4, LBLA).

Un ejemplo de que el infierno está debajo de la corteza terrestre es en el caso de la rebelión de Coré contra Moisés. Coré tenía celos de la autoridad de Moisés y Aarón sobre el pueblo y buscó dar un golpe contra estos hombres de Dios. El Todopoderoso trajo un súbito juicio sobre Coré y sus rebeldes:

> Abrió la tierra su boca, y los tragó a ellos, a sus casas, a todos los hombres de Coré, y a todos sus bienes. Y ellos, con todo lo que tenían, descendieron vivos al Seol, y los cubrió la tierra, y perecieron de en medio de la congregación.
>
> —NÚMEROS 16:32-33

Descendieron al Seol. La palabra hebrea es *Sheol*: el mundo de los espíritus que han partido. Este fue un suceso sobrenatural, porque después de su descenso al infierno, la tierra se cerró y selló la abertura para evitar que otros cayeran a la sima. Los rebeldes *bajaron* al abismo.

Un segundo punto es que una persona debe descender bajo las montañas para alcanzar las cavernas y pozos del infierno. Hay una perspectiva interesante en la historia de la *muerte* de Jonás, registrada en el libro de Jonás. Se enseña a los niños que Jonás fue arrojado de una embarcación y una ballena lo tragó, permitiendo que Jonás viviera tres días en el vientre del gran pez. Sin embargo, cuando una persona examina cuidadosamente las palabras y afirmaciones hechas por el propio Jonás, ve que el profeta rebelde en verdad se ahogó, y el pez preservó su cuerpo de ser devorado por otras criaturas marinas. Después de tres días de ser preservado, Dios lo resucitó y lo sacó del vientre del pez. Esto es lo que escribió Jonás:

> Entonces oró Jonás a Jehová su Dios desde el vientre del pez, y dijo: Invoqué en mi angustia a Jehová, y él me oyó; desde el seno del Seol clamé, y mi voz oíste. Me echaste a lo profundo, en medio de los mares, y me rodeó la corriente; todas tus ondas y tus olas pasaron sobre mí. Entonces dije: Desechado

soy de delante de tus ojos; mas aún veré tu santo templo. Las aguas me rodearon hasta el alma, rodeóme el abismo; el alga se enredó a mi cabeza. Descendí a los cimientos de los montes; la tierra echó sus cerrojos sobre mí para siempre; mas tú sacaste mi vida de la sepultura, oh Jehová Dios mío. Cuando mi alma desfallecía en mí, me acordé de Jehová, y mi oración llegó hasta ti en tu santo templo.

—Jonás 2:1-7

Jonás reconoció que después de haber sido arrojado del barco, las olas del mar pasaron sobre él, y su cabeza se enredó con las algas. Describió cómo su alma desfallecía dentro de él, lo cual sería una referencia a su alma preparándose a partir del cuerpo por medio de la muerte. Describe el ir "a los cimientos de los montes" y que la tierra echó "los cerrojos" sobre él para siempre. Sin embargo, Dios lo levantó de la "sepultura"ᵃ lo cual es una alusión a la descomposición física después de la muerte. Observe que Jonás no oró *en* el vientre como indican algunas traducciones modernas, sino "*fuera*ᵇ del vientre del pez". Jonás se describió clamando fuera del "seno del Seol"ᵇ. La palabra hebrea aquí es *Sheol*, la palabra común para designar el mundo subterráneo de los muertos.

Jonás literalmente se ahogó, y después de su muerte fue al seno del mundo subterráneo por tres días. Cuando Jonás clamó al Señor, Dios hizo volver el espíritu de Jonás a su cuerpo. Esta es la razón por la que Cristo compara sus tres días y noches en el corazón de la tierra con los tres días y noches de Jonás en el vientre del pez (Mt 12:39-40). Así como Lázaro estuvo muerto cuatro días y Cristo lo resucitó de los muertos, Jonás estuvo muerto por tres días, y el Todopoderoso devolvió el espíritu y el alma del profeta desde el Seol al cuerpo de Jonás que había sido preservado en el vientre de un gran pez. El Evangelio de Mateo traduce la palabra griega *ketos* como "ballena" (Mt 12:40, RV1909), pero la palabra significa un pez

---

ᵃ La KJV no dice "sepultura" sino "corrupción": "… yet hast thou brought up my life from corruption…" (Jon 2.6).
ᵇ La KJV dice: "¹Then Jonah prayed unto the LORD his God **out of the fish's belly**, ²And said, I cried by reason of mine affliction unto the LORD, and he heard me; **out of the belly of hell cried I**, and thou heardest my voice" (Jon 2.1-2, énfasis añadido). http://www.biblegateway.com/passage/?search=Jonah%20 2:1-7&version=KJV, consulta en línea 6/30/2010.

enorme o "un monstruo marino" (usado en la Septuaginta en Job 7:12; 9:8; 26:13). Los hombres han supuesto que el gran pez era una ballena, ya que ésta habría sido la criatura marina más grande con capacidad para tragar un cuerpo humano.

Jonás habló de los cerrojos bajo las montañas que se cerraron sobre él. Cuando Job y sus amigos hablaban de la muerte, leemos:

> ¿Te han sido descubiertas las puertas de la muerte,
> Y has visto las puertas de la sombra de muerte?
>
> —JOB 38:17

Aunque muchos eruditos creen que estas "puertas" son simples metáforas, debe de haber portales o entradas tanto al cielo como al infierno. Esto nos lleva al tercer punto: las aberturas hacia el infierno que están ubicadas bajo las aguas. Observe las referencias a estas aberturas en las siguientes escrituras:

> ¿Bajará conmigo hasta las puertas de la muerte?
> ¿Descenderemos juntos hasta el polvo?
>
> —JOB 17:16, NVI

> Las sombras tiemblan en lo profundo, los mares y cuanto en ellos mora. El Seol está descubierto delante de él, y el Abadón no tiene cobertura.
>
> —JOB 26:5-6

> ¿Quién encerró con puertas el mar, cuando se derramaba saliéndose de su seno? ¿Has entrado tú hasta las fuentes del mar, y has andado escudriñando el abismo? ¿Te han sido descubiertas las puertas de la muerte, y has visto las puertas de la sombra de muerte?
>
> —JOB 38:8, 16-17

> No me anegue la corriente de las aguas, ni me trague el abismo, ni el pozo cierre sobre mí su boca.
>
> —SALMO 69:15

En el contexto de estas escrituras, todos estos pasajes aluden a la muerte o al infierno, y algunos mencionan las puertas y cerrojos que son entradas al pozo, o infierno. Sugeriría que así como la

Nueva Jerusalén del cielo tiene doce entradas a la Santa Ciudad, también existen entradas dispersas alrededor del mundo que conducen al mundo subterráneo del Seol.

Aunque puede ser imposible probarlo con evidencia visible, existen algunos lugares bastante misteriosos donde ocurre extraña actividad magnética y en los alrededores de ciertos mares. Una de dichas ubicaciones es el Triángulo de las Bermudas, cuyos límites tocan Puerto Rico, Bermuda, y Florida. El tamaño exacto del Triángulo de las Bermudas depende de la fuente que lo describa, pero está en el rango de las doscientas mil millas cuadradas desde la costa Atlántica. Se informa que ha cobrado más de mil vidas en cincuenta años. Desde 1945, se ha informado la desaparición de más de cien barcos, botes y aviones.

El Triángulo de las Bermudas es uno de dos lugares de la tierra en que una brújula señala el verdadero norte. Normalmente señala el norte magnético. La diferencia entre los dos se conoce como variación de brújula. La cantidad de variación cambia hasta veinte grados cuando uno circunnavega la tierra. Si esta variación o error de la brújula no se compensa, un navegante puede apartarse mucho de su curso y estar en grandes problemas.[8] Se ha observado desde los satélites extraña agua blanca y brillante, y niebla verdusca.

Otra área en que ocurre el mismo extraño fenómeno es el Mar del Diablo. El mar está situado al otro lado del mundo, opuesto al Triángulo de las Bermudas. El área se ubica al este de Japón entre Iwo Jima y la isla Marcus. El gobierno japonés ha catalogado a esta área como una zona de peligro. El Triángulo de las Bermudas tiene una profunda fosa cerca de San Juan que mide veintisiete mil pies de profundidad. Cerca de Guam está la fosa submarina más grande del mundo, que mide treinta y seis mil pies de profundidad.[9] Se desconoce la razón por la que estas áreas tienen campos magnéticos tan extraños, y este libro no detallará la investigación relacionada con estos incidentes. Sin embargo, hay numerosos lugares en el mundo donde existe extraña actividad magnética que ocurre de manera continua, incluyendo áreas donde la brújula en realidad va en la dirección opuesta.

Un hombre llamado Ivan Sanderson, un biólogo profesional que fundó la Sociedad para la Investigación de lo Inexplicable en Columbia, Nueva Jersey, afirma haber descubierto doce vibraciones electromagnéticas alrededor del mundo, llamadas por algunos "Ten

Vile (Strong) Vortices". En 1972 Sanderson escribió un artículo en el *Saga Magazine*, llamando a su descubrimiento "Los doce cementerios del diablo alrededor del mundo". Sanderson había investigado las áreas de todo el mundo donde supuestamente han desaparecido barcos y aviones, y descubrió diez regiones del globo, espaciadas a una misma distancia, que experimentan estos extraños fenómenos.[10] Estas áreas de extraños fenómenos magnéticos y del espacio y tiempo se sitúan a cinco grados sobre el ecuador y cinco por debajo a igual distancia del ecuador. Agregando los Polos Norte y Sur, hay doce áreas. Sanderson afirma que las diez áreas principales se encuentran ubicadas a intervalos de setenta y dos grados, lo cual incluye el Triángulo de las Bermudas y el Mar del Diablo. Sanderson ha colocado en una cuadrícula las áreas que producen la energía electromagnética y cree que éstas pueden ser portales o vórtices. Al este del Triángulo de las Bermudas está el Mar de los Sargazos, un área en que la brújula de Colón actuó de manera extraña durante su viaje. Las diez áreas son:

1. Triángulo de las Bermudas
2. Ruinas Megalíticas de Algeria (sur de Timbuktu)
3. Karachi (Pakistán)
4. Triángulo del Mar del Diablo (cerca de Iwo Jima, Japón)
5. Hamakulia, al sudeste de Hawai (el punto focal está en el océano al sudeste de Hawai)
6. Estructuras Megalíticas de Sarawak (Borneo)
7. Nan Madol (Isla Pohnpei, Micronesia)
8. Cultura Inca en Sudamérica
9. La Isla de Pascua
10. Gabón (África Occidental)[11]

Una de las explicaciones para las dificultades con barcos y aviones en estas áreas son las frecuentes corrientes de vientos de aire frío y caliente que se forman en la atmósfera sobre el mar. Sin embargo, eso no explica por qué hay tantos monumentos de piedra, llamados megalitos y dólmenes (mesas de piedra), erigidos en las áreas en que la actividad electromagnética es más intensa.

Personalmente visité una de tales áreas en los Montes de Golán en Israel. El lugar es un parque paleomagnético conocido como las *Piedras Magnéticas*. Si usted coloca una brújula cerca de las piedras de esta área, la brújula señala la dirección contraria al verdadero norte. Esta anormalidad tiene varias explicaciones. Sin embargo, esta zona además tiene más de tres mil grandes piedras llamadas dólmenes, las cuales también se han hallado en otros lugares alrededor del mundo, incluyendo la Isla de Pascua, a miles de millas de distancia del área de Golán. Bíblicamente, esta área fue una vez el hogar de los gigantes bíblicos, una raza de hombres muy grandes que vivieron antes y después del diluvio de Noé (Gn 6:1-4). Los historiadores seculares cuestionan cómo un hombre normal pudo haber movido piedras tan grandes, que requieren una grúa especial sólo para erigirlas en posición vertical. La explicación más sencilla es que los gigantes bíblicos eran parte de estas áreas y ayudaron en la construcción de estos monumentos megalíticos. No obstante, es un misterio el para qué fueron erigidos estos monumentos en las mismas áreas donde ocurre una extraña actividad electromagnética.

## Espíritus debajo del Éufrates

Una región del mundo que se menciona en la profecía bíblica es el río Éufrates. En Apocalipsis, esta famosa corriente de agua se secará, y cuatro ángeles misteriosos serán liberados de su confinamiento (Ap 9:14). El río Éufrates se origina en las montañas Taurus y fluye a través de Siria e Irak, uniéndose finalmente al Tigris en el Shatt al-Arab y desembocando en el Golfo Pérsico. La profecía apocalíptica que menciona la liberación de los cuatro ángeles revela además que un peligroso ángel llamado Apolión, o Abadón (Ap 9:11), será liberado del abismo, casi al mismo tiempo que estos cuatro seres angélicos serán soltados de su cautividad, donde están confinados en cavernas debajo de las aguas del Éufrates.

Mucha de la futura actividad profética mencionada en el Antiguo Testamento y el Apocalipsis será desarrollada en y en torno al Medio Oriente. Ya que esta futura actividad se identifica como ocurriendo cerca del río Éufrates, y uno de los agentes malignos liberados en la tierra se llama Abadón, ¿podría este ángel maligno que ahora está en el abismo ser liberado en algún lugar de la zona del Golfo Pérsico, ya que el Éufrates y el Tigris desembocan en él? Es interesante notar que el Éufrates y el Tigris se unen y desembocan en el Golfo Pérsico en un lugar donde hay una famosa isla. Esta isla, llamada Abadan, tiene cuarenta y dos millas de largo y doce millas de ancho, y actualmente es una importante isla de refinería de petróleo de Irán. Fue el centro de la guerra entre Irán e Irak en la década de los ochenta. La ubicación de la isla es justo debajo de donde se unen el Éufrates y el Tigris, en un lugar del sur de Irak llamado Bosera; se juntan como un solo río y fluyen hacia el Golfo Pérsico.

El nombre hebreo para este ser demoníaco que será liberado del abismo en algún momento durante una época de tribulación en la tierra, es Abadón. El hebreo no tiene vocales, y el nombre de la isla petrolera tiene algunas de las mismas letras hebreas del nombre hebreo Abadón, indicando que puede haber un vínculo lingüístico, aunque débil, con esta isla y la liberación del espíritu llamado Abadón de un pozo lleno de humo negro. Como la ubicación es cercana al Éufrates, que se menciona por nombre en la profecía, el espíritu llamado Abadón podría estar atado bajo la tierra en esta región del mundo. Los espíritus de los principados poderosos a menudo toman el mismo nombre de la región que controlan, tales como el príncipe de Persia y el príncipe de Grecia (Dn 10:13,20).

Cuando este "pozo" (Ap 9:1) es abierto, el humo negro llena el aire, oscureciendo toda la zona. Debido a que la Isla Abadan es usada para refinar petróleo, cualquier clase de explosión podría causar que literalmente el humo negro colme la atmósfera, cumpliendo así la descripción visual dada por Juan en Apocalipsis 9:1. Durante la Guerra del Golfo en 1991, se incendiaron cientos de pozos de petróleo, haciendo que el aire en Kuwait y los alrededores se llenara de un humo negro que tapó el sol y, a veces, las sustancias químicas que permanecían en la atmósfera hacían que la luna tuviera una apariencia rojiza.

Estos ángeles caídos están atados "debajo de las aguas" y "en el pozo" (abismo). Los escritores inspirados de la Escritura hablaron de las puertas bajo el mar:

> ¿Quién encerró con puertas el mar, cuando se derramaba saliéndose de su seno?
>
> —JOB 38:8

¿Has entrado tú hasta las fuentes del mar, y has andado escudriñando el abismo? ¿Te han sido descubiertas las puertas de la muerte, y has visto las puertas de la sombra de muerte?

—Job 38:16-17

## Los espíritus están bajo las aguas

Al estudiar las Escrituras, muchas veces se torna importante examinar el sentido original de las palabras para asegurarse de que la traducción a nuestro idioma ha presentado correctamente la verdadera interpretación. A continuación tenemos un ejemplo:

Un estremecimiento invade a los muertos, a los que habitan debajo de las aguas. Ante Dios, queda el sepulcro al descubierto; nada hay que oculte a este destructor.

—Job 26:5-6, NVI

En este pasaje Job menciona el sepulcro —en hebreo *Sheól*, infierno—, pero también menciona al destructor, que es la palabra hebrea *abaddón*, ¡el mismo nombre del ángel maligno mencionado en Apocalipsis 9:11! Otro término para examinar es la palabra muertos, que en este pasaje es el vocablo hebreo *rafá* o *refaim*. Lo que hace única a esta palabra es que *refaim* se usa en las traducciones inglesa y castellana de la Biblia como uno de los nombres comunes de una raza de gigantes que una vez deambularon por la tierra. El nombre se encuentra en 2 Samuel como un valle de Jerusalén gobernado en un tiempo por gigantes (2 S 5:18, 22; 23:13). La palabra gigantes se encuentra a lo largo de las versiones inglesa y castellana del Antiguo Testamento y es la palabra *rafá*, la raíz de la palabra *refaim*.

Job 26:5, NVI, dice: "Un estremecimiento invade a los muertos [*rafá*], a los que habitan debajo de las aguas". La palabra *estremecimiento*, en hebreo es *kjul*, y puede significar "retorcerse de dolor". Como los ángeles caídos están atados ahora en el *tartaroo* (2 P 2:4), entonces están confinados debajo de las aguas, bajo las montañas, en las cámaras subterráneas inferiores, experimentando eterno dolor.

Y a los ángeles que no guardaron su dignidad, sino que abandonaron su propia morada, los ha guardado bajo oscuridad, en prisiones eternas, para el juicio del gran día.

—JUDAS 6

Éstos serán parte de los ángeles que en el Juicio del Gran Trono Blanco serán sacados del infierno, y a quienes los santos los juzgarán (1 Co 6:3; Ap 20:11-15). ¡Ellos están guardados (la palabra *guardados* significa estar mantenidos bajo observación y vigilancia) hasta el día de su juzgamiento!

## Al borde del Triángulo

He ministrado muchas veces en una gran iglesia de Huntington, West Virginia. Hace años fui informado de una historia sorprendente respecto al pastor anterior, el Reverendo Roland Garner. En 1977-78, el Pastor Garner fue en una expedición de buceo de dos semanas a la zona de las Bahamas y Bermuda, sirviendo como capellán al equipo de buzos. Los investigadores y buzos de la expedición estaban investigando la actividad cercana al Triángulo de las Bermudas y la razón por la cual ocurría la misteriosa actividad magnética.

En el barco un hombre llamado Wingate y un estrecho colaborador de Jacques Cousteau guiaban la expedición de submarinistas. Durante una de las inmersiones los hombres hallaron bajo el agua lo que les parecía ser piedras de basalto negro de un antiguo *templo*, incluso una perfecta columna de mármol. En otra inmersión, después de veinte minutos el buzo subió y dijo a los demás que no iba a "volver allá abajo". Cuando el pastor Garner le preguntó por qué, el hombre contestó: "Pude oír algo gimiendo debajo del lecho marino. Se oía como si arrastrara cadenas". El pastor Garner regresó y contó la historia a la congregación y dio detalles de la extraña expedición. Le dijo al buzo que había ángeles caídos en algún lugar bajo la tierra, y quizás era eso lo que él había oído. Nunca más regresaron a esa zona. Se observó que a veces podía verse un humo amarillento.

El pastor Garner creía, y enseñaba, que era posible que esa área haya sido alguna vez una región preadámica del mundo donde Lucifer gobernaba antes de su caída. También creía que esos lugares donde los campos electromagnéticos ocasionan cosas extrañas podían ser entradas a esas cámaras bíblicas.

## Puertas del cielo y del infierno

Muchas veces cuando un investigador bíblico o un erudito no cree plenamente en o no acepta la interpretación de una palabra de un versículo, inmediatamente declara que la palabra o pasaje es una metáfora, una alegoría o un mito. A menudo, tal es el caso cuando se trata el tema del infierno. Con frecuencia alguien comentará: "Creo que existe un cielo, pero no un infierno. Dios nunca permitiría que alguien pasara la eternidad en un lugar de tanto tormento." Otros interpretan que el infierno son las dificultades que uno encuentra en la tierra; de ese modo, el único infierno que uno puede experimentar es en la tierra. Otros aún sugieren que las advertencias respecto del infierno eran exageraciones para enfatizar la importancia de cómo tratar a los demás en esta vida. Un hombre creía que los antiguos egipcios iniciaron la creencia en la vida después de la muerte, y todas las otras religiones adoptaron la doctrina y simplemente han modificado sus conceptos para que concuerden con su propia religión.

Siempre he dicho que cuando un pasaje claro de la Escritura tiene sentido, entonces no le busque otro sentido, si no usted perderá el sentido común. La Biblia no fue escrita por profesores de Harvard o Yale, sino por cuarenta autores diferentes que originariamente eran pastores, granjeros, pescadores, un recaudador de impuestos, un médico, y un fariseo erudito (Pablo). Ellos escribían de manera muy sencilla y literal. Los ángeles son literales, los demonios son literales y el cielo y el infierno son literales. Las calles de oro no son un cuadro de los *fundamentos de la autoridad divina* (ya que el oro representa la deidad en la Biblia), ¡sino que son calles de oro literalmente! Las doce puertas de perla (Ap 21:21) no son una representación del ministerio apostólico de los doce apóstoles (ya que en la parábola del reino una perla es el evangelio [Mt.13:46], y los apóstoles difunden el evangelio), sino que existen doce puertas literales en la ciudad celestial.

Todo intento por hacer del infierno un lugar no literal es vana incredulidad humanística. Cualquier esfuerzo por enseñar que el fuego es espiritual y no literal tampoco tiene lugar en la verdadera interpretación de la completa revelación del infierno en ambos Testamentos.

El apóstol Juan fue el único escritor bíblico que detalló el tamaño y la apariencia de la ciudad celestial, la Nueva Jerusalén. Menciona doce entradas o puertas, custodiadas por doce ángeles. Estas doce puertas están ubicadas tres al norte, tres al sur, tres al este y tres al oeste (Ap 21:12-13). En la tierra, identificamos cuatro puntos cardinales —norte, sur, este y oeste— y toda la gente habita en las naciones en una de esas cuatro direcciones. La gente del norte tiene una puerta norte, la del oeste una puerta occidental, la del este la puerta oriental, y los del sur podrían entrar por la puerta sur.

Cuando un pecador fallece en cualquier parte del mundo, puede no haber una sola entrada al infierno, sino que así como hay doce puertas en la Nueva Jerusalén, puede haber de diez a doce puertas magnéticas que realmente conducen al infierno. Los de Australia entran en las cámaras de su región, mientras que los africanos, americanos y asiáticos usan diferentes entradas. Todas éstas conducen a un área principal bajo las montañas.

En el Jardín del Edén, el árbol de la vida estaba en la mitad (el centro) del jardín (Gn 2:9). A lo largo del Apocalipsis la *menorá* está en la mitad del templo, y el Cordero está en medio del trono (Ap 7:17). Puede ser posible que el mismo centro o foco de las cámaras del infierno en la tierra esté en Israel, en un lugar conocido como el Mar Muerto. Como descubrirá, el Mar Muerto no solo está lleno de historia asombrosa, sino que también es un lugar de conflictos espirituales pasados y está vinculado a numerosas profecías futuras.

Capítulo 2

# El Mar Muerto: la zona del futuro lago de fuego

L a primera **vez que vi** el Mar Muerto fue en mayo de 1986. Era mi primer viaje a Israel. Quedé magnetizado ante las escarpadas rocas rosadas que se alzaban como rascacielos en el borde del desierto de Judea y con el yermo, pero místico atractivo de la tierra que rodea la ciudad de Jericó. Recuerdo haberme quedado de pie sobre una colina, cerca de las famosas cuevas de Qumran, mirando hacia el Mar Muerto, y experimentando un desierto del más inusual silencio y solitud imaginables. Esta masa de agua verde-azulina tenía una apariencia extraña, casi mística y magnética. Poco comprendí en aquel momento —pero tras muchos años de investigación lo hago ahora— que este *mar* debe ser el lugar más inusual de la tierra.

El Mar Muerto está a 1,369 pies bajo el nivel del mar —es el punto más bajo de la tierra. En su parte más profunda, el nivel es de 2,300 pies bajo el nivel del mar. Tiene una extensión de 3,700 millas que se extienden desde Turquía hasta África. El mar es en realidad un lago que se está secando gradualmente. Toda el área se formó por terremotos y por el calor del fuego y el agua caliente impregnados con azufre y sulfuro.

## Actividad volcánica

Desde la zona del norte de Israel, llamada el Basan, hasta el fondo del Mar Muerto, toda el área permanece activa con terremotos y volcanes desde los comienzos de la historia. En el Basan (las alturas de Golan), "localizadas al norte del mar de Galilea, los visitantes pueden contemplar grandes rocas de basalto negro que constituyen un silencioso recuerdo de la primitiva actividad volcánica en aquel lugar". La revista *Nature* señaló:

> Los volcanes pueden parecerse al infierno más de lo que nadie puede imaginar. Las erupciones arrojan torrentes de sulfuro líquido, el azufre de los predicadores evangélicos, que se consume antes de que pueda ser preservado para la posteridad.[1]

El vínculo entre los volcanes y el Mar Muerto es interesante. En los tiempos de Abraham, había cinco poblaciones, llamadas las "ciudades de la llanura" (Gn 13:12). Esas ciudades eran Sodoma, Gomorra, Adma, Zeboim, y Zoar (Gn 14:2). Por causa de la iniquidad de Sodoma, cuatro de las cinco ciudades fueron destruidas por fuego y azufre. "Entonces Jehová hizo llover sobre Sodoma y sobre Gomorra azufre y fuego de parte de Jehová desde los cielos" (Gn 19:24). La evidencia de esta destrucción puede ser vista en las capas de rocas volcánicas esparcidas por el suelo en partes del Jordán, sobre las montañas de la antigua Moab, sobre las montañas orientales sobre el Mar Muerto, y en las bolitas de sulfuro que yacen en el suelo no lejos de Masada, en la parte occidental del mar. La forma de las montañas de sal sobre el lado israelí del Mar Muerto también hace referencia a una época en la cual ocurrió en la región una explosión masiva, hace miles de años.

El azufre es una sustancia sulfurosa que arde. Creo que la destrucción de las ciudades fue producto de la súbita erupción de un volcán subterráneo que arrojó al aire lava y rocas ardientes. Algunos eruditos creen que las ciudades fueron destruidas por un asteroide. Sin embargo, la destrucción por un asteroide habría devastado mucho más que las cuatro ciudades. La única ciudad que sobrevivió, la pequeña Zoar, estaba construida sobre una montaña. Lot y sus dos hijas también fueron librados de la destrucción. Un gran asteroide hubiese eliminado todo y a todos, sin dejar ni humanos ni ciudades a su paso; de modo que la pequeña ciudad de Zoar y Lot y sus dos hijas se habrían evaporado instantáneamente.

## El asfalto y el mar

Hay fuerte evidencia geológica de que existen fuegos subterráneos debajo del Mar Muerto. Las aguas del Mar Muerto contienen alrededor de veintiún minerales, doce de los cuales no pueden encontrarse en ningún otro mar ni océano del mundo. El contenido salino es muy alto, un 31 por ciento. Otra característica extraña es que en el pasado el mar ocasionalmente escupía un asfalto de aspecto negro, una sustancia similar al alquitrán, en pequeñas canicas, desde grietas profundas que había debajo del agua. Después de producirse terremotos, ¡en el lago han aparecido trozos de asfalto grandes como una casa, lo que le dio el apodo de Lago de Asfalto![2]

En el año 312 había mercenarios griegos que hacían dinero gracias al combustible líquido gelatinoso que aparecía en la superficie de las aguas en el centro del Mar Muerto. Hombres de tribus árabes con balsas de juncos esperaban en la costa donde recogían esas *chorradas* gelatinosas de petróleo crudo. Los griegos se los llevaban como despojos de guerra, y estallaban conflictos para obtener esas sustancias. Una vez que este elemento negro era recogido en la orilla, tres hombres lo picaban con hachas, cubrían la sustancia pegajosa con arena, y luego la colocaban en bolsas. Los camellos transportaban el valioso petróleo crudo a Alejandría, en Egipto, donde era vendido y utilizado como combustible para encender fuego.[3]

## El Mar Muerto: el "nexo espiritual"

El *nexo espiritual* de los acontecimientos bíblicos que ocurrieron en o cerca del Mar Muerto es mucho más que la mera destrucción de Sodoma y Gomorra. El desierto de Judea, cuyas montañas corren en forma paralela al Mar Muerto sobre el lado israelí, es el sitio de la tentación de Cristo.

> Entonces Jesús fue llevado por el Espíritu al desierto, para ser tentado por el diablo.
>
> —MATEO 4:1

La tradicional ubicación de la tentación en el desierto son las montañas que se encuentran directamente atrás del moderno oasis de Jericó. Desde esta montaña que da al este, Cristo debe haber contemplado la ciudad de Jericó (Jos 2), Gilgal, donde Israel acampó antes de conquistar Jericó (Jos 4:19), la llanura de Moab donde Moisés fue sepultado (Dt 34:6), y el área donde Elías fue trasladado vivo al cielo (2 R 2: 5-14), así como el lugar del río Jordán por donde cruzó Josué con los israelitas (Jos 4: 3-20).

Fue en esta región de Israel donde Cristo tuvo una confrontación cara a cara con Satanás durante su cuadragésimo día de ayuno. En los días del tabernáculo, el Día de la Expiación el infame macho cabrío era llevado desde el tabernáculo hasta el corazón del desierto (Lv 16:10), donde se lo arrojaba por un precipicio para que muriera. Un versículo interesante del Nuevo Testamento revela que cuando un espíritu impuro sale de una persona, la entidad demoníaca anda por lugares secos:

> Cuando el espíritu inmundo sale del hombre, anda por lugares secos, buscando reposo, y no lo halla.
>
> —Mateo 12:43

Años atrás, durante un viaje por Tierra Santa, en Israel, estaba leyendo este pasaje cuando me volví hacia mi guía personal, Gideon Shore, y le pregunté cómo estaba traducida en su Biblia hebrea esta frase, "lugares secos". Después de buscar, él me respondió: "Tendría el mismo significado que el desierto de Judea". En ese momento recordé otro incidente que mencionaba el desierto, en el cual un hombre poseído por espíritus inmundos era "impelido por el demonio a los desiertos" (Lc 8:29). En el Antiguo Testamento en la Biblia en inglés la palabra *desierto* aparece 270 veces.

Desde la antigüedad, los rabinos judíos creían que ciertas poderosas entidades demoníacas moran en los desiertos. No existe ninguna palabra para "demonio" en el hebreo; sin embargo, hay una palabra que se utiliza para identificar diablos, *saír*, que se traduce "demonio cabra". Esta es una primitiva palabra semítica, que se utiliza para identificar espíritus del desierto. Esta palabra, que significa "demonios peludos", se encuentra en Levítico 17:7 y en 2 Crónicas 11:15. La palabra también se utiliza en Isaías 34:14 donde las "cabras salvajes" (demonios peludos) se juntan en las ruinas de Edom.

En el Antiguo Testamento, la cabra es una criatura frecuentemente ligada con el engaño. Jacob cubrió sus brazos con piel de cabra para engañar a su padre y tomar la bendición de su hermano Esaú (Gn 27:16-22). Más tarde, el mismo Jacob fue engañado haciéndole creer que su hijo José había sido comido por las bestias salvajes cuando los hermanos de José le llevaron su túnica cubierta de sangre (Gn 37:31-34). Años más tarde, el Día de la Expiación, se utilizaban dos machos cabríos idénticos, uno dedicado a Azazel, y el otro dedicado al Señor (Lv 16:8). Al macho cabrío para el Señor lo mataban en el altar, pero al de Azazel le ponían las manos sobre la cabeza y se le transferían los pecados del pueblo. A este macho cabrío, llamado el *chivo expiatorio*, se la llevaba al desierto y al final lo arrojaban por un risco y al encontrar la muerte liberaba a Israel de todos sus pecados (Lv 16:21-22).

Así, el desierto comenzó a identificarse con Azazel quien, de acuerdo con el Libro de Enoc (un texto encontrado entre los manuscritos de las cuevas de Qumran cerca del Mar Muerto) era un ángel caído que vino a la tierra y reveló secretos celestiales que finalmente llevaron al hombre a pecar.[4]

No existe una indicación bíblica directa del porqué, pero parece que los espíritus malignos moran en lugares secos. Los hijos de Israel encontraron "ángeles malos" durante su peregrinación por el desierto (Sal 78:49, RV2000) y antes del ministerio público de Cristo, el Espíritu Santo lo llevó "al desierto...y era tentado por el diablo" (Lucas 4:1-2). Siendo el Mar Muerto el punto más bajo de toda la tierra, y dada la historia bíblica del área, incluyendo el desierto judío, esta región del mundo tiene ciertas características que la señalan como un lugar de juicio espiritual (Sodoma y Gomorra), tentación de Satanás (la tentación de Cristo) y ángeles caídos (Azazel).

## El fuego debajo del mar

Si regresamos cientos o miles de años atrás, y exploramos las referencias históricas relacionadas con el Mar Muerto, veremos cuán evidente es que hay un inmenso fuego ardiendo debajo del mar.

El geógrafo del siglo I, Strabo, dijo que era una "tierra de fuegos" que se alimentaban de sustancias del área.[5]

Alrededor de cien años antes de Cristo, un judío escribió:

> Cuando eran exterminados los impíos, ella [la Sabiduría] libró a un justo, escapado del fuego que caía sobre las Cinco Ciudades. En testimonio de semejante perversidad, humea allí todavía una tierra desolada.[6]
>
> —SABIDURÍA DE SALOMÓN 10:6-7

Diodorus, un escritor del siglo I, dijo:

> Fuego arde bajo la tierra y el hedor derrite a los habitantes de
> los países vecinos, enfermándolos y acortando mucho su vida.[7]

Filón fue un escritor y filósofo de la primera centuria. Al hablar
de Abraham, él escribió algo en relación con el Mar Muerto:

> Porque el fuego del rayo es el más difícil de extinguir, y tre-
> paba e iba invadiendo todo, y seguía ardiendo. Y la prueba
> más evidente de esto puede encontrarse en lo que se ve hasta
> hoy: porque el humo que sigue emitiendo, y el sulfuro que los
> hombres desentierran allí, son una prueba de la calamidad
> que le sucedió a ese país.[8]

Antes de 1787, había mapas bíblicos que mostraban humo saliendo del Mar Muerto. Se reportó:

> El sur de Siria, es decir, la cuenca por la que fluye el Jordán,
> es un país de volcanes [con actividad volcánica]: las fuentes
> de betún y sulfuro del Lago de Asfalto [el Mar Muerto], la
> lava, la piedra pómez lanzadas en la orilla y los baños calien-
> tes de Tiberio, demuestran que ese lugar ha sido el asiento de
> un fuego subterráneo que aún no se ha extinguido. A menudo
> se observan nubes de humo que surgen desde el lago, y nuevas
> grietas se forman sobre sus costas.[9]

Durante una investigación científica en 1848, un viajero a Tierra
Santa, llamado William Francis Lynch escribió lo siguiente, luego
de pasar algún tiempo cerca del Mar Muerto:

> El viento soplaba fuertemente...durante la noche, y traía un
> fétido olor a hidrógeno sulfuroso...La gran evaporación for-
> maba una cortina de vapor, fino, transparente, cuyo tinte púr-
> pura contrastaba extrañamente con el extraordinario color
> del mar que se encontraba más abajo, y...le daba la apariencia
> de humo del sulfuro ardiente.[10]

Resumamos las singularidades del Mar Muerto:

- El Mar Muerto es el punto más bajo de la tierra.
- La parte sur del Mar Muerto era la localización de Sodoma y Gomorra.
- Existe evidencia de antigua actividad volcánica en la región.
- Los famosos acantilados con picos rosados del desierto judío se encuentran junto al Mar Muerto.
- El desierto es el lugar donde Cristo fue tentado por el diablo.
- El desierto es el lugar a donde van los espíritus inmundos cuando son expulsados de una persona.
- Ha habido humo, asfalto y evidencia de sulfuro ligada al Mar Muerto.
- Hay un fuego subterráneo ardiendo debajo del Mar Muerto.

## Pozos en el Mar Muerto

Una de las primeras referencias al área del Mar Muerto es la batalla entre los cuatro reyes de Sinar y los cinco reyes de las ciudades del valle (Gn 14:1-2). Durante la batalla, los reyes de Sodoma y Gomorra se juntaron en el "Valle de Sidim, que es el Mar Salado" (v. 3). La traducción Reina-Valera 1960 dice: "Y el valle de Sidim estaba lleno de pozos de asfalto; y cuando huyeron el rey de Sodoma y el de Gomorra, algunos cayeron allí; y los demás huyeron al monte" (v. 10).

Hace algunos años algo extraño comenzó a suceder alrededor de las orillas del Mar Muerto en los sitios en que éste se hundía y se secaba. Por la falta de lluvias en Israel y la gran irrigación de las aguas del Río Jordán (el único río que vierte sus aguas en la parte norte del mar), el Mar Muerto comenzó a reducirse tres pies por año. Esto ha creado orificios de desagüe en las márgenes del mar, algunos de cien pies de profundidad en este terreno esponjoso. La explicación dada para estos *pozos* es: "Los orificios de desagüe se producen porque el acuífero subterráneo se reduce y la sal que dejan los residuos del Mar Muerto erosiona la tierra".[11]

La razón para dar esta singular información sobre el Mar Muerto son las extrañas profecías relacionadas con eventos futuros en esta región, especialmente en relación con el infierno y las cámaras subterráneas donde las almas perdidas permanecen después de morir.

## El mar está cambiando

En Ezequiel 47, el profeta Ezequiel predijo que con el tiempo el Mar Muerto formaría dos mares separados (vv. 1-11). Una sección se convertiría en aguas salutíferas y la otra se dejaría para salinas (v. 11). Esta visión de *dos mares* resulta imposible si el Mar Muerto sigue siendo una gran masa de agua de 42 millas de longitud. Sin embargo, en los últimos años, el Mar Muerto se ha estado secando cerca de la región de Masada, formando una península y dos cuerpos de agua separados. La parte norte es de agua verde azulina donde los turistas nadan y disfrutan de spas. La sección sur está cubierta en toda su costa con múltiples capas y pequeños montículos de sal.

La península que separa la mitad norte de la sur está a la vista, y esa tierra une a Israel con Jordania. Hay un pequeño canal cavado desde la mitad del norte para traer agua hasta la mitad salina del sur.

## El regreso de Cristo y el Mar Muerto

En el Apocalipsis, Juan vio a Cristo regresando como Rey de reyes sobre un caballo blanco. También escribió: "Estaba vestido de una ropa teñida en sangre" (Ap 19:13). ¿Por qué Cristo tiene las vestiduras llenas de sangre? La respuesta se encuentra en Isaías.

> Y todo el ejército de los cielos se disolverá, y se enrollarán los cielos como un libro; y caerá todo su ejército, como se cae la hoja de la parra, y como se cae la de la higuera. Porque en los cielos se embriagará mi espada; he aquí que descenderá sobre Edom en juicio, y sobre el pueblo de mi anatema. Llena está de sangre la espada de Jehová, engrasada está de grosura, de sangre de corderos y de machos cabríos, de grosura de riñones de carneros; porque Jehová tiene sacrificios en Bosra, y grande matanza en tierra de Edom.
>
> —Isaías 34:4-6

La predicción se cumplirá cuando concluya la actividad cósmica al final de la Gran Tribulación (Is 34:4; Mt 24:29-30). La espada que bajará alude a la espada que es la propia Palabra de Dios, que procederá de la boca de Cristo cuando Él regrese (Ap 19:15 y 21). La sangre de las vestiduras de Cristo alude a la batalla que solo Él va a librar en las regiones de Bosra y Edom. Bosra es una ciudad localizada al norte de Edom, que hoy es parte de la nación de Jordania, situada en la costa este del Mar Muerto. La región de Idumea (antiguo Edom) está en la parte jordana del Mar Muerto, en la sección sur. Hace algunos años, sólo había en estos dos sitios campo abierto y algunas ruinas antiguas. Hoy hay una gran cantidad de comunidades agrícolas y una creciente población que vive en la margen oriental del mar.

¿Por qué pelearía Cristo esta batalla en esa región? Muchos eruditos creen que el remanente judío de Israel huirá de Jerusalén y morará en el desierto cuando haya pasado la mitad de los siete años de tribulación (Ap 12:6). Satanás (el dragón) planeará destruir a este remanente, pero fracasará. Cristo mismo, cuando regrese a la tierra, librará la batalla para salvar al remanente.

El antiguo nombre bíblico para la moderna nación de Jordania es Edom (y Moab), y la capital era (y sigue siendo hoy) Ammán. Escondida entre las escarpadas montañas rosadas de Moab se encuentran los restos de una ciudad cavada en la piedra de las montañas, llamada Petra. Muchos eruditos creen que éste será el lugar en que se esconderán en el desierto, donde Dios preservará al remanente judío por cuarenta y dos meses y lo guardará de la destrucción cuando Cristo regrese. Isaías describe esta batalla:

> ¿Quién es éste que viene de Edom, de Bosra, con vestidos rojos? ¿Este hermoso en su vestido, que marcha en la grandeza de su poder? Yo, el que hablo en justicia, grande para salvar. ¿Por qué es rojo tu vestido, y tus ropas como del que ha pisado en lagar? He pisado yo solo el lagar, y de los pueblos nadie había conmigo; los pisé con mi ira, y los hollé con mi furor; y su sangre salpicó mis vestidos, y manché todas mis ropas. Porque el día de la venganza está en mi corazón, y el año de mis redimidos ha llegado.
>
> —Isaías 63:1-4

Isaías profetizó sobre el futuro Mesías (Cristo) pisando su lagar (Ap 14:19), y Él estaba solo ("nadie había conmigo"). El Mesías está declarando el día de la venganza de Dios para redimir a su remanente sobre la tierra (Is 61:4). Fíjese que la región de la batalla es Bosra, y las imágenes concuerdan con el Apocalipsis, donde Cristo tiene sus ropas teñidas de sangre a causa de la batalla que libra Él solo por su remanente (Ap 19:13).

Cuando comparamos la visión de Juan sobre el regreso de Cristo en Apocalipsis 19 con las profecías de Isaías 63 donde el Mesías regresa a Bosra, vemos el paralelo entre ambas profecías, que indican que ambos profetas están viendo el mismo suceso, aún cuando sus visiones estuvieron separadas por cientos de años.

- ☞ "Pisa el lagar" (Ap 19:15) - "He pisado yo solo el lagar" (Is 63:3)
- ☞ "Ropa teñida en sangre" (Ap 19:13) - "su sangre salpicó mis vestidos, y manché todas mis ropas" (Is 63:3)
- ☞ "Juzga y pelea." (Ap 19:11) -"los pisé y los hollé" (Is 63:3)

Creo que la razón por la que Cristo regresará a esta región es porque Petra, el futuro lugar de refugio del remanente judío, está localizado a unas sesenta millas de Bosra en las montañas de Moab.

Isaías nos da una profecía sobre el área de Bosra y de Edom en Isaías 34:

> Y sus arroyos se convertirán en brea, y su polvo en azufre, y su tierra en brea ardiente. No se apagará de noche ni de día, perpetuamente subirá su humo; de generación en generación será asolada, nunca jamás pasará nadie por ella.
>
> —ISAÍAS 34:9-10

Esta área, situada en medio de la parte sur del Mar Muerto, se convertirá en brea, polvo de azufre y brea ardiente. ¡En el texto hebreo estas palabras forman un nexo importante con el futuro *lago de fuego* que la Biblia predice que existirá durante el futuro reinado milenial (de mil años) del Mesías! La palabra *brea* es una forma líquida del asfalto. El *azufre* es una forma de sulfuro, y la *brea ardiente* indica que el área se convertirá en un pozo de fuego que arderá continuamente con las sustancias que se encuentran en el área.

Cuando el Nuevo Testamento describe al infierno o al futuro lago de fuego, dice que es un: "lago de fuego que arde con azufre"

(Ap 19:20) donde "el humo de su tormento sube por los siglos de los siglos" (Ap 14:11). El fuego "que no puede ser apagado" (Marcos 9:43). En los días de Abraham y Lot, cuando Sodoma ardió, la Biblia describe "el humo de un horno" (Gn 19:28).

Como se estableció previamente, existen numerosas cámaras subterráneas, incluyendo el infierno, *el tártaro* y el abismo. Estas cavernas de las profundidades están localizadas en regiones específicas del inframundo y son parte de la propia creación del interior de la tierra. El infierno es actualmente la morada de los impíos muertos. Sin embargo, la Biblia indica que cuando el Mesías regrese, habrá ciertas cavernas que se abrirán en la tierra, y a los hombres que estén vivos se les permitirá ver las almas de los que han pecado contra Dios, y los hombres verán las llamas del infierno.

### La apertura del infierno

Sin duda, la Biblia indica que hay fuego en el infierno. Esto resulta interesante cuando consideramos la naturaleza misma de la tierra. El planeta en el cual vivimos consiste de tres capas *componentes*, identificadas por los científicos como corteza terrestre, manto y núcleo. La corteza terrestre es la capa exterior formada por árboles, roca y arena. Esta corteza tiene entre seis y cuarenta millas de profundidad, dependiendo de si las mediciones se hacen en la cima de una alta montaña o desde un lugar bajo como el Mar Muerto. La segunda capa es el manto, y el centro es el núcleo.

La segunda capa, llamada *manto*, es una región con forma de rosquilla que tiene dos mil novecientos kilómetros, o unas mil ochocientas millas de espesor.

En el centro de la tierra yace el núcleo formado por dos partes. "La parte interna es aproximadamente del tamaño de la luna" [Chris] Marone [profesor de geociencias en Penn State] dice: "y tiene una densidad esencialmente de acero. La parte exterior del núcleo es un océano de metal líquido de 2,300 kilómetros de espesor. La rotación de la tierra hace que el metal fundido fluya y se arremoline y esos metales en movimiento generan el campo magnético del planeta.[12]

Ha habido numerosos proyectos de perforación desde 1950. El proyecto Mohole fue un intento realizado en 1961 de perforar la corteza terrestre, cuando se descubrió la Discontinuidad de Mohorovicic, o Moho. Se perforaron cinco agujeros cerca de la costa de Guadalupe, México, uno a una profundidad de 601 pies por debajo del fondo del mar.[13]

En 1970, los rusos realizaron un agujero superprofundo en la península de Kola en Rusia. Con el tiempo, el agujero alcanzó una profundidad de 7.7 millas y la excavación se detuvo en 1994 ya que se necesitaba más investigación y tecnología.

Se informó lo siguiente:

> Uno de los obstáculos que enfrentaron los científicos al excavar a semejante profundidad fue el aumento de la temperatura. Los científicos intentaron contrarrestar esto congelando el lodo que iban excavando y bombeándolo dentro del agujero. Cuando el lodo llegaba a las 7.5 millas, la máquina perforadora alcanzaba su pico más alto de tolerancia. Los científicos habían estimado que las rocas a esa profundidad tendrían unos 100 grados centígrados, pero en realidad llegaban a 180 grados centígrados...Los científicos predijeron que si hubiera alcanzando su meta de 9.3 millas, las temperaturas podrían haberse elevado a 300 grados centígrados.[14]

Algunos científicos y geólogos sugieren que la temperatura en el núcleo de la tierra puede ser de unos 11,000 grados Fahrenheit, más caliente que la superficie del sol.[15]

## El infierno: ¿bajo la tierra?

Resulta interesante ver que todas las religiones importantes creen en algún tipo de vida después de la muerte, e incluso creen en alguna forma de infierno. Esta creencia se remonta a los antiguos egipcios y puede encontrarse en las religiones hindú, budista, islámica, judía y cristiana. Algunos escépticos creen que las religiones más antiguas simplemente reinterpretaron la idea del infierno para mantener en cautiverio a sus seguidores, y simplemente redefinieron la doctrina que alguien inventó tiempo atrás para asustar a la gente y que tuviera fe.

El libro del Génesis provee el primer relato de la historia del mundo desde Adán hasta Nimrod, quien construyó la Torre de Babel. De acuerdo con Moisés (el escritor) después del diluvio, toda la humanidad hablaba un solo lenguaje universal (Gn 11:1). De este modo, cualquier creencia sobre el cielo, el infierno, los ángeles y los demonios era conocida y entendida por todas las personas. Cuando se destruyó la torre, las lenguas fueron confundidas y las personas se separaron entre las naciones. Sin embargo, deben haber llevado consigo sus creencias originales, que con el tiempo fueron alteradas o cambiaron a través de los años.

Sugiero que una razón por la que tantas religiones mundiales tienen un concepto similar del infierno y de la vida después de la muerte es porque Adán y sus descendientes conocían la existencia de Dios, el cielo, los ángeles, la caída de Adán, la unión de ángeles con las hijas de los hombres, los ángeles caídos, el diluvio y la existencia del infierno.

## El gusano no muere

De acuerdo con el Evangelio de Marcos, cuando Cristo habla del infierno enfatiza el castigo eterno. La frase que se menciona tres veces es "el gusano de ellos no muere" Cristo también advirtió cinco veces que "el fuego nunca se apaga" (Marcos 9:43-48). Esta advertencia no se originó con las enseñanzas de Cristo, sino que fue escrita seiscientos años antes por Isaías.

> Y saldrán, y verán los cadáveres de los hombres que se rebelaron contra mí; porque su gusano nunca morirá, ni su fuego se apagará, y serán abominables a todo hombre
> —ISAÍAS 66: 24

Esta frase: "El gusano de ellos no muere" se refiere al hecho de que después de la muerte el cuerpo humano atraviesa un proceso de descomposición natural y puede producir gusanos que se alimentan del cuerpo mismo. La palabra griega para *gusano* utilizada en Marcos 9:48 es *skolex* (*sko' lakes*) y significa un gusano o una lombriz. La implicación es que el espíritu de una persona nunca será destruido sino que perdurará por siempre. Algunos enseñan hoy que en algún momento Dios destruirá los espíritus de los que estén en el infierno y hará que su recuerdo perezca para siempre.

El punto principal que refuta esta teoría es la frase "condenación eterna" (Mr 3:29) o "fuego eterno" (Mt 18:8). Ambos términos se usan en conexión con las almas que se encuentran en el infierno. En Mateo 25:46, Cristo dijo: "E irán éstos al castigo eterno, y los justos a la vida eterna". En el Nuevo Testamento las palabras griegas *eterno* e *imperecedero* significan: "imperecedero, perpetuo, que nunca termina". Jesús habló de una vida eterna para los justos y de un castigo eterno para los impíos. Eterno quiere decir eterno: ni más ni menos. ¿Por qué enseñaríamos que los justos siguen viviendo por siempre (una vida eterna), pero que la misma palabra cuando se utiliza para los pecadores (castigo eterno) se refiere a un tiempo limitado, no perpetuo? Al tratar el castigo futuro, las Escrituras relacionan la palabra *eterno* con la longitud del castigo:

- "Castigo eterno" (Mt 25:46)
- "Prisiones eternas" (Judas 6)
- "juicio eterno" (Mr 3:29)
- "Juicio eterno" (He 6:2)
- "Fuego eterno" (Jud 7)
- "Fuego que nunca se apagará." (Lc 3:17)
- "La más densa oscuridad está reservada para siempre" (2 P 2:17)
- "Eternamente la oscuridad de las tinieblas" (Jud 13)
- "Fuego eterno" (Mt 18:8)

Una de las razones por las que la vida después de la muerte es "eterna" es que todos los seres humanos somos tripartitos: "espíritu, alma y cuerpo" (1 Ts 5:23). El cuerpo regresa al polvo, pero el espíritu humano es eterno y no puede ser destruido ni aniquilado. Dios es Espíritu (Juan 4:24) y los ángeles son espíritus (Sal 104:4). Satanás es un ser angélico, por lo tanto es un espíritu. Un espíritu, ya sea un ángel o un espíritu humano, puede ser separado de Dios, pero jamás puede ser aniquilado. Esto podría explicar por qué Dios jamás destruirá a Satanás ni a los ángeles caídos sino que los encerrará en el lago de fuego "por los siglos de los siglos" (Ap 20:10). Como el cuerpo está hecho de polvo, vuelve a la tierra (Gn 3:19).

Al morir, cuando el espíritu humano parte del cuerpo, el espíritu vuelve a Dios que se lo dio (Ec. 12:7).

## El Mar Muerto y el infierno en el milenio

Cuando Cristo regrese a la tierra, gobernará desde Jerusalén durante mil años (Ap 20:2-7). Jerusalén está a dos mil quinientos pies sobre el nivel del mar. El Mar Muerto está a trece millas de Jerusalén y está a mil trescientos metros debajo del nivel del mar, lo que lo convierte en el punto más bajo de la tierra. Debido a la historia de la región, desde Sodoma hasta la tentación de Cristo y la historia del azufre, el humo y el fuego en esa zona, el Mar Muerto encaja como el lugar perfecto para que se cumpla la siguiente profecía:

> Y de mes en mes, y de día de reposo en día de reposo, vendrán todos a adorar delante de mí, dijo Jehová. Y saldrán, y verán los cadáveres de los hombres que se rebelaron contra mí; porque su gusano nunca morirá, ni su fuego se apagará, y serán abominables a todo hombre.
>
> —Isaías 66: 23–24

Hay varias traducciones para este pasaje:

> Irán y mirarán los cuerpos de los pecadores que se hayan rebelado contra mi palabra; porque sus almas no morirán, y el fuego no se extinguirá; y los malignos serán juzgados en la Gehena.[16]

> Y saldrán a ver los cadáveres los que prevaricaron contra mí; cuyo gusano no muere nunca, y cuyo fuego jamás se apagará; y el verlos causará náusea a todo hombre.[17]

> Y serán como una visión para toda carne.[18]

> Producirán asombro a toda carne. De manera que serán un espectáculo para todos los seres.[19]

Las imágenes de Isaías son las siguientes: Durante el tiempo del futuro reinado del Mesías en Jerusalén, habrá en algún lugar de la tierra un agujero por donde los hombres que vivan en ese momento podrán mirar el infierno y ver a las almas que hayan partido de aquellos hombres cuyo "gusano no muere". Esta no es una metáfora ni una alegoría, ya que Cristo citó este pasaje utilizando el sentido llano de la Escritura y la interpretación literal. Como el centro de toda la actividad mundial y espiritual girará en torno a Jerusalén, y durante el reinado del milenio todas las naciones irán a celebrar la Fiesta de los Tabernáculos (Zac 14:19), entonces la *ubicación* lógica para la abertura de esta cueva, para que todos los hombres la vean sería Israel.

Hoy en día hay un camino que corre paralelo a la mitad occidental del Mar Muerto, desde el área norte de Qumran, hasta más allá de la parte salada del sur, y continúa hasta el Golfo de Aqaba, un centro turístico donde las aguas del Mar Rojo son compartidas por cuatro naciones: Israel, Jordania, Egipto y Arabia. Este camino bien puede servir como la principal ruta que una el cuerno de África (fuera de Egipto) con Israel durante el reinado de Cristo. Esta región tiene vista hacia el Mar Muerto, y de hecho se puede ver Jordania al otro lado.

> En aquel día habrá una carretera desde Egipto hasta Asiria. Los asirios irán a Egipto y los egipcios a Asiria, y unos y otros adorarán juntos. En aquel día Israel será, junto con Egipto y Asiria, una bendición en medio de la tierra.
>
> —Isaías 19:23-24, nvi

Una pregunta lógica es: *¿Cómo puede haber una abertura en la tierra si el Mar Muerto está lleno de agua?* La explicación podría ser que el Mar Muerto se separe en dos cuerpos de agua bien diferenciados, uno de agua azul bien clara y el otro espeso, salado, de agua mineral. El área donde se ha formado la península podría muy bien ser la región donde en el futuro emerja una abertura.

He conocido personalmente a un importante geólogo israelí, el señor Rothstein, cuyo departamento en Tel Aviv fue responsable de investigar y realizar marcaciones en las fallas sísmicas de todo Israel. Hay dos fallas principales que corren paralelas al Mar Muerto, sobre los lados oriental y occidental del agua. Cuando Cristo regrese, un gran terremoto azotará Jerusalén, en el Monte de los Olivos y enviará a la famosa montaña en dos direcciones separadas, el este y el oeste, creando una gran grieta que correrá de norte a sur. Esa enorme grieta hará brotar una gran cantidad de agua fresca, mucha de la cual se abrirá camino entre las curvas de las montañas, yendo finalmente a vaciarse en la mitad norte del mar. Con el Mar Muerto cerrado para Jerusalén, las fallas también liberarán energía y causarán un cambio en la posición geológica de las montañas. Esto podría ocasionar otra abertura a lo largo de la mitad oeste del Mar Muerto, principalmente en el área donde la parte sur del mar está seca ahora. Una vez más, no hay en la tierra un lugar que concuerde mejor con la asombrosa profecía de Isaías que el interior de Israel cerca del Mar Muerto, el área donde fueron destruidas por fuego las ciudades pecadoras de la antigüedad, las cuales "fueron puestas por ejemplo, sufriendo el castigo del fuego eterno" (Judas 7).

## Los sobrevivientes de la Tribulación

La siguiente pregunta es: ¿*Quién estará viviendo en la tierra cuando sea el tiempo de ir a buscar los cadáveres de hombres?* Durante los siete años de la Tribulación, tal vez habrá una muy importante reducción de la población, quizás de billones de personas, como resultado de la guerra, las plagas y la hambruna (Ap 6:8; 9:15). Sin embargo, habrá un remanente de hombres y mujeres que sobrevivirán a la terrible tribulación y estos individuos finalmente repoblarán la tierra durante el reino milenial. Por consiguiente, los santos resucitados y los que vivan en la tierra conformarán la población del milenio.

La pregunta final que me han hecho es: ¿*Por qué permitiría esto el Señor? La sola idea de poder ver una profunda abertura donde haya almas separadas de Dios parece ser cruel y muy inusual para la mente racional.* Aunque la Escritura no dice cuál es el *propósito* de que los hombres vean estas almas que partieron, leemos que al final del milenio Satanás será soltado y dirigirá otra rebelión contra Cristo, los santos y Jerusalén, con la ayuda de Gog y Magog (Ap 20:7-9). Esta nueva rebelión no tendrá impacto en los santos, quienes para entonces disfrutarán de un cuerpo resucitado, libre de la presencia y el poder del pecado. Sin embargo, sí tendrá influencia sobre los habitantes terrenales.

Es posible que la razón de este "sermón ilustrado" visual sea recordar a los habitantes de la tierra lo que ocurre cuando hay desobediencia a Dios y las consecuencias eternas de la rebelión. En una sociedad contemporánea, las leyes ayudan a restringir el crimen y a castigar al criminal. A lo largo de todo el Antiguo Testamento, los hombres construían altares, erigían monumentos de piedra, y celebraban las visitaciones espirituales y eventos históricos para recordarles a las futuras generaciones la importancia de esos momentos de la historia (Vea Génesis 35:3; Éxodo 17:15; y Josué 4:7.) El Todopoderoso enseñó a Israel que la celebración de sus fiestas anuales debía practicarse de generación en generación (Lv 23; 25).

Cuando Satanás sea liberado una vez más al final del milenio, los seres humanos volverán a estar sujetos a la tentación. La apertura del infierno servirá como una influencia restrictiva para quien rechace al Mesías y se una a la rebelión final de Satanás.

Debido a que el Mar Muerto es el punto más bajo de la tierra, las cavernas subterráneas están allí más cerca de la corteza terrestre que en cualquier otro lugar de la tierra. Historiadores de los primeros tiempos escribieron que se vería fuego acercándose al suelo en el mismo lugar donde una vez existió Sodoma. Todos los geólogos saben que actualmente hay fuegos subterráneos ardiendo debajo del mar. El área del Mar Muerto está rodeada de montañas a ambos lados: las montañas de Moab y del desierto de Judea. He estado en esas montañas muchas veces, mirando hacia la parte sur del Mar Muerto. Desde las partes más altas del desierto de Judea, se puede observar el mar entero, de este a oeste.

## Paralelos de Sodoma y Gomorra

Como la destrucción de Sodoma Gomorra ocurrió en esta región, estas dos ciudades son ejemplo del castigo futuro:

> Y si condenó por destrucción a las ciudades de Sodoma y de Gomorra, reduciéndolas a ceniza y poniéndolas de ejemplo a los que habían de vivir impíamente.
>
> —2 PEDRO 2:6

> Como Sodoma y Gomorra y las ciudades vecinas, las cuales de la misma manera que aquellos, habiendo fornicado e ido en

pos de vicios contra naturaleza, fueron puestas por ejemplo,
sufriendo el castigo del fuego eterno.

—JUDAS 1:7

La antigua localización de estas dos perversas ciudades es en
la parte sur del Mar Muerto, en una región de riego del Valle de
Sidón. Su destrucción sirve como una advertencia para las futuras generaciones que practiquen los mismos pecados que Sodoma.
Estas transgresiones contra Dios se recuerdan en Ezequiel:

> He aquí que esta fue la maldad de Sodoma tu hermana: so-
> berbia, saciedad de pan, y abundancia de ociosidad tuvie-
> ron ella y sus hijas; y no fortaleció la mano del afligido y del
> menesteroso. Y se llenaron de soberbia, e hicieron abomina-
> ción delante de mí, y cuando lo vi las quité.
>
> —EZEQUIEL 16: 49-50

Si nuestra investigación es correcta, entonces las aberturas de la
tierra vistas por Isaías estarían en el mismo lugar donde en la antigüedad estuvieron las dos famosas ciudades. Por lo tanto, toda el
área conforma un monumento y un recuerdo del castigo eterno por
el pecado de falta de arrepentimiento: la muerte eterna por fuego.

## El anticristo y el falso profeta

> Y la bestia fue apresada, y con ella el falso profeta que había
> hecho delante de ella las señales con las cuales había engañado
> a los que recibieron la marca de la bestia, y habían adorado su
> imagen. Estos dos fueron lanzados vivos dentro de un lago de
> fuego que arde con azufre.
>
> —APOCALIPSIS 19:20

La bestia es identificada como el Anticristo, el último dictador
del mundo, quien sumergirá al planeta en el tiempo más difícil de
toda la historia (Dn 12:1-2). El falso profeta de Apocalipsis 13:11-16
organizará las religiones del mundo alrededor de sus falsos milagros, enfatizando la adoración al Anticristo y a su nuevo sistema.
Cristo peleará la "batalla de Bosra" (Is 63:1-4), regresará al cielo con
vestimentas cubiertas de sangre, y organizará el regreso a la tierra

con los ejércitos celestiales (Ap 19:14), ¡apareciendo como el "león de la tribu de Judá"! Cristo intervendrá en la batalla de Armagedón (Ap 16:16), se dirigirá a Jerusalén, y tocará tierra en el Monte de los Olivos (Zac 14:4). Inmediatamente Satanás será encerrado y arrojado al abismo (Ap 20:2–3).

A esto seguirá la separación de los hombres que hayan recibido la marca de la bestia y hayan adorado su imagen, y la captura y remoción del Anticristo y el falso profeta de sus cuarteles generales mundiales en Jerusalén a su confinamiento en el "lago de fuego". Este "lago" arde continuamente con fuego y azufre.

Todos los eventos profetizados en relación con el regreso de Cristo —Bosra, Petra, Armagedón, y el Monte de los Olivos— se centran en o alrededor de Israel. Por consiguiente, el lugar donde Satanás sea atado en el abismo y donde se eche a la bestia en el lago de fuego debe estar en algún lugar de la misma región cuando se desarrollen los sucesos del fin de los tiempos.

## "El infierno no puede ser *real*"

El pensamiento de un Creador eterno condenando a su creación a ser confinada en una caverna de fuego, azufre y humo es algo totalmente inaceptable en nuestra sociedad contemporánea. Así, el infierno es considerado una alegoría o una metáfora, y muchos afirman que las advertencias del lago de fuego no pueden ser tomadas de modo literal. Curiosamente, los mismos teólogos que niegan la existencia del infierno creen que el cielo es un lugar real y el sitio donde mora Dios. Imagínese esto: Dios es real, pero Satanás es una metáfora. El cielo es real, pero el infierno es una alegoría. Las calles de oro ciertamente existen, pero el fuego del infierno es sólo un símbolo de fuertes pruebas en la tierra. El infierno se menciona veintitrés veces en el Nuevo Testamento, y ni una sola vez se implica que no sea un lugar literal con fuego literal y la morada eterna de las almas perdidas.

## "El fuego no puede ser *real*"

Un segundo argumento es que el infierno podría ser un lugar real, pero el fuego mencionado en las Escrituras no es literal. En el Nuevo Testamento, la palabra *fuego* se encuentra ochenta y tres veces y sólo seis de esas veces tiene un sentido distinto del *fuego literal*. (Por ejemplo, Santiago 3:6 dice que la lengua es un fuego). No existe ningún indicio bíblico de que el fuego del infierno no sea fuego literal.

Hay una cuestión, sin embargo, de cómo reacciona un cuerpo espiritual al fuego literal.

Considere lo siguiente: Elías fue subido al cielo en un "carro de fuego con caballos de fuego" (2 Reyes 2:11). Eliseo y su siervo vieron las montañas donde vivían rodeadas de "caballos y carros de fuego" (2 Reyes 6:17), aún así, estos seres ardientes no eran consumidos ni quemados por el fuego y no se sentían incómodos con un cuerpo espiritual compuesto de fuego.

El hombre rico en Lucas 16 dijo que estaba "atormentado en esta llama" (v. 24). La palabra *llama* aquí se encuentra en su forma singular, una sola llama, y no muchas llamas. El adinerado pecador también pidió a Lázaro "que moje la punta de su dedo en agua, y refresque mi lengua" (v. 24). Si fuésemos a tocar una cocina caliente o nos acercáramos al fuego, inmediatamente quitaríamos nuestras manos porque los nervios de nuestros cuerpos no pueden tolerar el dolor del calor. Sin embargo, un cuerpo espiritual puede reaccionar ante el fuego en forma diferente que un cuerpo físico.

Considere esto: el hombre rico se negó a dar de comer al pobre y en el infierno la lengua del rico (la parte interna de su boca) ardía. La llama puede haber sido esa intensa sensación de quemazón que sentía en su boca y que jamás se aliviaba. Él se había negado a dar de comer a aquel hombre pobre, y por toda la eternidad el egoísta hombre rico sentiría fuego en su boca, lo mismo (el no alimentar al pobre) que selló su destino en este lugar de tormento. Compare esto con los pecados de la humanidad. Si una persona robara dinero sin restituirlo ni arrepentirse, entonces sus manos (que tomaron el dinero) arderían. Si su mente planeó algún mal, y él actuó sin arrepentirse de sus malos caminos, entonces sentirá su cabeza como si estuviera "incendiándose", ardiendo sin alivio.

Este concepto de sufrimiento eterno no cambia el hecho de que hay llamas literales y fuego en el infierno. Sin embargo, los espíritus de hombres y mujeres pueden resultar afectados de manera diferente a como lo sería un cuerpo físico en contacto con el fuego.

Siempre he sostenido que lo peor del infierno no será el humo, el fuego ni la oscuridad exterior en las entrañas de la tierra. Para mí, ¡la peor parte será la ausencia absoluta de la presencia de Dios! El segundo hecho más difícil será la separación de los seres queridos, especialmente los hijos. No hay indicación alguna de que haya bebés inocentes o niños en el infierno. (Habrá más sobre esto en la sección "¿Quién estará en el cielo?")

## La mejor advertencia

La mejor advertencia sobre el infierno fue dada por Cristo mismo cuando dijo:

> Por tanto, si tu mano o tu pie te es ocasión de caer, córtalo y échalo de ti; mejor te es entrar en la vida cojo o manco, que teniendo dos manos o dos pies ser echado en el fuego eterno. Y si tu ojo te es ocasión de caer, sácalo y échalo de ti; mejor te es entrar con un solo ojo en la vida, que teniendo dos ojos ser echado en el infierno de fuego.
>
> —MATEO 18:8-9

En esta extraña advertencia, Cristo menciona dos manos, dos pies y los ojos de una persona. Esto puede ser porque estas partes del cuerpo son instrumentos que se usan como *herramientas* cuando una persona comete un pecado. Por ejemplo, las pistolas no matan a la gente, pero una pistola en manos inadecuadas mata vidas inocentes. Pasar por un bar donde se hace *strip tease* no es un pecado si usted pasa frente a la puerta, pero muchos hombres han entrado a tales lugares sin saber que sus pies los llevaban por un camino de destrucción. No está mal mirar a una persona bella, pero si un hombre mira continuamente a una mujer, eso puede llevarlo a la inmoralidad sexual, (¡si no, pregúntele al Rey David!)

No conozco a nadie que haya pedido que se le remueva una parte de su cuerpo para evitar pecar. Sin embargo, Cristo está revelando que no debemos preocuparnos demasiado por lo que ocurre con el cuerpo físico, sino temer pasar la eternidad en el infierno.

Y no temáis a los que matan el cuerpo, mas el alma no pueden
matar; temed más bien a aquel que puede destruir el alma y el
cuerpo en el infierno.

—MATEO 10:28

## ¿Hay diferentes niveles de castigo?

En el cielo habrá algunos individuos que no recibirán una recompensa, porque sus obras serán destruidas por el fuego en el juicio
del tribunal del Cristo (1 Co 3:13-15). Cristo nos advirtió: "Retén lo
que tienes, para que ninguno tome tu corona" (Ap 3:11). A todos los
que resulten "vencedores" se les prometen siete bendiciones distin-
tas. (Vea Apocalipsis 2-3). Quienes hayan sido fieles al pacto y trabajadores en la mies del Señor serán generosamente recompensados
con coronas y se los nombrará como gobernantes en la nueva tierra
(Lc 19:15-19).

A lo largo de los años me han preguntado si creo que quienes
hayan sido moralmente buenos, pero nunca recibieron a Cristo,
serán castigados en el infierno en el mismo nivel que quienes hayan
sido extremadamente perversos, como los piratas aéreos que delibe-
rada y alegremente tomaron las vidas de miles de personas inocentes aquel 11 de septiembre. Una afirmación de Cristo podría indicar
niveles de castigo en el infierno:

¡Ay de vosotros, escribas y fariseos, hipócritas! porque devo-
ráis las casas de las viudas, y como pretexto hacéis largas oraciones; por esto recibiréis mejor condenación!

—MATEO 23:14

En el Antiguo Testamento había dos tipos de pecados: los que se
cometían a conciencia y los que se cometían por ignorancia (Lv 4).
Hay un pecado contra el conocimiento, como está escrito: "Al que
sabe hacer lo bueno, y no lo hace, le es pecado" (Stg 4:17). Oponerse
a obedecer a la verdad o pecar deliberadamente, siendo consciente
de ello, constituye un nivel de pecado más alto, como Cristo expresó: "Ninguno que poniendo su mano en el arado mira hacia atrás,
es apto para el reino de Dios" (Lc 9:62). Los que conocen la verdad,
pero no caminan a la luz de ella serán juzgados más severamente

que los que no conocían nada de la verdad. Aquellos que pecan en ignorancia serán juzgados menos severamente.

La palabra *condenación* en el griego es *krima* y alude al juicio por un crimen cometido. La *mejor condenación* alude a un castigo más severo para una persona. Esta advertencia de Cristo en Mateo 23:14 estaba dirigida a los fariseos, que les enseñaban a sus seguidores una cosa, pero ellos vivían otra. Ellos ayunaban y oraban para ser vistos por los hombres (Mt 6:5). Alargaban los flecos de sus mantos (tal vez sus chales de oración), y agrandaban sus filacterias (pequeñas cajitas que contenían pasajes de las Escrituras y que se ataban con tiras de piel en la frente), como signos externos de su espiritualidad (Mt 23:5). La hipocresía de estos grupos religiosos era tan vil que Cristo les advirtió: "¡Serpientes, generación de víboras! ¿Cómo escaparéis de la condenación del infierno" (v. 33).

Existe un peligro espiritual para los que han sido iluminados espiritualmente por las Escrituras y estimulados por el Espíritu Santo a experimentar el poder del mundo venidero, porque luego pueden volverse de ese camino derecho y angosto. El escritor de Hebreos redactó esta advertencia:

> Porque es imposible que los que una vez fueron iluminados y gustaron del don celestial, y fueron hechos partícipes del Espíritu Santo, y asimismo gustaron de la buena palabra de Dios y los poderes del siglo venidero, y recayeron, sean otra vez renovados para arrepentimiento, crucificando de nuevo para sí mismos al Hijo de Dios y exponiéndole a vituperio.
> —HEBREOS 6:4-6

En el cielo, las recompensas para los creyentes serán repartidas de acuerdo con sus obras individuales, palabras y especialmente las acciones realizadas cuando vivían en la tierra. Así como hay diferentes coronas, puestos de gobierno en el futuro reino, y recompensas específicas para los fieles, creo que también habrá diferentes niveles de castigo y confinamiento de acuerdo con los pecados y el conocimiento espiritual de cada persona, basado en si sus acciones fueron pecados conscientes o inconscientes. Cristo enseñó que la gente de su tiempo sería juzgada más severamente que las perversas ciudades de Sodoma y Gomorra. Esto es porque las ciudades del tiempo de Jesús fueron testigo de sus milagros, y sin embargo, rehusaron arrepentirse. En cambio, si en la malvada ciudad de Sodoma, en los tiempos de Lot, (Gn 19), hubiesen presenciado los milagros de Cristo, se hubieran arrepentido en cilicio y ceniza (Mt 11: 20-24).

El mejor peligro eterno para cualquier persona viviente es haber conocido el Evangelio, haber sido criado en un hogar con una fuerte fe cristiana y dar la espalda al conocimiento de las Escrituras, para terminar la vida pecando contra la verdad. Después de todo, sólo hay dos mundos después de esta vida y es importante saber dónde acabará usted su viaje. Porque cuando llegue, deberá permanecer allí.

## Capítulo 3

# Conocí hombres que vieron el infierno

A través de mi largo ministerio itinerante conocí y hablé con personas que tuvieron una breve experiencia de *vida después de la muerte*. Algunas de esas experiencias fueron poco después de un accidente, o inmediatamente después de un ataque al corazón o de alguna otra situación cercana a la muerte. Jamás olvidaré a un hombre que conocí en 1978, que concurría a la iglesia de mi abuelo John Bava. Él contaba una experiencia estremecedora que abrió sus ojos y cambió su vida. Él experimentó de primera mano un viaje al infierno.

Yo recién había comenzado mi ministerio itinerante y estaba conduciendo un avivamiento en la iglesia de mi abuelo, la Iglesia de Dios, en Gorman, Maryland. Durante mi primer avivamiento, conocí y entrevisté a un hombre llamado Bill Fishel, quien me relató un dramático suceso que transformó totalmente su vida espiritual.

Por la época del incidente, Bill tenía cuarenta y un años y trabajaba en una mina de carbón. La mañana del 7 de noviembre de 1974, súbitamente sintió dolores en el pecho y comenzó a tener dificultad para respirar. Lo sacaron inmediatamente de la mina y lo llevaron al hospital Garrett County Memorial en Oakland, Maryland, donde lo internaron. Las enfermeras comenzaron a aplicarle inyecciones intravenosas, incluyendo morfina, para controlar el dolor. Los certificados médicos indican que se le había iniciado un goteo de lidocaína. Mientras yacía en la camilla de la sala de emergencia, Bill de repente perdió el conocimiento. El médico que lo atendía, el Dr. Álvarez, se comunicó con el Dr. Van Ormer en Cumberland, Maryland, para asesorarse sobre esta situación. Lo último que Bill recuerda es que todo se desvanecía ante sus ojos.

Fue en ese momento que Bill tuvo lo que algunos llaman "una experiencia extracorpórea". Oyó voces del hospital, que parecían desvanecerse lentamente a la distancia. De repente, el alma y el espíritu de Bill estuvieron completamente alerta, y él estaba consciente de estar moviéndose rápidamente en un túnel oscuro, con la cabeza hacia adelante, descendiendo en el suelo y bajo la corteza terrestre. Él describió este túnel como muy "lóbrego y oscuro". La primera pregunta que se hizo a sí mismo fue: "Si he muerto, ¿por qué no estoy yendo hacia arriba, al cielo? ¿Por qué estoy yendo hacia abajo?". Mientras continuaba su descenso en espiral observó una tenue luz al final del túnel. De repente estaba envuelto en esta luz y se encontraba de pie en un gran campo sin césped ni árboles. La luz, lo sabría después, venía de una enorme caverna en algún lugar de la tierra.

Mientras estaba parado sobre este campo yermo, describió un intenso calor que llenaba la atmósfera. El suelo era duro y desolado. El aire era muy caliente e incómodo para respirar. Mientras se preguntaba dónde estaba, notó que personas de diferentes edades comenzaron a aparecer en el mismo campo. Todas con un rostro vacío, carente de expresión. Nadie estaba feliz y ninguno hablaba con otro. A medida que estos individuos iban apareciendo en esta región desconocida, en este campo yermo, se comenzó a formar una multitud y se llenó de gente. Bill se dio cuenta más tarde de que eran las almas y espíritus de hombres y mujeres de todo el mundo que acababan de morir y habían sido dirigidos desde la tierra a este lugar previo a su confinamiento final.

## Una mirada al infierno

En ese momento, dijo Bill, sucedió algo extrañísimo. Frente a este grupo, a la distancia, al final de aquel campo, había lo que parecía ser una enorme criatura angélica. El gritó: "Si están viendo descanso y paz, vengan conmigo".

Arrastrada como un imán al metal, toda aquella masa de gente comenzó a moverse lentamente hacia este ser sobrenatural. De repente, fue como si se hubiera levantado un velo, y Bill comenzó a ver a estas personas cayendo de cabeza en una abertura muy grande que describió como un "enorme hoyo". Fue entonces que observó a una segunda criatura de aspecto angélico lanzando a las personas dentro del inmenso hoyo localizado en algún lugar debajo de la tierra. Como el mismo Bill estaba siendo empujado hacia el borde de este cañón, estimó que la abertura tenía varias millas de circunferencia. Podía ver hacia abajo donde el enorme cañón contenía miles de hoyos más pequeños, todos con fuego ardiendo. Sus oídos fueron abiertos y súbitamente comenzó a escuchar un potente coro de llantos y gemidos que venían desde más abajo, como el de millones de almas gritando desde un inmenso estadio. Las voces eran muchas y muy diversas, de hombres y de mujeres. Él notó que había al menos dos personas en cada uno de los hoyos más pequeños. En algunos casos, una persona alargaba la mano y sacaba a otra del fuego y le gritaba violentamente. Había adolescentes grandes que culpaban a sus padres por estar allí. Bill escuchó a uno gritar: "¡Ustedes tienen la culpa!".

Una parte de esta experiencia que resultó completamente inesperada fue el olor que venía de ese lugar. Bill dijo: "Había una oscuridad muy deprimente por encima de aquel hoyo y en el aire un penetrante olor de sulfuro en combustión". Habiendo trabajado en minería, y presenciado en una ocasión un incendio en el cual varios hombres de quemaron, Bill estaba familiarizado con el olor del sulfuro y el nauseabundo aroma de la carne quemada. Mientras Bill estaba escuchando, viendo y oliendo el mundo de las almas perdidas, comenzó a pedir a gritos a Dios que tuviera misericordia y lo ayudara.

Mientras tanto, en el hospital, el doctor y las enfermeras estaban trabajando para revivirlo y tuvieron éxito. En el lugar que reconoce como el infierno, súbitamente él estaba siendo llevado nuevamente hacia arriba hacia la superficie de la tierra, y todas las cosas volvieron a ponerse negras. Finalmente, cuando volvió en sí, se encontró en la habitación del hospital, muy débil y mentalmente abrumado por aquella experiencia. Muy poco después de que lograra estabilizarse y estar fuera de peligro, mi abuelo visitó a Bill y fue una de las primeras personas en escuchar esta experiencia de un mundo que existe más allá de la tumba y que cambió su vida.

En 1978, yo estaba en la iglesia de mi abuelo entrevistando a Bill. Le pregunté a Bill: "¿Usted estaba asistiendo a la iglesia cuando le sucedió esto?"

Él respondió: "Yo iba a la iglesia, pero no vivía como hubiera debido. Pero después de este incidente quedé tan sacudido, que dije

que serviría al Señor y lo seguiría toda mi vida". Bill ciertamente fue
fiel y siguió al Señor hasta su muerte. Bill podría decir, como David:

> Y me hizo sacar del pozo de la desesperación,
> del lodo cenagoso;
> Puso mis pies sobre peña,
> y enderezó mis pasos.
>
> —SALMOS 40:2

## Ahora, el resto de la historia

Mi abuelo John Bava construyó con sus propias manos y dinero la
iglesia en Gorman, Maryland, y la pastoreó por más de treinta años.
Recuerdo que cuando se retiró tenía mucho más de setenta años, y
una de las razones por las que decidió hacerlo fue porque muchos
de los miembros de su congregación habían fallecido. Justo antes
de retirarse, el abuelo me llamó y me compartió algo sorprendente.
Bill Fishel acababa de morir y el abuelo estaba muy triste. Tuvo un
sueño espiritual esa noche.

En su sueño, el abuelo era llevado al cielo donde su espíritu (o su
alma) estaba revoloteando sobre determinado lugar y podía ver una
porción del cielo ¡justo debajo de él! También abajo, de pie, cerca
de una inmensa puerta de doble hoja color blanco perla, había una
gran cantidad de hombres que habían sido cristianos fieles y miembros de la iglesia de mi abuelo en Maryland. Todos estos hombres
habían fallecido, algunos muchos años atrás, y estaban todos juntos
cerca de esta puerta como si estuvieran esperando que alguien lle-
gase. El abuelo vio a su propio padre, Pete Bava, en el grupo. Dijo
que Pete hablaba, gesticulaba y señalaba hacia algún lugar (lo cual
es normal en alguien de pura sangre italiana) y el grupo parecía
muy expectante por algo que estaba por suceder.

El abuelo describió un viento que de repente comenzó a soplar,
y observó una enorme puerta doble que se abría. Allí, fuera de la
puerta, ¡estaba de pie Bill Fishel! Cuando los hombres —todos los
cuales habían conocido a Bill en su vida— lo vieron, comenzaron a
gritar y a alabar a Dios, abrazando a Bill y dándole la bienvenida al
reino eterno. El abuelo estaba impresionado y hasta se rió cuando
describió a su propio padre brincando entusiasmado ante la aparición de Bill. Su padre, Pete, fue un italiano católico a quien Dios

levantó de su lecho de muerte y lo bautizó con el Espíritu Santo. A Pete le encantaba estar alegre en la iglesia. No era diferente en el cielo. ¡Pete seguía gritando y alabando al Señor! Cuando llegó la muerte, esta vez Bill estaba preparado, mientras su alma y su espíritu fueron hacia *arriba* y no hacia *abajo*, él entró en su eterno "descanso" en el reino celestial donde él y todos los "muertos en Cristo" permanecerán hasta la resurrección (1 Ts 4:16). No hay duda de que esto es lo que Pablo quiso significar cuando dijo: "Pero confiamos, y más quisiéramos estar ausentes del cuerpo, y presentes al Señor" (2 Co 5:8).

Hay numerosos hombres y mujeres que han tenido experiencias próximas a la muerte o de más allá de la muerte, que los convencieron que hay una vida más allá de esta vida. Me doy cuenta de que hay muchos buenos cristianos cuyas iglesias enseñan doctrinas que dicen que el alma y el espíritu se quedan en el cuerpo cuando éste muere, y no entran ni en el cielo ni en el infierno hasta después de la resurrección y el juicio. Ellos tomarán esta historia como el producto de la imaginación de alguien que está medicado. Sin embargo, hay demasiadas historias similares a la de Bill para que ésta sea sólo una coincidencia o un imaginario viaje mental.

Sí, hay un mundo de los perdidos. Pero también hay un mundo a donde los justos viajan después que parten de esta vida. En el siguiente capítulo miraremos hacia *arriba*: ¡a una tierra que es un paraíso celestial!

## Capítulo 4

# ¿Qué saben los muertos?

**C**uando sale el sol, muy pocas veces pensamos en el atardecer. Después de todo, tenemos el día entero para verlo. Pero el día pasa pronto, como la niebla de la mañana que se mezcla con el calor del día. Así pasa con la vida. Cuando tenemos veinte, tener treinta parece ser "viejo". Luego llegan los cuarenta, y los cincuenta nos parecen como "demasiado mejor". Sin embargo, después de los cincuenta, ¡nada parece viejo! Para los que están vivos, la idea de morir puede resultar irrelevante en este momento. Pero el pensamiento de la muerte puede producir un escalofrío en la mente de cada ser humano. Todos planeamos el futuro e intentamos todo lo posible para alargar nuestros días como si fueran banditas elásticas, hasta que de pronto, como el golpe de una bandita que se rompe, la vida se acaba y yacemos mustios en el lugar donde nuestro viaje termina. Como la muerte es una experiencia futura y desconocida, el pensamiento de la muerte suele traer más preguntas que respuestas.

Los cristianos se preguntan con frecuencia: "¿Podremos recordar los eventos terrenales cuando estemos en el cielo?" O reflexionan: "¿Me conocerán mis seres amados de la misma manera en que yo los conocí en esta vida?". También está la cuestión de recordar a los que no hagan del cielo su destino eterno. ¿Los creyentes recordarán a los impíos que conocieron en la tierra una vez que estén en su morada con Cristo, o la vida terrenal será borrada de su memoria cuando lleguen a la ciudad celestial?

En este capítulo esperamos responder a muchas de las preguntas que tienen los creyentes relacionadas con el cielo. Antes de explorar lo que sí sabremos en el cielo, descubramos lo que el cielo sabía de la tierra. Tenemos un cuerpo físico en la tierra, pero disfrutaremos de un cuerpo celestial en el cielo. Cristo estaba en el cielo en un cuerpo espiritual, pero tomó un cuerpo físico cuando estuvo en la tierra.

## ¿Qué sabía Jesús en la tierra?

Sabemos por las Escrituras que Cristo era plenamente consciente de quién era y cuál era su tarea, ya a la edad de doce años (Lc 2:49). Sin embargo, para vestirlo con carne y sangre humana fue necesario que se educara y creciera como cualquier joven, como se indica en Lucas 2:40.

> El niño crecía y se fortalecía; progresaba en sabiduría, y la gracia de Dios lo acompañaba.
>
> —LUCAS 2:40, NVI

Teólogos y estudiantes de la Biblia entienden que Cristo es el Verbo hecho carne (Jn 8:58) y que preexistió con el Padre antes de su encarnación (Jn 8.58). ¿Cuánto conocimiento previo tenía Cristo del futuro, o qué se le enseñó mientras crecía y se hacía hombre? ¿Cuándo entendió totalmente su destino? ¿Se le ocultaron ciertas cosas que no se dieron a conocer?

Estas son cuestiones complicadas y detalladas, y no pueden ser respondidas en un capítulo. Sin embargo, sí podemos determinar que Cristo entendía lo que ya se había revelado sobre Él en las profecías. Él nacería de una virgen (Is 7:14) en Belén (Mi 5:2), y viviría en Galilea (Is 9:1-2). Cristo le preguntaría a su audiencia: "¿O no habéis leído en la ley…?" hablando de las Escrituras (Mt 12:5). Cristo también tenía entendimiento de información que le era revelada por el Espíritu Santo, como podemos ver en el ejemplo de su bautismo en las aguas, cuando la voz de Dios desde el cielo dijo: "Este es mi Hijo amado" (Mt 3:17). También obtuvo información importante sobre su muerte de dos profetas del Antiguo Testamento: Elías y Moisés, en el Monte de la Transfiguración.

> Aconteció como ocho días después de estas palabras, que tomó a Pedro, a Juan y a Jacobo, y subió al monte a orar. Y entre tanto que oraba, la apariencia de su rostro se hizo otra, y su vestido blanco y resplandeciente. Y he aquí dos varones que hablaban con él, los cuales eran Moisés y Elías; quienes aparecieron rodeados de gloria, y hablaban de su partida, que iba Jesús a cumplir en Jerusalén
>
> —LUCAS 9:28-31

Estos dos hombres, Moisés y Elías, eran los profetas más famosos de Israel. Elías jamás experimentó la muerte natural y fue transportado al cielo en un carro de fuego (2 R 2), y luego de que Moisés murió, Dios lo sepultó en una tumba desconocida en la llanura de Moab.

> Y murió allí Moisés siervo de Jehová, en la tierra de Moab, conforme al dicho de Jehová. Y lo enterró en el valle, en la tierra de Moab, enfrente de Bet-peor; y ninguno conoce el lugar de su sepultura hasta hoy
>
> —DEUTERONOMIO 34:5-6

Al morir, el espíritu y el alma de Moisés habrían descendido a una cámara debajo de la tierra conocida como el seno de Abraham (Lc 16:22-23). Para que Moisés apareciera ante Cristo en la montaña, su espíritu debe haber sido soltado temporalmente de la cámara del inframundo previo a la crucifixión. En cuanto a Elías, él habrá descendido del cielo. He aquí la pregunta: *¿Cómo podrán haber hablado Moisés y Elías de la muerte de Cristo, que debería suceder en Jerusalén? ¿Jesús les estaría revelando detalles de su futuro sufrimiento a estos dos profetas, o estos dos hombres de Dios ya habrían sido informados de los detalles del futuro de Cristo y se lo estaban dando a conocer a Él?*

En la cronología del relato bíblico, Jesús había comenzado a revelar más acerca de su sufrimiento más o menos al mismo tiempo en que recibió la visitación de Moisés y Elías.

| Cuando habló Jesús de su sufrimiento | Cuando aparecieron Moisés y Elías |
|---|---|
| Mateo 16:21 | Mateo 17:3 |
| Marcos 8:31 | Marcos 9:4 |
| Lucas 9:22 | Lucas 9:30 |

Parece que Moisés, el escritor de la Ley, y Elías, el jefe de los profetas, le dieron a Cristo información vital sobre su futuro. La pregunta es entonces, ¿cómo lo supieron ellos?

Moisés fue el primer profeta que reveló la venida del Mesías por medio de tipos y figuras escritas en el Torá. La ofrenda de Isaac en el Monte Moria hecha por Abraham es un anticipo de la crucifixión de Cristo sobre el Monte Moria en Jerusalén (Gn 22). Las cenizas de la vaca de Números 19 revelan detalles de lo que ocurriría con Cristo en la cruz. La serpiente de bronce en el extremo del asta era un tipo y figura de Cristo que cargaría con nuestros pecados en la cruz (Nm 21:8-9).

Ahora, recuerde la afirmación hecha por Abraham al hombre rico en el infierno: "Y Abraham le dijo: A Moisés y a los profetas tienen; óiganlos" (Lc 16:29). Moisés no sólo tenía información que era como un cuadro del sufrimiento del Mesías por su propia experiencia en la tierra, sino que todos los profetas del Antiguo Testamento —incluyendo a Isaías, Jeremías, Zacarías y los demás, que habían fallecido— habían sido enviados al seno de Abraham y le habrían informado continuamente a Moisés sus predicciones y revelaciones en todo lo concerniente al Mesías.

Tal vez Elías habría revelado la mayoría de los detalles del sufrimiento de Cristo. Luego de su traslado, el profeta entró en una esfera especial del cielo y, hasta este momento, ha sido preservado sobrenaturalmente hasta el final de los días cuando emergerá en la escena en Israel como uno de los dos testigos (Mal 4:5; Ap 11:3). Para el momento de la transfiguración, Elías había estado en el cielo mil doscientos años. De hecho, ¡él ya estaba allí antes de la encarnación, cuando Cristo vino a la tierra en forma de un bebé y se hizo carne!

Cualesquiera fueran los detalles que Cristo conociera de su futuro destino, se le dio más información por medio de estos dos profetas del Antiguo Testamento. Esto indicaría que en la eternidad gozaremos de una mejor capacidad para obtener conocimiento desconocido previamente.

Durante este encuentro en la montaña, la Biblia dice que Cristo fue transfigurado. La palabra griega es *metamorfóo* y significa "cambiar o transformarse". Los vestidos de Cristo se volvieron resplandecientes, muy blancos y estaba rodeado por una extraordinaria nube de gloria. Una razón por la cual esta nube sobrenatural rodeaba a los tres hombres puede haber sido para evitar que Satanás y sus agentes espirituales escucharan la conversación y el detallado plan y propósito del sufrimiento de Cristo. Mucho de lo que sucedió fue ocultado al público en general por esta razón:

La que ninguno de los príncipes de este siglo conoció; porque
si la hubieran conocido, nunca habrían crucificado al Señor
de gloria

—1 Corintios 2:8

¿Cree usted que Satanás habría entrado en el corazón de Judas y
hubiera impulsado a los líderes religiosos a conducir un juicio ilegal
esa noche para condenar a Jesús a muerte si hubiera sabido que la
crucifixión sería el comienzo de su derrota final y eterna? Por ello,
fue necesario que la información intercambiada en la montaña en
aquella conversación entre Moisés, Cristo y Elías permaneciera sólo
entre ellos.

## Doce legiones de ángeles

Vamos ahora del Monte de la Transfiguración al sufrimiento de
Cristo en el Jardín de Getsemaní. Después que Cristo pasó tres
horas en una vigilia de oración, una banda de hombres (alrededor
de seiscientos soldados romanos), fueron asignados para arrestarlo.
Pedro reaccionó en forma exagerada y cortó la oreja al siervo del
Sumo Sacerdote. Cristo reprendió a Pedro, y le dijo que Él tenía el
poder para llamar a doce legiones de ángeles que podrían interrum-
pir esta misión divina y evitar su muerte (Mt 26:53). Cuando Cristo
estaba en la cúspide de su agonía física en Getsemaní, un ángel vino
a fortalecerlo (Lc 22:43). Este ángel pudo haberle traído noticias del
cielo para que, ante el requerimiento de Cristo, los ángeles estuvie-
sen listos para intervenir.

A pesar de todo lo que Cristo sabía, hay con certeza algo que Él
no conoce, y es el día y la hora en que regresará a la tierra:

Pero de aquel día y de la hora nadie sabe, ni aun los ángeles
que están en el cielo, ni el Hijo, sino el Padre

—Marcos 13: 32

Existe un debate entre teólogos que creen en el regreso de Cristo,
sobre si ahora Cristo sabe el momento de su regreso, ya que mora
continuamente en la presencia de su Padre. Basados en el patrón de
los compromisos y bodas de los antiguos judíos, el hombre judío
jamás sabía el momento exacto en que podría llevar secretamente

a la novia a la casa de su padre, ya que de este acontecimiento solamente estaba a cargo el padre del novio. La decisión se tomaba a menudo basada en la preparación de una cámara nupcial, que se construía en la casa del padre. Cristo dijo que en la casa de su Padre hay muchas moradas y que Él iba a "preparar lugar" para nosotros (Jn 14:1-2). Cristo nos proveyó acceso directo al templo celestial convirtiéndose en el Sumo Sacerdote de nuestra fe. Él también ha otorgado a cada creyente redimido el futuro acceso a la nueva Jerusalén, el lugar de morada de los justos. Así como la novia judía no sabía cuándo regresaría el esposo, Cristo no conoce el exacto día y hora de su regreso para llevar a la novia a la casa de su Padre. Una cosa sí es segura: el mundo espiritual opera en una dimensión más alta y tiene conocimiento de ciertos eventos.

## El futuro conocido por el mundo espiritual

En 1 Samuel 28:7-14, el escritor bíblico relata una historia muy rara sobre una bruja a quien el rey Saúl consulta para hacer contacto con el alma de un justo que había muerto, llamado Samuel:

> Entonces Saúl dijo a sus criados: Buscadme una mujer que tenga espíritu de adivinación, para que yo vaya a ella y por medio de ella pregunte. Y sus criados le respondieron: He aquí hay una mujer en Endor que tiene espíritu de adivinación. Y se disfrazó Saúl, y se puso otros vestidos, y se fue con dos hombres, y vinieron a aquella mujer de noche; y él dijo: Yo te ruego que me adivines por el espíritu de adivinación, y me hagas subir a quien yo te dijere. Y la mujer le dijo: He aquí tú sabes lo que Saúl ha hecho, cómo ha cortado de la tierra a los evocadores y a los adivinos. ¿Por qué, pues, pones tropiezo a mi vida, para hacerme morir? Entonces Saúl le juró por Jehová, diciendo: Vive Jehová, que ningún mal te vendrá por esto.
> La mujer entonces dijo: ¿A quién te haré venir? Y él respondió: Hazme venir a Samuel. Y viendo la mujer a Samuel, clamó en alta voz, y habló aquella mujer a Saúl, diciendo: ¿Por qué me has engañado? pues tú eres Saúl. Y el rey le dijo: No temas. ¿Qué has visto? Y la mujer respondió a Saúl: He visto dioses que suben de la tierra. Él le dijo: ¿Cuál es su forma? Y ella respondió: Un hombre anciano viene, cubierto de un

> manto. Saúl entonces entendió que era Samuel, y humillando
> el rostro a tierra, hizo gran reverencia.

Existe controversia en cuanto a este pasaje entre los eruditos. Algunos sugieren que el espíritu del profeta Samuel fue traído del lugar donde reposan las almas de los justos debajo de la tierra para hablar con Saúl. Otros creen que éste era un "espíritu familiar" que estaba imitando a Samuel. Prestemos atención a la evidencia textual para encontrar claves y averiguar cuál es la mejor interpretación al comparar la Escritura con la Escritura.

Primero, el Espíritu de Dios había abandonado a Saúl y el atormentado rey buscó a una bruja para obtener información sobre su futuro. El primer argumento es que esta aparición era la de un espíritu familiar, porque el Espíritu Santo siempre sigue la Palabra y la voluntad de Dios. Como indica el texto, Dios se negaba a responder a Saúl por los medios establecidos en las Escrituras: el Urim, Tumim, y por sueños. Por lo tanto Dios no hubiese elegido a una bruja para traerle un mensaje de un hombre justo.

Segundo, consultar con los muertos estaba prohibido en la Ley de Dios (Dt 18:10-12). ¿Haría Dios algo que contradijera las leyes que Él mismo estableció para complacer a un rey reincidente y darle un mensaje de otro mundo? No existe registro bíblico alguno de una persona que busque un mensaje de alguien de ya partió.

Tercero, se utilizó una bruja para dar información. Saúl ya había amenazado con matar a todas las brujas. (1 S 28:9). La ley del Antiguo Testamento requería que las brujas, adivinos y espíritus familiares fueran cortados de entre su pueblo (Éx 22:18; Dt 18:10-11). Así como Elías destruyó a los falsos profetas de Baal y se negó a unirse a su alianza, el Todopoderoso se muestra celoso de su pueblo y de su justicia.

Cuarto, la bruja operaba por medio de un espíritu familiar, que es en realidad un poder demoníaco que puede imitar a los muertos. De nuevo, estaba prohibido consultar o escuchar a espíritus familiares, ya que este tipo de espíritus utilizan información conocida respecto de la persona, lugares o cosas y puede engañar a los vivos (Lv 19:31; 20:6; Dt 18:10-11). Los que se mueven en el mundo oculto y realizan sesiones de espiritismo a menudo engañan a familias que sufren, aprovechándose de un espíritu familiar que imita al ser amado que ha partido. Lo mismo puede ser verdad en cuanto a esta bruja y el espíritu que ella invocó.

Quinto, la bruja vio "dioses" que subían de la tierra (1 S 28:13). Yo sugeriría que estos eran espíritus de almas perdidas que estaban muriendo y eran llevadas al mundo de ultratumba (como ocurrió cuando murió el hombre rico de Lucas 16). O estos supuestos "dioses" eran una manifestación de espíritus malignos que tienen acceso a la tierra y al mundo de ultratumba. En el libro de Job cuando Dios le preguntó a Satanás de dónde venía, el adversario le respondió: "De rodear la tierra y de andar por ella" (Job 1:7; 2:2). Los ángeles tienen acceso al cielo, y los espíritus malignos tienen acceso a las cámaras del infierno.

Cuando apareció el espíritu, el rey Saúl nunca vio a la persona por sí mismo, sino que le pidió a la bruja que le diera una descripción. Ella describió a ese espíritu como un "hombre anciano... cubierto de un manto" y Saúl *entendió* que era Samuel (1 S 28:14). Fíjese que Saúl nunca vio por sí mismo al espíritu, porque la información vino de la bruja por medio de un espíritu familiar. La mujer le debe haber relatado la información con su propia boca. Así era (y aún es hoy) como una persona que supuestamente consulta a los muertos trae información a los vivos. El supuesto muerto nunca habla audiblemente, con su voz, sino solo a través de la voz del médium o, en este caso, de la bruja.

Toda la evidencia anterior indica que este espíritu era un espíritu familiar que tenía un conocimiento específico. El principal argumento de que éste era literalmente el espíritu de Samuel se relaciona con la precisión con que este ser de ultratumba predijo qué ocurriría con Saúl y con sus hijos:

> Entonces Samuel dijo: ¿Y para qué me preguntas a mí, si Jehová se ha apartado de ti y es tu enemigo? Jehová te ha hecho como dijo por medio de mí; pues Jehová ha quitado el reino de tu mano, y lo ha dado a tu compañero, David. Como tú no obedeciste a la voz de Jehová, ni cumpliste el ardor de su ira contra Amalec, por eso Jehová te ha hecho esto hoy. Y Jehová entregará a Israel también contigo en manos de los filisteos; y mañana estaréis conmigo, tú y tus hijos; y Jehová entregará también al ejército de Israel en mano de los filisteos.
> —1 Samuel 28:16-19

Los detalles de esta predicción son:

- ☞ El Señor se había apartado de él.
- ☞ El reino de Saúl le había sido arrancado y había sido dado a otro [David].
- ☞ La razón para el rechazo a Saúl: él no había destruido a Amalec cuando gobernaba como rey.
- ☞ Saúl perdería la batalla, y él y sus hijos morirían al día siguiente.
- ☞ Saúl y sus hijos serían llevados a un compartimento del Seol, debajo de la tierra.

Si este hubiese sido Samuel, ¿cómo habría sabido estos detalles? Si éste no era Samuel, sino un espíritu, ¿cómo habría sabido estos detalles? Primero, gran parte de la información ya era conocida en todo el reino de Israel, mucho antes de que sucediera esta manifestación sobrenatural.

- ☞ El Señor había abandonado a Saúl (1 S 16:14).
- ☞ El reino de Saúl le había sido arrancado a él y había sido entregado a David (1 S 15:28; 16:1-13).
- ☞ Saúl fue rechazado por no obedecer a Dios cuando le dijo que destruyera a los amalecitas (1 S 15:1-28).
- ☞ Saúl se estaba preparando para entrar en batalla.

El único detalle que no era de conocimiento público era que Saúl y sus hijos morirían en la batalla. Al leer todo el relato de lo que estaba sucediendo en aquel momento, no se necesitaría ser un *genio* para predecir que esto iba a ocurrir, ya que Saúl había perdido el favor de Dios y David estaba siendo preparado por el Todopoderoso para ser el siguiente rey. David no podía —y no lo haría—convertirse en rey hasta después de la muerte de Saúl lo haría.

Parecería que tanto en el cielo como en el inframundo, se conoce cierta información sobre el futuro. A través de la historia bíblica, el Todopoderoso utilizó visitaciones de ángeles para dar información profética y sellar los destinos de los patriarcas y sus hijos. A Daniel se le dio información detallada de los imperios futuros. Un ángel del Señor le contó cosas asombrosas sobre el futuro en Daniel 10-12.

Para resumir lo que saben los muertos:

☞ Saben lo que ha sido revelado en las Escrituras.
☞ Saben lo que ya les ha sido revelado en la tierra.
☞ Saben lo que se les revele cuando llegan al cielo.

Lo único que les es oculto es el momento exacto del regreso de Cristo.

En resumen, los que hayan partido tendrán conocimiento a través de lo siguiente:

☞ Lo que ha sido revelado en las Escrituras
☞ Lo que ha sido hablado y revelado en la tierra
☞ Lo que sea revelado cuando lleguen a la siguiente vida

El único acontecimiento crucial cuyo tiempo no fue ni es aún conocido es la hora y el día exactos del regreso de Cristo. Hay numerosas historias de individuos que han regresado de una experiencia próxima a la muerte y han señalado que vieron a miembros de su familia en el paraíso que estaban totalmente conscientes de muchas de las cosas que sucedían en la tierra, lo que se relaciona con el cumplimiento de la profecía bíblica.

Dos días antes de morir mi abuela, Lucy Bava, yo estaba de pie al lado de su cama en el hospital, cuando ella comenzó a relatar una maravillosa experiencia que había tenido la noche anterior que tenía que ver con su esposo, mi abuelo, que ya había partido, John Bava. Ella describió cómo vio al abuelo, y cómo él le habló y le dijo: "Lucy, ¡déjame mostrarte algo!". De repente, ambos estaban caminando sobre un precioso campo de césped verde. Mientras subían una colina, la escena cambió abruptamente, y ambos estaban contemplando un enorme vestíbulo donde la abuela describió filas de mesas cubiertas con relucientes telas blancas. Hasta donde ella podía ver, a derecha e izquierda, se estaban preparando mesas. Frente a ella, a la distancia, había puertas enormes, y había individuos que entraban a la habitación y miraban los arreglos. El abuelo dijo: "Lucy, aquí es donde celebrarán las Bodas del Cordero, y todos están trabajando para tener todo listo. No falta mucho". Él señaló un sector de las mesas y dijo: "Aquí es donde nosotros nos sentaremos con la familia" Los individuos que estaban observando la habitación y las preparaciones eran, de acuerdo con la abuela, gente

que ya había fallecido y se les permitía vislumbrar esta sala para
el glorioso y maravilloso banquete, ¡suficientemente grande como
para que multitudes innumerables se sienten!

Normalmente, la abuela no era de tener sueños, pero se sintió re-
confortada por esta visión que tuvo. Hay quienes creen que este tipo
de experiencias son sólo imágenes de la mente o alucinaciones. Sin
embargo, si lo fueran, ¿por qué no suceden continuamente cuando
alguien está por morir, en todas las personas, y por qué sí ocurren a
cristianos fuertes? A un hombre del Nuevo Testamento le fue dado
un anticipo de lo que será el paraíso: el apóstol Pablo.

# Capítulo 5

# Secretos del paraíso:
# la morada de los
# justos muertos

¿**C**ómo es el paraíso celestial?

> Ciertamente no me conviene gloriarme; pero vendré a las visiones y a las revelaciones del Señor. Conozco a un hombre en Cristo, que hace catorce años (si en el cuerpo, no lo sé; si fuera del cuerpo, no lo sé; Dios lo sabe) fue arrebatado hasta el tercer cielo. Y conozco al tal hombre (si en el cuerpo, o fuera del cuerpo, no lo sé; Dios lo sabe), que fue arrebatado al paraíso, donde oyó palabras inefables que no le es dado al hombre expresar.
>
> —2 Corintios 12:1-4

Los cristianos han oído del cielo durante siglos. Sin embargo, pocos han oído una enseñanza detallada acerca del paraíso. El cielo es el lugar donde los creyentes de ambos pactos se encontrarán en la eternidad, pero el paraíso es el lugar donde los justos muertos en Cristo están descansando hasta el momento de su resurrección. En el Antiguo Testamento, las almas de los justos iban debajo de la tierra a una cámara que Cristo llamó "el seno de Abraham" (Lc 16:22). Después de la resurrección de Cristo, estas almas justas fueron transferidas de debajo de la tierra a un nuevo lugar en el cielo. El apóstol Pablo fue la primera persona del nuevo pacto que realmente vio esta morada celestial, a la cual llamó "paraíso" (2 Co 12:4).

Pablo estaba escribiendo esta revelación en tercera persona cuando dijo: "Conozco a un hombre". Los eruditos indican que Pablo estaba hablando de una experiencia personal, pero escribía de esa forma periodística para no jactarse de las visiones y revelaciones que recibió del Señor. Pablo expresó que el incidente de ver el paraíso había ocurrido catorce años antes de escribir esta carta a los creyentes corintios.

Si volvemos catorce años atrás, Pablo había estado en la ciudad de Listra, donde fue apedreado y dejado por muerto:

> Entonces vinieron unos judíos de Antioquía y de Iconio, que persuadieron a la multitud, y habiendo apedreado a Pablo, le arrastraron fuera de la ciudad, pensando que estaba muerto. Pero rodeándole los discípulos, se levantó y entró en la ciudad; y al día siguiente salió con Bernabé para Derbe.
> —Hechos 14:19-20

El apedreamiento judío no tenía por fin intimidar o meramente magullar a la víctima: su fin era matarla. Era un castigo permitido para ciertos delitos, según la ley de Moisés (Éx 21:28-32; Nm 15:30-36). Pablo escribió "una vez apedreado" (2 Co 11:25), aludiendo a este acontecimiento de Listra. Lo notable es que cuando los discípulos rodearon el cuerpo magullado de Pablo y comenzaron a orar, él no solo se levantó ¡sino que fue fortalecido físicamente para entrar en la ciudad y viajar al día siguiente!

Pablo dijo que él fue "arrebatado" al tercer cielo al paraíso. Ésta cámara celestial es el lugar donde van las almas y los espíritus de los justos al morir. Pablo no estaba seguro de si fue "en el cuerpo", queriendo decir que tuvo una visión sobrenatural del paraíso mientras estaba inconsciente, o si fue "fuera del cuerpo", un término usado para identificar la partida del alma y el espíritu en el momento de la muerte. Si fue una visión, lo que Pablo vio fue tan dramático que rehusó revelar detalles en su carta a la Iglesia de Corinto. Si fue apedreado hasta morir (los acusadores pensaron que estaba muerto) y su alma y su espíritu salieron de su cuerpo, entonces Pablo fue literalmente llevado al cielo. Y los santos que estaban junto a su cuerpo sin vida realmente oraron para que la vida (su alma y su espíritu) volviera al cuerpo, ¡y él fue resucitado! Si Pablo no estaba seguro de lo que pasó, me rehúso a especular cual de las dos cosas realmente ocurrió.

Fuera lo que fuese, él fue llevado al paraíso celestial. ¿Cuándo estuvo accesible para las almas de los justos que partieron este jardín celestial llamado paraíso? Sobre la base de Lucas 16, antes de la resurrección de Cristo las almas y los espíritus de todas las personas, tanto los justos (los que estaban en pacto con Dios por medio de Abraham) como los impíos, eran llevados a los compartimentos del *Seol* bajo la tierra. Los justos eran ubicados en un sector, y los impíos en otro. Cristo nos informó que "una gran sima" separaba ambos grupos. La palabra *gulf* (sima) de la King James Version es traducción de la palabra griega *jásma*, de donde surge la palabra inglesa *chasm:* una gran brecha o cañón infranqueable.

Cuando los primeros patriarcas murieron, la Biblia dice que "exhaló el espíritu" y "fue recogido a su pueblo" (Gn 25:8, 17; 35:29). *Exhalar el espíritu* es una frase usada para describir la separación del alma y el espíritu del cuerpo físico. Los muertos eran "unidos a su pueblo", lo cual es un término usado en la muerte de Abraham, Isaac, Jacob y Aarón (Gn 25:8; 35:29; 49:33; Dt 32:50). Esta misma frase es registrada por los escritores de los tres evangelios en el momento en que Cristo da su último aliento. Él gritó: "Consumado es" y "entregó el espíritu" (Mr 15:37; Lc 23:46: en estos dice "expiró"; Jn. 19:30: aquí sí dice "entregó el espíritu"). Algunos sugieren que esta frase simplemente significa morir o dejar de respirar físicamente. Sin embargo, examinemos lo que ocurrió con Cristo después de que murió.

## El paraíso transferido

Primero, uno de los dos ladrones que murió junto a Cristo rogó a Jesús que se acordara de él cuando entrara a su reino. Cristo le respondió: "Hoy estarás conmigo en el paraíso" (Lc 23:43). Tanto Cristo como el ladrón murieron antes del atardecer de ese día. Cristo había informado a sus discípulos que: "Como estuvo Jonás en el vientre del gran pez tres días y tres noches, así estará el Hijo del Hombre en el corazón de la tierra tres días y tres noches" (Mt 12:40). Algunos que no creen que el alma y el espíritu dejen el cuerpo al morir dicen que esta frase "en el corazón de la tierra" significa que Cristo estaría en la tumba tres días y tres noches. Sin embargo, otros pasajes nos dicen lo que realmente hizo Cristo cuando su "espíritu" (alma y espíritu) partió de su cuerpo. Él descendió a la cámara del paraíso (el seno de Abraham) ¡para predicar a esos espíritus aprisionados bajo la tierra!

Y eso de que subió, ¿qué es, sino que también había descendido
primero a las partes más bajas de la tierra? El que descendió,
es el mismo que también subió por encima de todos los cielos
para llenarlo todo.

—Efesios 4:9-10

¿Cuál fue el propósito por el cual Cristo descendió a las partes
más bajas de la tierra? Pedro escribió:

Porque también Cristo padeció una sola vez por los pecados,
el justo por los injustos, para llevarnos a Dios, siendo a la verdad muerto en la carne, pero vivificado en espíritu; en el cual
también fue y predicó a los espíritus encarcelados.

—1 Pedro 3:18-19

Estamos seguros de que después que Cristo clamó en la cruz:
"¡Consumado es!" (Jn 19:30) su espíritu descendió a la cámara
de los justos, y predicó a los espíritus de los justos que murieron.
Debemos recordar que estos espíritus que estaban en "el seno de
Abraham" incluían a Abraham, Isaac, Jacob y sus hijos, David, los
profetas, y todos los que habían muerto en una relación de pacto
con Dios. La mayoría de estos individuos habían vivido y muerto
bajo la Ley de Moisés a lo largo de un período de mil quinientos
años. Así, Cristo habría predicado un mensaje de tres días sobre el
plan divino de redención, y revelado lo que había logrado en la tierra. Un hombre, un ladrón arrepentido, estaba con él en el paraíso,
¡confirmando que el plan era verdadero! Después de todo, este ex
ladrón innominado fue el primero que fue crucificado bajo la Ley,
pero murió bajo la gracia, ¡ya que Cristo murió antes que él!

La prueba de que Cristo estuvo ministrando en esta "prisión"
subterránea fue lo que ocurrió la mañana en que resucitó de los
muertos. Cristo sacó esas almas justas de su cámara subterránea
¡cuando Él resucitó de los muertos! Esto está registrado por Mateo:

Y he aquí, el velo del templo se rasgó en dos, de arriba abajo;
y la tierra tembló, y las rocas se partieron; y se abrieron los sepulcros, y muchos cuerpos de santos que habían dormido, se
levantaron; y saliendo de los sepulcros, después de la resurrección de él, vinieron a la santa ciudad, y aparecieron a muchos.

—Mateo 27:51-53

Estos "santos" eran santos del Antiguo Testamento cuyas almas y espíritus se unieron a sus cuerpos, y fueron resucitados y vistos en Jerusalén. La Biblia no es clara respecto a si todos los creyentes del antiguo pacto fueron resucitados o si sólo un número selecto de ellos fue resucitado a fin de ser vistos en Jerusalén. Estos individuos no continuaron viviendo en la tierra en sus cuerpos, ya que estarían todavía caminando entre nosotros hoy (un cuerpo resucitado continúa viviendo sin morir). De esto surgen dos preguntas: ¿Habrá otros santos del Antiguo Testamento resucitados en la Segunda Venida de Cristo? y ¿Qué les pasará a estos santos que fueron resucitados cuando Cristo resucitó?

## Primicias de los muertos

Cristo fue crucificado antes de la Pascua, enterrado en el tiempo del pan sin levadura, y resucitó el domingo (primer día de la semana) cuando comenzaba la Fiesta de las Primicias. Pablo dijo: "Mas ahora Cristo ha resucitado de los muertos; primicias de los que durmieron es hecho" (1 Co 15:20). "Los que durmieron" se refería a los santos del Antiguo Testamento. Durante la fiesta de las primicias, el sumo sacerdote distinguía el primer grano maduro de cebada del campo, y el día después del Sabbath (domingo) presentaba las primicias en el templo junto con un cordero (Lv 23:10-12). Ofrecer las primicias hacía santo ante Dios al resto del campo.

En los evangelios, algunas mujeres llegaron a la tumba justo antes del amanecer del primer día de la semana (domingo) para ungir el cuerpo de Cristo (Jn 20:1). Quedaron choqueadas: Cristo había resucitado y se preparaba para ascender hacia su Padre en el cielo. Cristo le dijo a María que no lo tocara, pues se estaba preparando para ascender hacia su Padre.

> Jesús le dijo: No me retengas, porque todavía no he ido a reunirme con mi Padre. Pero ve y di a mis hermanos que voy a reunirme con el que es mi Padre y Padre de ustedes, mi Dios y Dios de ustedes.
>
> —Juan 20:17, dhh

Este hecho de que Cristo ascendió al cielo es mucho más profundo de lo que piensa la mayoría de los cristianos. Primero, era necesario que Él ascendiera al templo celestial para purificar los utensilios del templo del cielo con su propia sangre. Eso era necesario porque en edades pasadas Lucifer condujo una rebelión en el cielo, y la presencia del pecado había contaminado el mismo templo de los cielos. Cada año durante el Día de la Expiación, en el tabernáculo de Moisés y después en el templo de Salomón en Jerusalén, el sumo sacerdote tomaba la sangre de un toro, un cabrito y un cordero, y la esparcía sobre los utensilios sagrados en un acto simbólico de limpiar el pecado y proveer acceso a Dios. El mismo patrón era necesario para los utensilios sagrados que descansan en el templo de Dios en el cielo. Así se registra en Hebreos:

> Así que era necesario que las copias de las realidades celestiales fueran purificadas con esos sacrificios, pero que las realidades mismas lo fueran con sacrificios superiores a aquéllos. En efecto, Cristo no entró en un santuario hecho por manos humanas, simple copia del verdadero santuario, sino en el cielo mismo, para presentarse ahora ante Dios en favor nuestro.
> —HEBREOS 9:23-24, NVI

> Cristo, por el contrario, al presentarse como sumo sacerdote de los bienes definitivos en el tabernáculo más excelente y perfecto, no hecho por manos humanas (es decir, que no es de esta creación), entró una sola vez y para siempre en el Lugar Santísimo. No lo hizo con sangre de machos cabríos y becerros, sino con su propia sangre, logrando así un rescate eterno.
> —HEBREOS 9:11-12, NVI

Este acto de preparar el templo del cielo no fue solo para purificar al templo de la rebelión de Lucifer y sus ángeles (Is 14:12-15), sino además con el propósito de permitir que las almas y espíritus de los justos tuvieran un nuevo lugar de descanso separado de los compartimentos del Seol que estaban debajo de la tierra. A estas almas que habían estado confinadas desde el tiempo de la muerte de Adán hasta la crucifixión (cerca de treinta y cinco mil años) no se les daba acceso directo para aparecer en el cielo después de su muerte hasta la purificación por la sangre de Cristo y el sello del plan de redención.

Mateo reveló que "muchos cuerpos de santos que habían dormido, se levantaron" (Mt 27:52). Cuando resucitaron, ¿estos santos ascendieron al cielo? Aunque no hay una indicación escritural referente a *cuándo* estas primicias de los santos fueron presentadas en el cielo, algunos sugieren, basándose en el modelo de las primicias, que cuando Cristo se alejó de María y ascendió al cielo, llevó consigo esos santos como visibles primicias de los muertos.

Otros observan una particular frase cuando Cristo ascendió desde el Monte de los Olivos cuarenta días después de su resurrección. Leemos:

> Y habiendo dicho estas cosas, viéndolo ellos, fue alzado, y le recibió una nube que le ocultó de sus ojos.
>
> —Hechos 1:9

Suponemos que esta *nube* que lo recibió y lo ocultó de sus ojos era una nube blanca, normal y visible como las que vemos en cualquier día nublado. Sin embargo, la misma palabra griega es usada en el siguiente pasaje:

> Por tanto, nosotros también, teniendo en derredor nuestro tan grande nube de testigos, despojémonos de todo peso y del pecado que nos asedia, y corramos con paciencia la carrera que tenemos por delante.
>
> —Hebreos 12:1

Esta "nube de testigos" consiste en los muchos santos del Antiguo Testamento enumerados en Hebreos capítulo 11, tales como Abel, Enoc, Noé, Abraham, Jacob, y otros. Estos testigos son una "nube" de personas que han finalizado su carrera y están observándonos mientras corremos la nuestra propia para ganar el premio.

Es posible que cuando Cristo ascendió al cielo para sentarse a la diestra del Padre (He 12:2), estuviera junto con una gran nube de santos que había traído de debajo de la tierra cuando salió de la tumba. Como fuere y cuando fuere que estos santos fueron a su eterno y permanente hogar, el paraíso fue trasladado desde el seno de Abraham debajo de la tierra, hasta el tercer cielo. Ahora cuando los justos mueren sus almas y sus espíritus son separados de sus cuerpos por los ángeles del Señor, y ellos los llevan instantáneamente al paraíso.

## El efecto "jarpázo"

Pablo dice que fue arrebatado al tercer cielo (2 Co 12:2). Este vocablo *arrebatado* es la palabra griega *jarpázo* y se refiere a ser tomado o arrancado por la fuerza. Es la misma palabra que hallamos en 1 Tesalonicenses 4:16-17, en que Pablo revela el "arrebatamiento" de la iglesia al cielo y dice que los creyentes vivos serán "arrebatados" en las nubes para encontrarse con el Señor en el aire. Este hecho ocurrirá súbitamente y seremos transformados de mortal a inmortal, "en un momento, en un abrir y cerrar de ojos" (1 Co 15:52).

Cuando Cristo vuelva, los santos que estén vivos serán cambiados de mortales a inmortales e instantáneamente arrebatados al cielo para aparecer ante el trono de Dios en un instante. De igual manera, cuando un creyente muere, el alma y el espíritu de esa persona pueden ser transportados del ámbito terrenal al celestial en una fracción de segundo.

No estoy seguro de que todos los santos del Antiguo Testamento fueran resucitados cuando Cristo salió de la tumba, o si hay algunos que fueron llevados al paraíso celestial y otros deben ser resucitados en el Rapto de la Iglesia. Se nos informa, sin embargo, que en la próxima resurrección, "los muertos en Cristo resucitarán primero", luego los vivos los seguiremos (1 Ts 4:16-17). Ya que se los identifica con la frase "los muertos en Cristo", esto se referiría a todos los que murieron desde el tiempo de la resurrección de Cristo hasta el momento de recoger a la Iglesia.

Esto implicaría que la próxima resurrección será para quienes han muerto bajo el nuevo pacto y no bajo el antiguo. Si la próxima resurrección es para los que están "en Cristo", entonces todos los santos del Antiguo Testamento han sido llevados desde el seno de Abraham hasta el cielo y los encontraremos allá cuando lleguemos.

El punto importante es que sabemos lo que les ocurre a los creyentes cuando parten. La muerte para un creyente no es definitiva ni el final del camino. Es sólo el comienzo de un viaje maravilloso que nunca acabará.

## Capítulo 6

# Más secretos del tercer cielo

El apóstol **Pablo habla de** ser arrebatado al tercer cielo. Entre muchas de las antiguas creencias y religiones, se enseñaba que había siete niveles en el cielo. Este concepto puede haberse originado en el hecho de que los antiguos creían que había siete astros mayores en el cielo, o siete objetos que se podían ver a simple vista. Estos eran los cinco planetas principales junto con el sol y la luna. La menorá judía del templo tenía siete brazos de oro, los cuales, según Josefo, eran la representación de los siete planetas celestiales.[1]

Entre los antiguos judíos, los días de la semana no tenían nombre sino que estaban numerados. El domingo era el primer día, el lunes el segundo, y el sábado el séptimo día. Más tarde, el método judío de numerar los días fue cambiado por los antiguos paganos. Finalmente a los días de la semana se les dio nombres dedicados a las siete grandes lumbreras del cielo:

- ☛ El *domingo* estaba dedicado al sol.
- ☛ El *lunes* estaba dedicado a la luna.
- ☛ El *martes* estaba dedicado a Marte.
- ☛ El *miércoles* estaba dedicado a Mercurio.
- ☛ El *jueves* estaba dedicado a Júpiter.
- ☛ El *viernes* estaba dedicado a Venus.
- ☛ El *sábado* estaba dedicado a Saturno.[2]

Los místicos judíos han enseñado que hay siete niveles en el cielo. A cada nivel se le da un nombre específico y supuestamente es gobernado por un arcángel específico. Cada nivel tiene además una característica central, tal como el nivel de los espíritus malignos, el nivel del paraíso, el ámbito del trono de Dios, etc.

| NIVEL | NOMBRE HEBREO | GOBERNADO POR | CARACTERÍSTICA PRINCIPAL |
|-------|---------------|---------------|--------------------------|
| Primer Nivel | Shamayin | Gabriel | Cercano a la tierra |
| Segundo Nivel | Raquia | Zechariel y Rafael | Ángeles caídos aprisionados |
| Tercer nivel | Shehaquim | Anahel | Edén y el árbol de la vida |
| Cuarto nivel | Machonon | Miguel | La Jerusalén celestial |
| Quinto nivel | Machon | Samael | Un ángel servidor negro |
| Sexto nivel | Zebul | Zachiel | Justo bajo el trono de Dios |
| Séptimo nivel | Araboth | Cassiel | El trono de Dios |

La creencia en los siete niveles del cielo, como se registra en el *Midrash* hebreo, puede resumirse en esta afirmación:

> Cuando Adán pecó la Shekina partió hacia el primer Cielo. El pecado de Kayin (Caín) la forzó hacia el Segundo Cielo; la generación de Enós al Tercero; la generación del Diluvio al cuarto; la generación de la Dispersión al Quinto; los sodomitas, al Sexto; el Egipto de los días de Abraham, al Séptimo.[3]

Hasta el Islam recogió esta tradición de los siete cielos:

> ¿No habéis visto cómo ha creado Alá siete cielos superpuestos y puesto en ellos la luna como luz y el sol como lámpara?
> —SURA 71:15-16

Aunque estas tradiciones pueden parecer interesantes, las Escrituras inspiradas sólo indican tres niveles específicos del cielo. Génesis 2:1 menciona el cielo en la forma plural: "los cielos y la tierra". Se alude al cielo en la forma plural ciento catorce veces en el Antiguo Testamento y diecinueve veces en el Nuevo Testamento. La frase "los cielos de los cielos" se menciona cinco veces en el Antiguo Testamento, tal como en Deuteronomio 10:14. Esta forma plural indica más de una división del cielo.

El concepto de tres regiones del cielo puede verse en ejemplos como Isaías 14:13-14. Lucifer hizo las siguientes declaraciones:

- ☛ "Subiré al cielo…"
- ☛ "Sobre las alturas de las nubes subiré…"
- ☛ "Junto a las estrellas de Dios, levantaré mi trono…"

Las nubes se identifican como el primer nivel del cielo, las estrellas y planetas como el segundo nivel, y por encima de las estrellas estaría la región del tercer cielo. Al hombre se le ha dado dominio sobre el primer cielo donde las aves vuelan y las nubes producen lluvia (Gn 1:28). El segundo cielo es dominado por diversos espíritus rebeldes mencionados en Efesios 6:12: principados, potestades, los gobernadores de las tinieblas de este siglo, huestes espirituales de maldad en las regiones celestes. En el primer cielo y el segundo es donde el ejército angélico de Dios batalla contra Satanás y sus ángeles (Ap 12: 7). El tercer cielo está al borde de las galaxias y se ubica por encima de las estrellas de Dios (Is 14:13). Según Isaías 14, el territorio celestial por encima y más allá de las estrellas es el lugar donde está ubicado el trono del Todopoderoso.

## Las tres regiones del tercer cielo

Cuando pensamos en el cielo, todos tenemos una imagen mental diferente. De niños, nos imaginamos flotando en una nube mientras jugamos con un arpa de oro y pudiendo saltar de nube en nube como lanzándonos de un trampolín. Como adolescentes podemos tener una imagen del cielo como un lugar bastante aburrido donde ancianos con barbas blancas se pasean en largas túnicas flotantes, recordando el pasado y ¡obteniendo respuestas a las preguntas que siempre los sacaban de quicio! Cuando crecemos, el cielo se transforma en el lugar a donde muchos de nuestros seres queridos han ido y esperan nuestra llegada. El tiempo pasa pronto, y también nosotros esperamos nuestra partida.

Cuando examinamos cuidadosamente las Escrituras, el cielo está formado por varias partes principales.

1. El templo celestial de Dios
2. La Nueva Jerusalén celestial
3. El paraíso celestial

El libro de Apocalipsis es una visión experimentada por el apóstol Juan mientras estaba en el exilio en la isla de Patmos. Juan da al lector una descripción de los secretos del cielo más detallada que la de que cualquier otro escritor bíblico.

Juan es "arrebatado" en el espíritu al templo celestial (Ap 4:1-2). Este templo celestial es el centro de toda la actividad del cielo. La característica central es el trono de Dios. El resplandor de Dios se dice que es como "piedra de jaspe y de cornalina" (v. 3). Ellas son la última (jaspe) y la primera (cornalina) piedra de las doce que cubrían el pectoral del sumo sacerdote del Antiguo Testamento (Éx 28:17-20). La primera piedra es por Rubén, el primogénito de Jacob, y la última por Benjamín, el último hijo de Jacob. El nombre hebreo Rubén significa "He aquí un hijo", y Benjamín en hebreo significa "hijo de mi mano derecha". Las piedras son una figura de Cristo que es "el Primero y el Último" (Ap 1:17). Además, mientras Cristo estaba en la tierra, el Todopoderoso lo llamaba "mi Hijo amado" (Mt 3:17), y en el cielo Él es el Hijo que "se sentó a la diestra de la Majestad en las alturas" (He 1:3).

El número veinticuatro se encuentra en el Antiguo Testamento en conexión con los sacerdotes del templo, que eran veinticuatro mil. En el Nuevo Testamento, Juan vio veinticuatro ancianos sentados en tronos (Ap 4:4). Se cree que los veinticuatro ancianos de Apocalipsis 4:4 son los doce hijos de Jacob del Antiguo Testamento y los doce apóstoles de Cristo del Nuevo Testamento (Lc 22:30).

El mobiliario sagrado original de oro que Moisés vio en una visión y replicó en su tabernáculo, fue visto y registrado por Juan por primera vez (desde Moisés) en el Apocalipsis. Juan vio siete candelabros, que es la imagen de la menorá de oro (Ap 1:12-13). Vio un altar de oro donde se ofrecía el incienso (Ap 8:2-4), y el arca sagrada del pacto (Ap 11:19).

Cuando ocurra la resurrección de los muertos en Cristo y la reunión de los santos que estén vivos, todos nos reuniremos en el templo del cielo donde adoraremos a Dios y cantaremos cánticos nuevos al Cordero, Jesucristo (Vea Apocalipsis, capítulos 4 y 5). Dios enseñó a los judíos a presentarse tres veces al año en el templo de Jerusalén; en Pascua, Pentecostés, y la fiesta de los Tabernáculos. También nosotros nos presentaremos primero en el templo antes de entrar a la ciudad.

## La Ciudad Santa

En Hebreos 11:10 leemos que aun Abraham "esperaba la ciudad que tiene fundamentos, cuyo arquitecto y constructor es Dios". El patriarca entendió que Dios vivía en una ciudad celestial. Sin embargo, fuera de Moisés que vio el cielo y la construcción del mobiliario del tabernáculo según el modelo de Dios (He 8:5) y David que recibió una revelación de los patrones para el futuro templo a construir por Salomón (1 Cr 28:19-21), después de casi cuatro mil años de historia humana, Juan fue el primero a quien finalmente se le permitió ver y describir la ciudad celestial, llamada la Nueva Jerusalén. Juan escribió:

> Y yo Juan vi la santa ciudad, la nueva Jerusalén, descender del cielo, de Dios, dispuesta como una esposa ataviada para su marido.
>
> —APOCALIPSIS 21:2

> La ciudad se halla establecida en cuadro, y su longitud es igual a su anchura; y él midió la ciudad con la caña, doce mil estadios (alrededor de 1,500 millas); la longitud, la altura y la anchura son iguales. Y midió su muro, ciento cuarenta y cuatro codos (unas 72 yardas), de medida de hombre, la cual es de ángel.
>
> —APOCALIPSIS 21:16-17,
> TEXTO ENTRE PARÉNTESIS AÑADIDO.

La Nueva Jerusalén mide mil quinientas millas de ancho y de largo y de altura. Hay doce niveles de piedras preciosas que se extienden desde la base de la ciudad hasta arriba. La Nueva Jerusalén tiene doce muros exteriores decorados con doce diferentes tipos de piedras.

| Nivel del cimiento | Piedra | El color principal |
|---|---|---|
| Primer cimiento | Jaspe | Verde oscuro |
| Segundo | Zafiro | Azul oscuro |
| Tercero | Calcedonia | Azul verdoso |
| Cuarto | Esmeralda | Verde azulado |
| Quinto | Ónice | Rojo y blanco |
| Sexto | Cornalina | Rojo brillante |
| Séptimo | Crisólito | Amarillo dorado |
| Octavo | Berilo | Verde azulado |
| Noveno | Topacio | Amarillo verdoso |
| Décimo | Crisoprasa | Verde manzana |
| Undécimo | Jacinto | Azul |
| Duodécimo | Amatista | Púrpura |

Es interesante notar cómo estos colores se mezclan desde un cimiento verde oscuro hasta el púrpura de arriba. Un arco iris consiste en la progresión de los colores: rojo, naranja, amarillo, verde, azul, índigo y violeta. Muchas de estas piedras de los cimientos de la ciudad son además piedras que se hallan en el pectoral del sumo sacerdote del Antiguo Testamento (Éx 39:10-13). Cada piedra fundacional tiene el nombre de un apóstol grabado en los mismos cimientos.

La ciudad tiene doce puertas en la muralla con doce ángeles que custodian cada puerta. Hay tres al norte, tres al sur, tres entradas en el este, y tres al oeste. Encima de estas doce puertas están grabados los nombres de las doce tribus de Israel (Ap 21:21). Cada una de las inmensas puertas está hecha de una gran perla (v. 21). Cristo nos dejó una parábola acerca de una perla que un mercader encontró la cual era tan valiosa que vendió todas sus posesiones para comprarla. Esta parábola era la parábola del reino (Mt 13:45-46). La perla es el evangelio, y las doce puertas son figura del evangelio que vino por medio de Cristo y sus doce apóstoles.

## El cielo puede estar formado como una pirámide

Ministros y eruditos han supuesto siempre que la Nueva Jerusalén es un cuadrado gigante, un cubo multicolor cubierto de gemas. Esto se debe a que la ciudad es tan alta como ancha. Sin embargo, la ciudad puede en verdad tener forma de pirámide. La base sería de dos mil doscientos kilómetros, y desde el centro de la base hasta la piedra del tope, sería de dos mil doscientos kilómetros. El concepto de pirámide tiene cierto apoyo en el hecho de que es una de las formas geométricas más antiguas del mundo. Las pirámides fueron construidas en Egipto y también se han hallado en México. ¿De dónde se originó este concepto y esta forma entre los antiguos? Las pirámides fueron usadas entre los egipcios para sepultar a sus faraones, con la creencia de que entraban a otra vida desde la pirámide.

En una pirámide la piedra angular se ubica en la cima. Si se trazara una línea desde el centro de la piedra angular, la línea caería directamente en el centro de la base. Considere lo siguiente. En la Nueva Jerusalén el Cordero es la luz de la ciudad. Desde una forma piramidal, la luz (o la gloria) del Cordero podría irradiarse desde el centro de la cima y cubrir la ciudad entera.

También nos informa Juan:

> Después me mostró un río limpio de agua de vida, resplandeciente como cristal, que salía del trono de Dios y del Cordero. En medio de la calle de la ciudad, y a uno y otro lado del río, estaba el árbol de la vida, que produce doce frutos, dando cada mes su fruto; y las hojas del árbol eran para la sanidad de las naciones. Y no habrá más maldición; y el trono de Dios y del Cordero estará en ella, y sus siervos le servirán.
>
> —APOCALIPSIS 22:1-3

El agua de vida fluye del trono. En el jardín terrenal del Edén había un río principal que se dividía en cuatro, y el árbol de la vida estaba "en medio del jardín" (Gn 2:9). En la ciudad celestial, el río de la vida provee agua de vida a los habitantes de la ciudad. Juan nos da la primera idea acerca del árbol de la vida como un árbol especial ¡que cada mes produce doce clases de frutos en un árbol! Continuamente vemos el número doce asociado con la Ciudad Santa: doce puertas, doce ángeles, doce cimientos, doce clases de frutos, etc. El número doce bíblico se asocia con el orden y el gobierno divinos. Así la Ciudad Santa es la perfección del orden divino.

## La ubicación del paraíso

Pablo enseñó que el paraíso estaba en el tercer cielo, pero ¿dónde en el tercer cielo? Obviamente está vinculado con el templo celestial o con la Ciudad Santa. Seguramente no es una esfera o plataforma flotante en el vasto espacio como la nave espacial *Star Trek*. El paraíso es el lugar de descanso de los muertos justos. La única ubicación del Nuevo Testamento para las almas que partieron y descansan en el cielo se registra en Apocalipsis capítulo 6.

> Cuando abrió el quinto sello, vi bajo el altar las almas de los que habían sido muertos por causa de la palabra de Dios y por el testimonio que tenían. Y clamaban a gran voz, diciendo: ¿Hasta cuándo, Señor, santo y verdadero, no juzgas y vengas nuestra sangre en los que moran en la tierra? Y se les dieron vestiduras blancas, y se les dijo que descansasen todavía un poco de tiempo, hasta que se completara el número de sus consiervos y sus hermanos, que también habían de ser muertos como ellos.
>
> —APOCALIPSIS 6:9-11

Tres afirmaciones o palabras son importantes en este pasaje:

1. Eran las almas de "los que habían sido muertos" en la tierra—sus almas estaban en el cielo.
2. "Se les dieron vestiduras blancas" a cada uno de ellos.
3. Se les dijo que "descansasen todavía un poco de tiempo" en esa región del cielo.

Estos tres hechos concuerdan con lo que ocurre cuando muere una persona justa. Son llevados al cielo (paraíso), se les da una túnica blanca, y descansan hasta el tiempo de la resurrección. Estas almas en particular están ubicadas "bajo el altar" de Dios en el cielo.

Como afirmaba, la sala del trono es realmente el templo celestial. Juan describió el piso como "un mar de vidrio semejante al cristal"

(Ap 4:6). La palabra *mar* implica un área muy grande, muy similar a mirar el océano desde una playa. En casi toda ocurrencia, en el Nuevo Testamento la palabra *mar* significa las aguas sobre la tierra. La misma palabra griega usada para *aguas de mar* es usada para el *mar de cristal*. El piso es claro, y una persona puede mirar a través de este piso de cristal y ver las almas que están "descansando" bajo el mar de cristal. Ya que el piso es como cristal, y éste es similar al vidrio, las almas que están debajo del altar pudieron ser vistas por Juan que estaba de pie *sobre* el mar de cristal, mirando lo que era una gran área *bajo* el mar de cristal.

No conozco otro lugar más grandioso para el paraíso que estar ubicado bajo el mar de cristal donde el Padre celestial se sienta en su trono eterno.

## El cielo en el norte

Si tuviera que pedirle que salga afuera en una noche clara y señale dónde Dios mora, la mayoría señalaría hacia afuera o directamente hacia arriba. Depende de donde usted viva, algunos en el polo Sur señalarían realmente hacia abajo (sur) y los que están en el ecuador mirarían hacia afuera (este u oeste). Solo quienes estuvieran en el polo Norte estarían en verdad señalando hacia arriba (norte) desde la posición de nuestro planeta. El norte siempre es arriba, y el sur, siempre es abajo.

Al explorar la verdadera dirección de los cielos donde está el trono de Dios, muchos creyentes dirían: "Nadie puede saberlo. ¡Sólo está por allí en algún lugar!" Cuando era un ministro juvenil, me volví curioso respecto a la ubicación del cielo, y cuando un colega escéptico de la secundaria me retó a *probar* que el cielo existía, acepté el desafío. Finalmente concluí que está ubicado en la sección norte de los cielos.

La primera referencia que encontré fue Isaías 14, donde Lucifer amenazaba con tomar el trono de Dios mediante una rebelión. Leemos donde Satanás decía:

> ¡Cómo caíste del cielo, oh Lucero, hijo de la mañana! Cortado fuiste por tierra, tú que debilitabas a las naciones. Tú que decías en tu corazón: Subiré al cielo; en lo alto, junto a las estrellas de Dios, levantaré mi trono, y en el monte del testimonio

me sentaré, a los lados del norte; sobre las alturas de las nubes
subiré, y seré semejante al Altísimo.

—Isaías 14:12-14

Lucifer dijo que subiría al cielo "junto a las estrellas de Dios". Y
luego creyó que se sentaría "en el monte del testimonio, a los lados
del norte". Este monte del testimonio es el monte santo sonde está el
templo celestial. Este monte se llama "monte Sion" en Hebreos 12:22
y Apocalipsis 14:1. Hebreos 12:22 dice que hay una "compañía de
muchos millares de ángeles" en este monte. La palabra *testimonio*
de Isaías 14:13 –que en la versión inglesa figura como "congregación"—es la palabra hebrea *moadá*, la misma usada para identificar los tiempos establecidos para que Israel se reuniera para una
fiesta y, específicamente, cuando los hombres ascendían a Jerusalén
para adorar al Señor durante las tres fiestas. La palabra común para
*congregación* en las Escrituras hebreas es *cajál*, que significa asamblea o multitud. Lucifer sabía que este monte era el monte para las
*asambleas* especiales planeadas para adorar y exaltar a Dios.

Lucifer estaba tratando de hacer un movimiento contra Dios "a
los lados del norte". La palabra *lado* en hebreo es *yereká* y figurada-
mente alude a la parte de atrás o la retaguardia. Hoy diríamos: "¡In-
tentaba escabullirse por la puerta trasera!" La ubicación del trono
eterno de Dios y el monte del testimonio están en el "norte".

El norte también es identificado por el profeta Ezequiel, donde
el profeta vio que "venía del norte un viento tempestuoso, y una
gran nube, con un fuego envolvente" (Ez 1:4). Con este viento tempestuoso celestial vino el trono de Dios, transportado sobre los
hombros de cuatro criaturas angelicales llamadas *querubines*. (Vea
Ezequiel 1:1-28).

El salmista debe de haber reconocido el significado del norte
cuando escribió:

La exaltación no viene del oriente,
ni del occidente ni del sur,
sino que es Dios el que juzga…

—Salmos 75:6-7, NVI

Por la omisión del norte, uno podría deducir que el Juez, el Señor,
se sienta en la parte norte de los cielos asignando sus promociones.

## El espacio vacío - la estrella del norte

Hay dos características únicas respecto del norte desde el punto de vista científico. El libro de Job nos dice:

> El Seol está descubierto delante de él,
> Y el Abadón no tiene cobertura.
> Él extiende el norte sobre vacío,
> cuelga la tierra sobre nada.
>
> —Job 26:6-7

El escritor afirma que hay un "espacio vacío" en el norte. Desde nuestra visibilidad en la tierra, parece que cada *pulgada* del cielo contiene estrellas. Aunque esto es cierto, hay un espacio vacío, vacío de estrellas, en la parte norte de los cielos. Sin embargo, uno de los hechos más extraordinarios del cielo es la famosa *Estrella del Norte*. El Creador ubicó una estrella especial, a dos grados del verdadero norte, en los cielos. Esta estrella está ubicada en el brazo de la Osa Mejor y es la estrella más brillante del cielo vista desde la tierra. La Estrella del Norte, también llamada *Polar*, es reconocida mundialmente como estrella direccional que ha asistido a barcos y viajeros durante siglos para encontrar dirección al usar las estrellas como guía. Cuando un capitán en el mar identifica la Estrella del Norte puede identificar las otras tres direcciones: sur, este y oeste.

Al estar en el norte el templo del cielo, y un espacio vacío creado en esa región, y al estar ubicada en la parte norte de los cielos la estrella más brillante para el ojo humano, el mensaje parece ser que cuando usted necesite dirección y ayuda, ¡mire hacia el norte!

Cuando una persona que tiene un pacto redentor por medio de Cristo da su último aliento, los ángeles están presentes para liberar al alma y al espíritu del cuerpo físico del redimido y llevar el espíritu eterno al paraíso, donde otros que ya han partido aguardan su llegada.

Recuerdo un sueño muy conmovedor que tuve, relacionado con mi propio padre, que desearía compartirle. Aunque la mayoría de los sueños no son del Señor y son simplemente la mente subconsciente proyectando imágenes mientras dormimos, hay veces en que la persona está segura de que un sueño fue una verdadera revelación espiritual. Un sueño espiritual con un significado espiritual siempre tiene simbolismos que fácilmente pueden interpretarse usando los mismos símbolos que se encuentran en las Escrituras. Por ejemplo, soñar con una serpiente es una advertencia de problemas (una serpiente es el símbolo bíblico de Satanás), una oveja alude a los creyentes, y los lobos a personas que son falsos maestros y estorban a la iglesia. En un sueño que revela el futuro, se usan los símbolos bíblicos o el significado se hace evidente en el sueño.

## Una sala de espera de familia y amigos

En 2009 soñé que caminaba con mi amado padre, Fred Stone. En el sueño, papá se había debilitado mucho, caminaba con un bastón, y yo lo ayudaba a mantenerse en equilibrio. Lo ayudé a entrar a un gran edificio que estaba bastante oscuro y vacío. A lo lejos apareció una mujer con una tablilla con un sujetapapeles en la mano. Amablemente nos dijo: "Por favor, vengan conmigo". Me impresionó su ropa. Era de color brillante y parecía tipo sastre. En realidad, parecía muy costosa. Ayudé a papá a entrar a una sala grande y decorada con mucha creatividad donde otras encargadas femeninas trabajaban atendiendo a los individuos que ingresaban al lugar. Recuerdo que cada una estaba vestida con la más magnífica y colorida vestimenta, y parecía como si una costurera personal hubiera trabajado con costoso material y confeccionado cuidadosamente los vestidos para cada una.

En ese momento una mujer solicitó: "Señor Stone, por favor venga por aquí", hablándole a papá. Yo me uní a él, y la mujer levantó la mano como un policía de tránsito y dijo: "Lo siento, usted todavía no puede entrar". Solté a papá y lo miré caminar por un largo *hall* que apareció de pronto frente a nosotros. Caminó solo, cojeando y con los hombros un poco encorvados. Supe que estábamos siendo separados, y papá estaba a punto de entrar a la eternidad. Yo estaba muy triste en el sueño, aunque emocionado ya que sabía que a lo largo de todos esos años del ministerio de papá él había esperado ese momento: ver al Señor al quien amaba. ¡Había predicado por casi sesenta años!

Yo estaba de pie viéndolo alejarse por el *hall*, cuando de pronto algo surgió desde el piso. Papá se detuvo, y vi que era como una gran balanza —esa clase de balanza sobre la cual uno se para a fin de pesarse, pero más grande de lo normal. Esta balanza era un cuadrado grande, y suavemente levantó a papá del piso cerca de doce pulgadas. Mientras él estaba allí, ocurrió la más notable metamorfosis. El cabello gris de papá comenzó a cambiar al negro carbón original que él tenía a los veinte. Sus hombros encorvados se enderezaron, y de pronto el más hermoso traje negro cubría toda su figura. Nunca vi su rostro, ¡pero se veía como al fin de sus veinte o principios de sus treinta años!

Luego ocurrió otra cosa emocionante. El *hall* conducía hacia una gran habitación que de pronto se volvió blanca, como mármol blanco. Las balanzas desaparecieron volviendo al piso. Papá había sido "pesado" por su obra y el ministerio de su vida y fue hallado digno de entrar al paraíso celestial. Súbitamente observé una habitación que apareció a la derecha enfrente de papá. En ese momento ¡mi amado abuelo John Bava salió de una esquina para ver dónde estaba papá! Luego me di cuenta de que había una habitación llena de gente que mi papá había conocido personalmente a lo largo de su vida y ya habían partido, y que esperaban su llegada. Inmediatamente pensé cómo el abuelo había visto la reunión de hombres en el cielo justo después de la muerte de Bill Fishel. Papá entró a la habitación, sin mirar atrás. Pero el sueño no había terminado.

En ese momento, todo frente a mí se volvió blanco como una perla. Los pisos, las paredes, el techo todo estaba cubierto del más radiante color blanco. Mientras yo admiraba la belleza que estaba ante mí, una encantadora mujer negra se acercó y me dijo: "Por favor, venga conmigo". Ella también tenía un vestido notablemente hermoso lleno de las más brillantes combinaciones de colores. Entonces me dijo: "Fui asesinada el 11 de septiembre, el día en que los aviones chocaron contra el World Trade Center". Estaba atónito al escuchar eso. Dijo: "Mi empleo era ocuparme de los seguros". Luego continuó: "No se imagina cuántas personas llegaron aquí ese día [hablando del cielo]. Las personas oraban y se arrepentían, ¡y muchas, muchas almas llegaron aquí ese día!" Me acompañó hacia una puerta y desperté.

A menudo me he preguntado por qué el Señor me dio este sueño de la forma en que lo vi. No vi gente con túnicas blancas, y las habitaciones con los trabajadores eran hermosas, y de apariencia bastante normal. Creo que la mujer negra que me habló me dio esa palabra para consolar a alguien que perdió un ser querido el 11 de septiembre.

La idea de una "sala de espera" donde su llegada ha sido anunciada no debería resultar una sorpresa. Cuando los patriarcas morían, entregaban el espíritu y "eran unidos a su pueblo" (Gn 25:8; 35:29). Éstos eran individuos a quienes el fallecido conoció mientras vivía en la tierra, que habían muerto antes que la persona y estaban esperándolo más allá de la tumba.

Para el creyente, la muerte no es el final sino sólo el comienzo. Cuando nuestro viaje terrenal termina, nuestro viaje eterno sólo está comenzando. Cristo hizo posible esto por medio de su muerte y su resurrección. Porque Él vive, nosotros también vivimos. Como Él transfirió a los justos desde el seno de Abraham hasta el tercer cielo, nunca tendremos que pasar la eternidad cerca del límite del infierno.

## Capítulo 7

# El hombre es un ser tripartito: una parte muere y dos partes viven

**N**unca crea que usted *nació por accidente*. Según los escritores inspirados de la Biblia, Dios lo conoció a usted antes de que naciera (Jer 1:5). Fue el Todopoderoso quien lo creó en el vientre de su madre (Sal 139:13). Dios además ordenó el tiempo en que usted nacería (Est 4:14). El Creador también ha numerado sus días (Sal 90:12). Dios también lo ha creado como un ser tripartito con un cuerpo, un alma y un espíritu:

> Y el mismo Dios de paz os santifique por completo; y todo vuestro ser, espíritu, alma y cuerpo, sea guardado irreprensible para la venida de nuestro Señor Jesucristo.
>
> —1 Tesalonicenses 5:23

Cuando Dios lo formó lo hizo único en su clase. Usted tiene un juego de huellas distintivo de sus dedos y de sus pies, y un diseño excepcional único en su clase en sus ojos. Hasta sus dientes tienen impresiones que son distintivamente suyas, y cuando habla, el tono y la inflexión de su voz tienen un patrón que distingue su voz de todas las demás. Cada ser humano tiene un banco genético en su ADN que marca que esa persona es un ser humano único, diferente de todos los demás. Esta singularidad solo puede explicarse como la obra de un Creador divino que tiene la capacidad para diseñarlo como una persona distinta entre más de siete mil millones de personas.

Los médicos pueden explicar efectivamente el milagro de la concepción, la formación del feto dentro del vientre, y el desarrollo de la vida, pero tienen dificultad para explicar la muerte. ¿Por qué envejecemos y morimos? Las células humanas pueden reproducirse a sí mismas cada siete años, pero la muerte es la conclusión de la vida. Aunque puede ser un misterio para la ciencia, no es un secreto para Dios. El primer hombre, Adán, fue creado sin pecado, sin enfermedad; sin embargo, cuando se rebeló contra Dios y Dios le negó el acceso al árbol de la vida, entonces el pecado condujo al deterioro físico, el cual finalmente termina en la muerte física. Por un hombre entró el pecado al mundo, y la muerte, por el pecado (Ro 5:12). Adán tenía 130 años de edad cuando nació su hijo Set; vivió hasta los 930 años de edad. Así experimentó una separación espiritual de Dios, una muerte en su espíritu, mucho tiempo antes de morir físicamente (Gn 5:3, 5).

Cuando asistimos a un funeral, todos vemos la cáscara física de la persona que yace en el ataúd. De lo que muchos incrédulos no se percatan es que la verdadera persona partió de esa cáscara en el momento de su muerte. La Biblia es muy específica al revelar que todo ser humano es un ser tripartito, compuesto de cuerpo, alma y espíritu.

El cuerpo es simplemente la parte física de carne de la persona. El alma y el espíritu están interconectados, y a veces es difícil explicar la diferencia entre los dos. En el Antiguo Testamento hebreo, la palabra *alma* es *néfesh* y alude a la energía vital. Según Levítico 17:11, la vida (hebreo *néfesh*) del cuerpo está en la sangre. La palabra hebrea común para espíritu es *rúakj* y puede traducirse como *viento, aliento,* y *espíritu.* Así, cuando Dios formó al hombre, moldeó un cuerpo físico. Cuando Dios sopló en la nariz del hombre, Adán se convirtió en un *alma viviente* (Gn 2:7). Dios no llamó a Adán un *cuerpo viviente,* aunque tenía un cuerpo físico, sino un *alma viviente.* Esto se debe a que el propósito de Dios era que Adán permaneciera fiel y participara siempre del árbol de la vida y viviera eternamente con Él en el Edén (Gn 3:22). En el idioma hebreo, la palabra *rúakj* tiene ¡nueve significados diferentes! En el ámbito del mundo del espíritu hay tres tipos diferentes de espíritus:

1.  El Espíritu de Dios y los ángeles, que son espíritus.

2. El espíritu de Satanás, y los ángeles malvados y espíritus malignos.

3. El espíritu de la humanidad, el espíritu eterno que mora en los cuerpos.

Al describir la diferencia entre el alma y el espíritu, a menudo he dicho que el alma está vinculada a la mente, al cerebro, los cinco sentidos, y las emociones de una persona. El alma puede ser carnal o espiritual, ¡depende de cómo usted la alimente! La verdadera lucha espiritual entre todos los humanos es la batalla de la mente, entre elegir lo que es bueno y lo que es malo.

El alma y el espíritu son una parte del aliento de Dios, que nos da vida en nuestros cuerpos y vida eterna. El espíritu del hombre es la parte eterna de todos los humanos, que nunca morirá pero que pasará la eternidad con Dios o separado de Dios. Comparo al espíritu con el aire en un globo. Si la forma del globo es redonda, el aire del globo llena toda la forma redonda. Si tiene forma de pera, el aire llena la forma de pera. Si el globo es como un perrito caliente, el aire que fue soplado en el globo rellenará la forma del globo. Nuestro espíritu toma la misma forma que nuestro cuerpo. De hecho, si nuestro espíritu partiera de nuestro cuerpo —y pudiéramos verlo físicamente— ¡nuestro espíritu sería como nuestro gemelo! Por esta razón Pablo podía decir: "Entonces conoceré como fui conocido" (1 Co 13:12).

> Ciertamente espíritu hay en el hombre, y el soplo del Omnipotente le hace que entienda.
>
> —Job 32:8

> Lámpara de Jehová es el espíritu del hombre, la cual escudriña lo más profundo del corazón.
>
> —Proverbios 20:27

El libro de Job nos habla de la muerte y cómo el espíritu parte y el cuerpo regresa al polvo:

> ¿Quién le dio poder sobre la tierra?
> ¿Quién lo puso a cargo de todo el mundo?
> Si pensara en retirarnos su espíritu,

en quitarnos su hálito de vida,
todo el género humano perecería,
¡la humanidad entera volvería a ser polvo!

—Job 34:13-15, NVI

La muerte física no ocurre simplemente cuando el corazón deja de latir o cesamos de respirar y cerramos nuestros ojos por última vez. Hay gente que ha sido reanimada de un ataque cardíaco, o restaurada después de haber dejado de respirar por varios minutos, habiéndolos traído de regreso desde el borde de la eternidad. De modo que, ¿cuándo está muerta una persona realmente? ¿En qué punto podemos decir en verdad "se han ido"?

Recuerdo haber visto una película, cuando era niño, de una persona que vivió en el cambio de siglo y se la creyó muerta, pero fue enterrada viva. No había un médico presente para examinar el cuerpo. Aunque la persona en realidad estaba en coma, su latido era tan débil que no podía ser detectado. El hombre fue enterrado pero revivió en el ataúd. El descubrimiento se realizó cuando unas tumbas antiguas fueron trasladadas a otro lugar. Se abrió la vieja tapa de pino del ataúd, y las manos del esqueleto habían arañado el interior del ataúd. Créame, ¡ésa no es la clase de película que usted quiere que sus hijos vean!

Según numerosos pasajes de la Escritura, la muerte física sólo ocurre cuando el alma y el espíritu son separados del cuerpo físico. La siguiente pregunta es: ¿Cómo ocurre realmente esta separación? Un pasaje muy inusual de la Escritura, escrito por el rey Salomón, uno de los hombres más sabios que vivieron jamás, puede darnos una pista de cómo ocurre la separación del espíritu de la carne.

...pues el hombre se encamina al hogar eterno
y rondan ya en la calle los que lloran su muerte.
Acuérdate de tu Creador
antes que se rompa el cordón de plata
y se quiebre la vasija de oro,
y se estrelle el cántaro contra la fuente
y se haga pedazos la polea del pozo.
Volverá entonces el polvo a la tierra,
como antes fue,
y el espíritu volverá a Dios,
que es quien lo dio.

—ECLESIASTÉS 12:5-7, NVI

Una lectura completa de Eclesiastés 12:1-7 revela que el escritor está describiendo la muerte, mencionando que "la cadena de plata" es quebrada. Luego el hombre regresará al polvo y el espíritu retorna a Dios que lo dio. Por muchos años estuve intrigado con el significado de la "cadena de plata". Entendía que cuando un niño crece en el vientre de la madre, el feto está conectado a la placenta con un cordón umbilical. Toda la nutrición que el nonato recibe viene a través de este cordón por nueve meses durante un embarazo normal. Una vez que llega el tiempo del nacimiento, el bebé sale del vientre, y un médico capacitado corta el cordón. En ese momento el niño comienza una vida propia, pero sólo después de que el cordón umbilical es cortado.

Sugiero que esta "cadena de plata" es algo bastante misterioso para nosotros que conecta el espíritu humano al cuerpo físico de la misma manera que un cordón umbilical mantiene la vida de un infante hasta el momento en que el cordón es cortado. Este conector invisible, pero muy real debe ser cortado antes de que el espíritu pueda dejar el cuerpo. Creo que es al término de este *proceso de separación* que una persona experimenta realmente la muerte.

Cuando Pablo fue apedreado, él no estaba seguro de si fue "en el cuerpo o fuera del cuerpo". Obviamente, si esta experiencia fue "fuera del cuerpo", y si su alma y su espíritu hubieran partido y luego regresado a su cuerpo, entonces Pablo experimentó una verdadera resurrección de los muertos cuando su espíritu regresó a su cuerpo y revivió.

Existen varias creencias relacionadas con el alma y el espíritu, incluyendo la creencia (llamada sueño del alma) de que al morir, el alma y el espíritu permanecen donde el cuerpo yace para descansar. Por ejemplo, si usted tiene seres queridos que han muerto, y están enterrados en el cementerio de la comunidad, la doctrina del sueño del alma enseña que el alma y el espíritu no dejan el cuerpo al morir y no van tampoco ni al cielo ni al infierno, sino que permanecen en el cuerpo "durmiendo" hasta el tiempo de la resurrección y el juicio. Sin embargo, hay muchísimos pasajes de la Escritura que enseñan la partida del alma y del espíritu hacia otra vida después de la muerte.

Dos ejemplos de que el alma deja el cuerpo se hallan en la vida de Raquel y el hijo de la sunamita. En Génesis, capítulo 35, Raquel estaba embarazada y entró en un difícil trabajo de parto. Leemos:

> Después partieron de Bet-el; y había aún como media legua de tierra para llegar a Efrata, cuando dio a luz Raquel, y hubo trabajo en su parto. Y aconteció, como había trabajo en su parto, que le dijo la partera: No temas, que también tendrás este hijo. Y aconteció que al salírsele el alma (pues murió), llamó su nombre Benoni; mas su padre lo llamó Benjamín.
>
> —GÉNESIS 35:16-18

La *partida de su alma* indicó que estaba muriendo. El alma era la fuerza que le daba vida, sin embargo, el alma podía *partir*. Otro ejemplo es cuando un niño había muerto y Elías fue llamado para resucitarlo de los muertos.

> Y se tendió sobre el niño tres veces, y clamó a Jehová y dijo: Jehová Dios mío, te ruego que hagas volver el alma de este niño a él. Y Jehová oyó la voz de Elías, y el alma del niño volvió a él, y revivió.
>
> —1 REYES 17: 21-22

El niño había muerto, y el profeta oró que la vida volviera al muchacho. Algunos de los partidarios del "sueño del alma" sugieren que los términos "salírsele el alma" y "el alma del niño volvió", simplemente significan que Raquel se sentía morir, y que la vida del niño regresó a él. Sin embargo, observe las Escrituras que enseñan que Dios preservará su alma del "sepulcro" (Job 33:18, 28,30). Cuando David escribió acerca de la resurrección del Mesías, dijo: "Porque no dejarás mi alma en el Seol, ni permitirás que tu santo vea corrupción" (Sal 16:10). En el Nuevo Testamento, Pedro cita este versículo cuando habla de la resurrección de Cristo cuando Él subió de las cámaras del infierno después de tres días (Hch.2:27, 31). La palabra *infierno* en estos pasajes es *hades* y se refiere al inframundo donde eran llevadas las almas de los hombres antes de la resurrección de Cristo. La partida del alma es lo mismo que ocurrió cuando Lázaro murió y los ángeles lo llevaron (su alma) al seno de Abraham.

Otro ejemplo más se halla en Génesis 37. Jacob tenía en su mano el manto ensangrentado de su joven hijo José, con la palabra de que una bestia salvaje lo había matado. El padre estaba siendo engañado, ya que los hermanos de José lo habían vendido a una banda de nómades (Gn 37:28). Después de muchos días de duelo, Jacob dijo a sus hijos:

> Descenderé enlutado a mi hijo hasta el Seol. Y lo lloró su padre.
> —GÉNESIS 37:35

Para un lector casual, el padre parece estar diciendo que va a morir y ser enterrado (ir a la tumba) como lo hizo su hijo. Sin embargo, el padre dijo que "descendería", y en ese tiempo las almas y los espíritus descendían debajo de la tierra al "seno de Abraham" (Lc 16). Jacob descendería hasta "el Seol"—a la tumba, dice la versión inglesa. Cuando alguien dice "tumba", nos imaginamos un cementerio o un panteón. Sin embargo, la palabra hebrea *Sheól* indica el mundo subterráneo de los espíritus que han partido. El padre estaba diciendo que estaría de luto por su hijo mientras descendía a encontrarse con él en el Seol (descenderé...a mi hijo). Jacob creía que su hijo estaba muerto pero sabía que estaba en el Seol. Además sabía que él moriría de tristeza, pero se reuniría con su hijo allí.

Algunos que son partidarios de la libre elección no creen que un niño que está en el vientre tenga un espíritu eterno. Sin embargo, la Palabra inspirada de Dios enseña lo contrario. Cuando Job había perdido su riqueza, sus diez hijos, y su salud, escribió:

> ¿Por qué no morí yo en la matriz, o expiré al salir del vientre?
> —JOB 3:11

Se observa que la palabra *expiré* —*ghost* en la versión inglesa King James de 1611—, en hebreo es *gava*, una primitiva raíz que significa "exhalar o expirar".

Cuando el Nuevo Testamento usó el mismo término para decir que Jesús "entregó el espíritu", la palabra *espíritu* es el vocablo griego *ekpnéo*, el cual también es "expirar". Quienes no creen que el espíritu deja el cuerpo usan estas dos palabras para decir: "Estos versículos simplemente indican que al morir las personas dejan de respirar y expiran". Sin embargo, si esto fuera todo lo que ocurrió, y ellos simplemente murieron sin ir ni al paraíso ni al infierno, entonces cómo explicamos el seno de Abraham, el rico y Lázaro, Cristo predicando en el seno de la tierra a los espíritus aprisionados, el estar "fuera del cuerpo" de Pablo, y lo que Pablo dijo acerca de que cuando estamos ausentes del cuerpo estamos presentes con el Señor. (Vea 1 Corintios 5:8) Entonces, ¿por qué a los que fueron martirizados y están en el cielo se les dice que descansen hasta que sus hermanos consiervos sean muertos (Ap 6:11)?

La muerte no sólo es exhalar su último aliento y expirar. Incluye que el alma y el espíritu se separan del cuerpo y se reúnen con los justos en un paraíso celestial, o con las multitudes de impíos en una cámara subterránea.

## ¿Está mal la cremación para un cristiano?

La cuestión de que el ADN es alterado por el fuego y el calor lleva a una pregunta muy importante y algo controversial que muchos formulan: "¿Es bíblicamente incorrecto que un cristiano sea cremado?"

Generalmente, al menos una vez por semana recibo un correo electrónico o una carta de una familia cristiana preguntando acerca de la cremación. El proceso de la cremación ocurre cuando el calor reduce los restos físicos de un individuo a gases y fragmentos de huesos. Los restos dados a las familias no son cenizas, como algunos sugieren, sino en realidad los fragmentos de los huesos. Los restos son de color blanco y generalmente se colocan en una urna que queda en posesión de la familia o es enterrada en un cementerio u otro lugar, o son esparcidos en un sitio especial.

Hay varias razones por las que las familias eligen la cremación. A veces es a petición del ser querido que partió. Otras veces, es simplemente la elección de los miembros de la familia que hacen los arreglos finales. Hay veces en que —en caso de un incendio, un accidente extremo, u otra circunstancia— el cuerpo físico no puede ser visto de la manera tradicional. Más comúnmente, sin embargo, la cremación es un problema de costos, y la familia no puede afrontar un sepelio tradicional que implica una casa de velatorio, un ataúd y los costos de sepelio. El funeral promedio —incluyendo los costos de servicio, el embalsamar, la visita de la casa de velatorio, el coche fúnebre, el ataúd y la cripta, y los costos de sepultura— se aproximan a 6,130 dólares.[1] Las familias que luchan con las finanzas, y sin seguro de vida ni para el entierro, a menudo eligen la cremación, no como su primera elección sino como la única opción. La pregunta es: Desde la perspectiva bíblica y cristiana, ¿siempre está mal cremar a un creyente?

Primero, toda la Biblia es clara en cómo los patriarcas, el pueblo hebreo, y los creyentes del Nuevo Testamento sepultaban a sus seres queridos. Abraham compró una cueva en Hebrón, la cueva de Macpela, para sepultar a su esposa Sara (Gn 23). Más tarde, Abraham, Isaac, Jacob, Sara, y Lea todos fueron sepultados en la misma cueva (Gn 25:9; 49:30; 50:13). José fue embalsamado según el método tradicional egipcio, y su cuerpo fue colocado en un ataúd de oro y ubicado en una cripta especial en Egipto (Gn 50:26). En la época del Éxodo, Moisés entró a la cripta y quitó el ataúd con los huesos de José, y fueron transferidos de Egipto a la Tierra Prometida (Éx 13:19) y más tarde sepultados por Josué en la tierra de la heredad de José (Jos 24:32). Este proceso de sepultura fue solicitado por José antes de su muerte. Él quería ser llevado de regreso a la tierra de sus padres cuando Israel volviera a la tierra (Gn 50:25).

Quienes se oponen completamente a la cremación señalan lo siguiente. En Josué 8, después de que Acán pecó al robar el oro y las vestiduras de Jericó, su pecado fue expuesto, y el pueblo lo apedreó y quemó su cuerpo, dejando una pila de piedras como un recordatorio del enojo de Dios hacia Israel (Jos 7:24-26). Además, se observa que la ciudad pagana de Jericó tenía que ser "consumida con fuego" después de ser conquistada por los hebreos. Existe, no obstante, una razón práctica (no sólo espiritual) para consumir con fuego los restos de personas y animales muertos, y la ciudad. Jericó estaba ubicada en una región desértica y calurosa. Había miles de cuerpos de hombres y animales muertos en las calles de la ciudad. A los hebreos se les dijo que tomaran la tierra y no tenían tiempo para enterrar los cadáveres, y el tocar un esqueleto los haría impuros según la Ley de Moisés (Lv 5:2; 7:19-21). Si se permitía que esos cadáveres ensangrentados yacieran al sol durante días, la enfermedad se esparciría a los vivos y podría diseminarse entre el pueblo hebreo, terminando por quitar la vida a los guerreros israelitas. Así la explicación más sencilla para quemar la ciudad es que fue para evitar que aparecieran plagas mortales.

El pecado de Acán fue tan grande que cuando Israel enfrentó la segunda ciudad, Hai, en batalla, ¡esta pequeña ciudad derrotó a los soldados israelitas! Generalmente Dios permitía que su pueblo se quedara con el botín de la ciudad después de la batalla. Sin embargo, Jericó fue la primera de treinta y un ciudades que Israel tenía que conquistar, y fue una *primicia de ciudades*. Fue tomada durante la Fiesta de las Primicias, y el principio espiritual mandaba que todas las posesiones de la ciudad pertenecían al Señor y al tesoro del tabernáculo construido por Moisés. ¡Acán realmente le robó al Señor!

No hay un versículo claro que promueva o desaliente la cremación. Esto es en verdad una cuestión espiritual y moral con algunos, pero probablemente nos sirve el texto que enseña: "Ocupaos en vuestra salvación con temor y temblor" (Fil 2:12). Algunas personas creen que de alguna manera la cremación estorba la capacidad de Dios para resucitar a la persona de entre los muertos, ya que el fuego del crematorio consume todos los restos excepto el polvo de los huesos. Esto no puede ser verdad, pues, considere la cantidad de cristianos que no pudieron escapar y han muerto en incendios de aviones, de hogares o de grandes edificios. Su partida de esta vida en un trágico incendio no impactará su futuro con Cristo porque sus almas y espíritus ya están con el Señor. La cremación no afecta el alma ni el espíritu; estas dos fuerzas vitales eternas salen del cuerpo al morir.

A menudo después de la muerte, se realiza una autopsia importante. También mucha gente ha estipulado en sus testamentos que sus órganos sean donados para la investigación médica o para ayudar a una persona que necesite un riñón u otro órgano vital. Lo cierto es que el hecho de que los restos de la persona hayan pasado por el cuchillo de un especialista que investigó la causa de la muerte o recogió los órganos para donar no tiene influencia alguna sobre la resurrección futura de la persona.

## El sepelio judío

En la tradición judía hay dos consideraciones principales a la hora de la muerte. La primera implica *kevod ha-met*, o el tratamiento del muerto. Esta tradición capacita a la comunidad judía para mostrar "respeto por el cuerpo del occiso como vaso que alojó el alma en la vida".[2] La segunda consideración es *kevod ha-chai*, lo concerniente a los vivos.[3]

El proceso de sepelio judío durante los tiempos de Cristo era enterrar a la persona el mismo día que moría. Los judíos enterraban el cuerpo sin ninguna forma de cremación o embalsamamiento, creyendo que el cuerpo debía revertirse a su estado original y regresar a la tierra. Para aliviar la ansiedad de la familia, el sepelio tenía lugar de inmediato. En Jerusalén, la comunidad Ortodoxa realiza el funeral y el sepelio el mismo día de la muerte cuando era posible. Esto se basa en la instrucción de Deuteronomio 21:23:

- ☛ "No dejaréis que su cuerpo pase la noche".
- ☛ "Sin falta lo enterrarás el mismo día".

Si no es posible enterrar a la persona el mismo día, el sepelio debe ocurrir dentro de los tres días a menos que las circunstancias no lo permitan.

El cuerpo es envuelto en lino, una costumbre iniciada hace casi dos mil años por el Rabí Gamaliel para indicar que el rico y el pobre son iguales ante Dios. La mortaja es una vestidura con siete capas hechas de muselina, algodón y lino, y la vestidura exterior (desde el siglo dieciséis) es una sábana blanca grande en la cual es envuelto el cadáver. La mortaja no tiene bolsillos, lo que indica que un hombre no lleva nada consigo a la otra vida.

En los tiempos de Cristo, el cuerpo era colocado en una estructura como una cueva con grandes nichos abiertos para alojar el cuerpo. Después del proceso de deterioro, el cadáver era desenvuelto, y los huesos, lavados y colocados en un pequeño osario labrado en la roca. Esas pequeñas cajas que contienen los huesos eran puestas entonces en la cueva dentro de uno de los nichos. La cueva, llamada *sepulcro*, se convertía en una tumba familiar para muchas generaciones y podía contener numerosas cajas de piedra que podían apilarse unas sobre otras en la abertura con forma de cueva.

A esto se refería Jesús cuando dijo a los fariseos: "¡Ay de vosotros, escribas y fariseos, hipócritas! porque sois semejantes a sepulcros blanqueados, que por fuera, a la verdad, se muestran hermosos, mas por dentro están llenos de huesos de muertos y de toda inmundicia" (Mt 23:27).

Leemos acerca del proceso de sepultura judío en los cuatro Evangelios, cuando José de Arimatea y Nicodemo se unieron para cuidar el cuerpo de Cristo después de su muerte. Nicodemo compró cien libras de lino y especias, envolvió el cuerpo de Cristo en una mortaja de lino y lo colocó en un sepulcro nuevo (Jn 20:7). De ese modo, desde el comienzo, el método tradicional de sepelio judío era colocar el cuerpo en un sepulcro que fue preparado para el uso de toda la familia por varias generaciones.

Después se siguió la costumbre de colocar el cuerpo en un ataúd hecho de madera. La razón para el uso de la madera, según el rabino Levi, se basaba en el hecho de que Adán y Eva se escondieron de la presencia del Señor entre los árboles en el jardín (Gn 3:8). Además, la madera finalmente se deteriora y regresa a la tierra junto con el cuerpo, como lo requiere Génesis 3:19: "...y al polvo volverás". Algunos hacen agujeros en el fondo del ataúd para permitir que el aire ayude en la descomposición del cuerpo.

Entre algunos judíos el ataúd no se utiliza, ya que en un cementerio judío (como en Israel) los restos son colocados sobre la tierra, y el cuerpo es revestido con una cubierta de piedra (caja rectangular) sobre la superficie, con los restos envueltos en la mortaja y tocando la tierra misma.

Cuando un cuerpo permanece suficiente tiempo en la tierra, los restos regresan al polvo. Finalmente hasta los huesos se vuelven secos y quebradizos y se convierten en una forma de polvo, que se mezcla y regresa a la tierra. Los que han muerto desde la época de la Iglesia primitiva ya han pasado por ese proceso de deterioro. El hecho de que sus restos ya se hayan mezclado con el polvo de la tierra, ¿estorbará su resurrección? Ciertamente no, de ninguna manera.

Los restos físicos de la persona son sólo la cáscara exterior, que volverá al polvo de la tierra de la cual fue creado el primer hombre —Adán— y al cual todos los hombres volverán (Gn 2:7). El *verdadero* creyente está con el Señor. Recuerdo que estaba con algunos íntimos integrantes de la familia mientras contábamos historias graciosas en el funeral de un ser querido que había partido y ahora estaba con el Señor. Dije: "Bueno, ustedes saben, la partida de un creyente me recuerda a una persona que se acaba de comer un maní".

Todos me miraron como diciendo: "¿De dónde salió esa idea?"

Continué: "La cáscara todavía está aquí, ¡pero el maní no está!"

Mi abuelo rió casi hasta las lágrimas.

Alguien dijo: "¡Eso fue de mal gusto!". Bueno, usted no conoce a mis abuelos italianos y sus parientes. Aman la vida, aman al Señor, y aman reír. El pariente que había partido "se estaría muriendo de risa" al oír ese comentario. Sabíamos que él no estaba en esa casa funeraria en su ataúd, sino que realmente estaba con Cristo en ese preciso momento. Por lo tanto podemos regocijarnos, ya que, como dice la Biblia: "Estimada es a los ojos de Jehová la muerte de sus santos" (Sal 116:15).

Mi padre, que pastoreó una pequeña iglesia en el sudoeste rural de Virginia, cuando yo era niño, me llevaba con él ocasionalmente cuando predicaba en un funeral. Me sentaba cerca del frente mientras los creyentes pasaban por al lado del ataúd para verlo. Comentaban: "Gloria a Dios, ¡él no está aquí; está con el Señor!". Recuerde, yo sólo tenía cinco o seis años de edad, y pensaba: "¿Están ciegos? ¡Se halla delante de ustedes!". No entendí hasta años después que los santos se referían a que el alma y el espíritu del creyente habían partido, y la verdadera persona no estaba en la caja de madera.

Es cierto que el ADN puede deshacerse y finalmente ser destruido por el fuego. ¿Ese hecho impediría la resurrección y la recreación de un nuevo cuerpo de una persona, ya que la Biblia enseña: "… pero entonces conoceré como fui conocido" (1 Co 13:12)? El espíritu humano tiene exactamente la misma apariencia que el cuerpo humano; por lo tanto, las características de la persona serán reconocidas en el paraíso tal como serían reconocidas por los que viven en la tierra. De modo que la forma del espíritu es la misma que si estuviera en la tierra, y no se necesita el ADN para obtener la apariencia original de la persona. El espíritu es una imagen de espejo de la persona.

En tiempos antiguos, artículos tales como los rollos de la Torá, los libros de oración, y otros utensilios religiosos que ya no se usaban (como la tinta que se volvía ilegible en un rollo de la Torá) eran escondidos en habitaciones especiales de una sinagoga. Más tarde se acostumbraba enterrar utensilios religiosos en un cementerio.

Un rollo de la Torá se consideraba algo viviente ya que contiene la Palabra de Dios, y la Palabra de Dios es eterna y tiene el poder de la vida. De modo que el solo hecho de que el rollo se volviera ilegible en los lugares en que la tinta se desvanecía, no le quitaba su carácter sagrado. Por esta razón, hay registros de judíos que entraban corriendo a sinagogas incendiadas para rescatar un rollo. Se lo trataba como un ser humano.[4]

La costumbre de colocar una señal sobre la tumba se basa en Génesis 35:20. Cuando Raquel, la esposa de Jacob, murió en el camino hacia Belén, él erigió un pilar sobre la tumba. La razón original de señalar las tumbas era honrar al difunto, pero además para que los sacerdotes (*Kohanim*) evitaran su contacto y permanecieran ceremonialmente limpios.

Otras naciones tienen sus propios métodos funerarios, a los cuales no dedicaremos tiempo de estudio. En América, el proceso funerario tradicional es contactarse con una casa funeraria y su director y permitirles realizar los arreglos, basándose en los deseos personales de la familia o su capacidad financiera. En años pasados, se preparaba un ataúd artesanal, y los familiares y amigos se reunían en la casa del difunto. A esto se le llamaba *velatorio*. La familia proveía alimentos, y a veces el hogar se llenaba de conversaciones con maravillosos recuerdos e historias acerca del que partió. El ataúd se colocaba en la sala, abierto para que todos lo vieran. Por supuesto, al día siguiente los hombres llevaban al difunto a un cementerio familiar o al cementerio de la iglesia para el sepelio final.

La costumbre del proceso de embalsamamiento de dos a tres días, preparando el cuerpo, y arreglando el funeral en la iglesia surgió con el tiempo cuando los hijos se mudaban a otros estados y los nietos estaban diseminados en colegios o en diferentes regiones del país. Llevaba tiempo conducir o alcanzar un vuelo para honrar a mamá, papá, la abuela, el abuelo, o en algunos casos, un hermano. De modo que en Estados Unidos hemos desarrollado una forma tradicional de sepelio para nuestros muertos. Hay algunos, sin embargo, que no pueden elegir seguir la forma tradicional y eligen la cremación.

## Cuatro creencias principales acerca de la muerte

Existen cuatro creencias principales acerca de lo que ocurre después de la muerte. La primera teoría enseña que hay una *aniquilación*, que significa que después de la muerte no hay otra vida. Esta es la creencia de muchos ateos y agnósticos. La segunda es una creencia muy popular, especialmente de los de religión hindú y los del movimiento de la Nueva Era: es la *reencarnación*. Esta teoría no-bíblica enseña que después de la muerte el ser interior de una persona transmigra hacia otras formas, y este proceso de la muerte a la reencarnación continúa en un ciclo interminable desde una forma de vida a la siguiente. La tercera teoría, es el *sueño del alma*, una enseñanza promovida por ciertas iglesias que sostienen que existe el alma y el espíritu, y al morir duermen en el cuerpo hasta la resurrección. La cuarta creencia es que la parte eterna de un ser humano, el alma y el espíritu, son quitados del cuerpo del difunto y entran a uno de *dos ámbitos*: al cielo o al infierno de los perdidos.

Entre los cristianos existe desacuerdo entre la partida del alma y el sueño del alma, o la enseñanza de que al morir el alma parte al paraíso o al infierno, o si el alma permanece en el área de la muerte y "duerme" hasta la resurrección.

Según Eusebio, uno de los Padres de la Iglesia primitiva, el concepto del sueño del alma fue inventado por herejes en el siglo tercero.[5]

Un argumento para el sueño del alma es el uso de la palabra *dormir* en la Biblia. Pablo usa ampliamente esta palabra cuando se refiere a los creyentes que murieron. Mateo habló de aquellos a quienes Cristo resucitó con Él como "santos que habían dormido" (Mt 27:52), y Pabló habló de la resurrección de aquellos que durmieron (1 Co 15:20). Cuando aludía al regreso de Cristo Pablo dijo: "No todos dormiremos; pero todos seremos transformados" (1 Co 15:51). La idea entre algunos es que el alma y el espíritu están *durmiendo* en el cuerpo, comprobado por el uso de la palabra *dormir*.

Sin embargo, otros eruditos señalan que la palabra *dormir* es simplemente una metáfora para la muerte. Las siguientes notas explican la controversia:

> Este uso metafórico de la palabra *dormir* es apropiado, debido a la similitud en la apariencia de un cuerpo dormido y un cuerpo muerto; el descanso y la paz normalmente caracterizan a ambos. El objeto de la metáfora es sugerir que, como el que duerme no cesa de existir mientras su cuerpo duerme, así la persona que muere sigue existiendo a pesar de estar ausentes de la región en la que pueden comunicarse con él los que

se quedan; y que, como el sueño es temporario, así lo será la muerte del cuerpo...

Los primeros cristianos adoptaron la palabra *koimeterion* (que era usada por los griegos para una casa de alojamiento para extranjeros) para el lugar de entierro de los cuerpo de quienes partieron; de ahí deriva la palabra inglesa *cemetery* (cementerio), "el lugar para dormir".[6]

El comentario judío, el Midrash, enseña:

> La palabra *dormir* se usa para describir el descanso del cuerpo, que aguarda la resurrección mientras el alma está consciente en la otra vida (Mid Gen 549).[7]

El historiador judío Josefo informó acerca de un grupo de hombres que vivían en Qumrán, un pueblo cerca del Mar Muerto. Según él, los esenios creían en la inmortalidad del alma:

> Pues su doctrina es ésta: que los cuerpos son corruptibles, y que el material del cual están hechos no es permanente; pero las almas son inmortales, y continúan para siempre.[8]

Otros Padres primitivos hablaron acerca de la consciencia del alma después de la muerte:

> Afirmamos que las almas de los impíos, estando dotadas de sensación después de la muerte, son castigadas, y las de los buenos siendo liberadas del castigo pasan una existencia bendita.[9]
>
> —JUSTINO MÁRTIR

## La creencia en el purgatorio

Existe una creencia muy popular entre quienes están en la Iglesia Católica Romana que se define como *purgatorio*. El *Catholic Fact Book* (Libro de Hechos Católico) da al lector una definición de purgatorio:

> Se sostiene que el Purgatorio es un lugar o condición temporal de castigo para quienes, habiendo muerto, están en pecado venial o no han satisfecho la justicia de Dios por pecados

mortales ya perdonados... La doctrina del purgatorio es una enseñanza... que debe ser definida como un lugar o estado intermedio después de la muerte en que las almas que mueren en la Gracia de Dios hacen expiación, o satisfacción, por los pecados pasados, y por lo tanto se vuelven aptas para el cielo. Esta satisfacción es en forma de castigo temporal que aflige al alma hasta que se satisface completamente la justicia de Dios.[10]

Esta enseñanza identifica dos tipos de pecados: pecados mortales, que condenan al alma; y pecados veniales, que no condenan al alma, pero confinan la persona al purgatorio. Está muy claro que no se halla ninguna doctrina de ninguna clase de purgatorio en el Antiguo Testamento ni tampoco en el Nuevo, pero emergió gradualmente como una enseñanza de la Iglesia Católica Romana debido a la cuestión de qué le ocurre a un creyente bautizado en agua que peca voluntariamente después de la conversión y muere.

En el Concilio de Trento de 1547 y 1563, el purgatorio se convirtió en una doctrina oficial. A continuación va una cita que explica el propósito del purgatorio:

Si alguno dijere, que recibida la gracia de la justificación, de tal modo se le perdona a todo pecador arrepentido la culpa, y se le borra el reato de la pena eterna, que no le queda reato de pena alguna temporal que pagar, o en este siglo, o en el futuro en el purgatorio, antes que se le pueda franquear la entrada en el reino de los cielos; sea excomulgado.[11]

A continuación el decreto sobre el purgatorio, de la vigésima quinta sesión del Concilio de Trento de 1563:

Habiendo la Iglesia católica, instruida por el Espíritu Santo, según la doctrina de la sagrada Escritura y de la antigua tradición de los Padres, enseñado en los sagrados concilios, y últimamente en este general de Trento, que hay Purgatorio; y que las almas detenidas en él reciben alivio con los sufragios de los fieles, y en especial con el aceptable sacrificio de la misa.[12]

El *The Dictionary of the Christian Church* (Diccionario de la Iglesia Cristiana) explica que los líderes de la iglesia primitiva del primero al cuarto siglo comenzaron a enseñar a orar por los difuntos.[13] Tertuliano (160-220) fue el primero de los padres primitivos en referirse a las oraciones a los muertos. También admitió que no existe base bíblica directa para orar por los muertos. Clemente de Alejandría (150-220) habló de la santificación de la paciencia del lecho de muerte por el fuego purificador en la otra vida. En la Iglesia primitiva del tercer siglo había mucho debate sobre las consecuencias del pecado después del bautismo bíblico. Una solución sugerida era la idea de una disciplina purgatorial después de la muerte. Este concepto fue discutido en Alejandría, Egipto, en tiempos de Clemente.

Agustín (354-430) enseñó la purificación por medio del sufrimiento en la otra vida. El concepto del purgatorio se esparció hacia el Occidente, que fue la rama romana de la iglesia, y en África Occidental por medio de la influencia de Agustín y Gregorio el Grande. Gregorio (540-604) fue el obispo de Roma y por lo tanto papa de 590-604. Él popularizó y desarrolló la doctrina del purgatorio, ayudando a su dispersión a lo largo de toda la rama occidental del imperio.

Debemos notar aquí que los primeros escritores de historia y filosofía mencionan varias religiones que oraban por los muertos y hasta pagaban su propio "sacerdote" para que orara por el ser querido. Platón (427-347 a.C.) escribió de los maestros órficos de su tiempo:

> Quien acude a la puerta del hombre rico, y trata de persuadirlo de que tiene un poder a su mando, que obtienen del cielo, y que los capacita por sacrificios y encantamientos...para enmendar cualquier crimen cometido por el individuo mismo, o sus ancestros...Sus misterios nos liberan de los tormentos del otro mundo, mientras que el descuidarlos es castigado por una terrible muerte.[14]

Los budistas chinos creen que es necesario orar por sus seres queridos para sacarlos de lugares similares al purgatorio. Tienen tiendas especiales preparadas para ofrecer oraciones a fin de liberar a sus seres queridos del lugar de fuego. La religión de Zoroastro cree que las almas de los muertos pasan por doce etapas antes de estar suficientemente purificadas para entrar al cielo. Hasta en la religión islámica, los musulmanes enseñan que los ángeles Munkar y Nakir preguntan a los muertos con respecto a su religión y sus creencias después de morir. Muchos que no están preparados entrarán a una especie de purgatorio.

## Pagar por la liberación

Existe una historia muy larga en la Iglesia Católica Romana de conducir a las masas a orar para sacar almas de los fuegos del purgatorio. Esta es una de las principales diferencias doctrinales entre la Iglesia Romana y las principales líneas de las denominaciones protestantes. Entre los protestantes tradicionales, hay una clara enseñanza de que el acto de redención libera al pecador arrepentido del castigo futuro del fuego del infierno, siempre que la persona continúe en la fe. La creencia surge de la comprensión de la obra completa de Cristo en la cruz y cómo su preciosa muerte y sufrimiento reemplazó nuestra necesidad de sufrir y morir en pecado. Teniendo bisabuelos cuyas raíces eran de Italia, y teniendo un gran amor por el pueblo católico, a menudo es difícil desafiar las doctrinas tradicionales que están incorporadas desde la juventud. Sin embargo, las buenas noticias son que la redención ya ha sido pagada, y las Escrituras, no las tradiciones de los hombres, revelan que una persona nunca debe dar dinero por los muertos. ¡Sólo la sangre de Cristo redime!

## ¿Qué dice la Biblia?

Muchos individuos sinceros aceptarán rápidamente la tradición de su iglesia como igual a las Escrituras inspiradas. Sin embargo, cada vez que una tradición humana de cualquier iglesia contradiga la completa revelación de la Biblia, la tradición debe ser reconocida como opiniones de hombres y no como revelación directa de Dios.

En cuanto a dar dinero a favor de alguien que está muerto, Dios prohibió estrictamente esa actividad:

> No he comido de ello en mi luto, ni he gastado de ello estando yo inmundo, ni de ello he ofrecido a los muertos; he obedecido a la voz de Jehová mi Dios, he hecho conforme a todo lo que me has mandado.
>
> —Deuteronomio 26:14

...fuisteis rescatados de vuestra vana manera de vivir, la cual recibisteis de vuestros padres, no con cosas corruptibles, como oro o plata, sino con la sangre preciosa de Cristo, como de un cordero sin mancha y sin contaminación.

—1 PEDRO 1:18-19

Los que confían en sus bienes, y de la muchedumbre de sus riquezas se jactan, ninguno de ellos podrá en manera alguna redimir al hermano, ni dar a Dios su rescate.

—SALMOS 49:6-7

En una ocasión, un líder ocultista de Samaria vio una manifestación visible del poder de Dios cuando Pedro y Juan oraron por los nuevos convertidos de la ciudad. Este hechicero de la ciudad ofreció dinero para recibir una transferencia de este poder a su propia vida. El problema era que este hombre, llamado Simón, no era convertido a Cristo y estaba operando por medio de espíritus familiares. Pedro lo reprendió y dijo:

Tu dinero perezca contigo, porque has pensado que el don de Dios se obtiene con dinero.

—HECHOS 8:20

## Cristo, la redención completa y definitiva

Su redención se halla sólo en Cristo y es una obra completa. Cristo es su Sumo Sacerdote en el cielo y su intercesor delante de Dios:

Porque por gracia sois salvos por medio de la fe; y esto no de vosotros, pues es don de Dios; no por obras, para que nadie se gloríe.

—EFESIOS 2:8-9

...y si alguno hubiere pecado, abogado tenemos para con el Padre, a Jesucristo el justo.

—1 JUAN 2:1

Si confesamos nuestros pecados, él es fiel y justo para perdonar nuestros pecados, y limpiarnos de toda maldad.

—1 JUAN 1:9

Pero estando ya presente Cristo, sumo sacerdote de los bienes venideros,...entró una vez para siempre en el Lugar Santísimo, habiendo obtenido eterna redención.

—Hebreos 9:11-12

...pero Cristo, habiendo ofrecido una vez para siempre un solo sacrificio por los pecados, se ha sentado a la diestra de Dios.

—Hebreos 10:12

...el cual se dio a sí mismo en rescate por todos...

—1 Timoteo 2:6

Oí a un hombre sugerir que el sacrificio de Cristo no era suficiente y que solo por medio de nuestras obras de justicia se puede garantizar nuestra salvación. Según su educación, ésta era la razón por la cual las almas entran a una cámara purgatoria antes de ir al cielo. Sin embargo, observe esta profecía acerca del Mesías:

Después de su sufrimiento,
verá la luz y quedará satisfecho;
por su conocimiento
mi siervo justo justificará a muchos,
y cargará con las iniquidades de ellos.

—Isaías 53:11, nvi

Cuando una persona recibe el perdón de sus pecados y acepta el sacrificio final y completo de Cristo, hay una certeza de salvación y de nuestro destino final. No existe obra humana alguna que pueda hacernos dignos de entrar en el Reino de los Cielos —sólo el sacrificio de un hombre, Cristo Jesús, nos da acceso a la vida eterna.

A veces a lo largo de la historia de la Iglesia cristiana, algunos padres de la Iglesia y maestros bíblicos enseñaron su interpretación personal de las Escrituras, lo cual forzó su significado más allá del propósito original, o el entendimiento revelado a los profetas por el Todopoderoso, y a los apóstoles por Cristo mismo. Ciertas doctrinas que persisten hasta hoy nunca se hallaron en las Escrituras sino que se desarrollaron sea por conveniencia espiritual o para responder a alguna pregunta que no está clara en las Escrituras. Siempre que una enseñanza doctrinal o doctrina de la Iglesia no se alinea con la inspirada Palabra de Dios, debe ser considerada una tradición e interpretación creada por el hombre, y no debería tratarse igual que la Palabra inspirada de Dios.

Imagine el absoluto terror de alguien que vivió su vida de una manera totalmente pecaminosa —evitando el poder de convicción del Espíritu Santo, creyendo que los que viven cuando él muera podrán finalmente orar por él para que vaya al cielo y salga del infierno— sólo para descubrir que está en el infierno para toda la eternidad. ¡No vale la pena el riesgo! Créale al Evangelio, sirva al Señor. Siga su Palabra, ¡y reciba la certeza de su destino futuro!

# Capítulo 8

# El misterio de las experiencias próximas a la muerte

**S**teve Lofty trabajaba con los servicios de emergencias médicas (SEM) en el área donde vivo. En mayo de 2008, un sábado, regresó del trabajo cansado, se durmió, y de pronto despertó con un extraño dolor en el pecho. Después de beber agua no se alivió, y su experiencia con pacientes con ataques cardíacos le indicaba que estaba sufriendo un ataque al corazón. Fue llevado con urgencia al hospital de Chattanooga, Tennessee, donde fue sometido a una operación de *bypass* de emergencia para aliviar la presión del corazón.

Después de recobrar la conciencia en su habitación, comenzó a notar que ciertas personas aparecían cerca de su cama. Estaba atónito de ver personas que habían muerto caminar a través de la pared para observarlo. Les sonreía, y finalmente pudo comunicarse con ellos. Ellos contestaban preguntas que estaban en su mente — sin mantener comunicación audible.

Una de las primeras preguntas que hizo fue: "¿Voy a morir?"

La respuesta fue: "No, no has terminado. Todavía hay cosas que tienes que hacer".

Hizo esta pregunta dos veces y en ambas se le dijo que viviría y no moriría. Estaba asombrado de cómo podía pensar en una pregunta y la respuesta simplemente venía, como cuando dos personas se comunican una con la otra. A medida que pasaban las horas y los días, él estaba completamente despierto y veía a los que habían muerto en su habitación del hospital. A veces, le sonreían y no decían nada. Vio a dos personas muy especiales: su abuela y un amigo muerto, el jefe de la Patrulla de Rescate de Bomberos de West Park,

Roy L. Rogers. Lucían tal cual él los recordaba mientras vivieron en la tierra, excepto que tenían una apariencia un poco *transparente*, casi similar a un holograma a todo color. Cuando las enfermeras entraban a habitación, pasaban a las visitas —y a través de ellos a veces— ¡y nunca se daban cuenta de que estaban allí!

Al preguntar a su abuela y a Roy cómo estaban, le respondieron que estaban bien. Después de varios días de ver en su habitación a muchos amigos que habían fallecido, se dio cuenta de que faltaban dos personas de ese grupo: su padre y su abuelo. Al preguntarle a Roy y a su abuela acerca de los dos hombres que faltaban, simplemente se miraron e ignoraron la pregunta, sin responderle nunca. Después de que esto ocurrió varias veces, se dio cuenta de que estos dos hombres *no* estaban en el mismo lugar celestial en que estaban su abuela cristiana y Roy. Recordó que su padre había muerto con una grave falta de perdón y un corazón no arrepentido. También recordó que su abuelo era un hombre malo en muchas maneras. Ambos sufrieron antes de morir. Nunca fueron a la iglesia, nunca pidieron perdón y permitieron que el orgullo los estorbara en sus lechos de muerte.

Algunos sugerían que Steve sólo estaba teniendo alucinaciones por sus problemas de corazón o *flipándose* con sus medicinas. El siguiente incidente prueba que esta teoría era incorrecta.

Un hombre se le apareció a Steve y le reveló un incidente importante respecto a un mutuo amigo íntimo. Le pidió a Steve que cuando regresara a su hogar, llamara a su amigo y le diera esa información. Después de volver a su casa, Steve llamó al hombre y le reveló lo que el amigo fallecido le había contado. El amigo salió corriendo, regresó más tarde, y dijo: "¡Realmente lo viste! Sólo dos personas en la tierra conocíamos ese incidente: ¡él y yo!"

Steve y yo hemos discutido estos acontecimientos, y no estamos seguros de si estos individuos aparecieron de la misma manera que Moisés y Elías a Cristo, o si fue una verdadera visión que le fue dada, a la manera en que Juan vio los acontecimientos del Apocalipsis. Sin embargo, sucesos tan extraños son parte de lo que algunos denominan *experiencias cercanas a la muerte*. Steve dijo que antes de esta experiencia siempre tenía temor a morir, ya que ha visto morir muchas personas a lo largo de los años. Después de esto, sin embargo, toda la preocupación y el temor a la muerte se fueron.

Durante muchos años de ministerio, he leído artículos y libros sobre el tema de las experiencias cercanas a la muerte y me he reunido con individuos que las vivieron. En algunos casos el individuo había estado en un accidente importante y permanecido en estado comatoso por algún tiempo. Un amigo de Alabama, que ahora es un ministro, tuvo un terrible accidente de tránsito y pasó meses en la unidad de cuidados intensivos (UCI) conectado a aparatos. Estaba en un coma total, aunque podía oír todas las conversaciones, incluyendo una de una enfermera que despotricó porque se le solicitó que trabajara en la UCI la víspera de Año Nuevo, y se perdió una gran fiesta. Él además dejó su cuerpo en una ocasión, caminó por la capilla donde su madre oraba por él, ¡y escuchó toda la oración! Imagínese el impacto de la enfermera cuando él despertó y la reprendió por quejarse por trabajar en Año Nuevo. Su madre le dijo que al orar en la capilla, en un momento, recordaba haber percibido una presencia en el lugar. Hasta se había dado vuelta para ver quien estaba detrás de ella, pero sin ver a nadie. El hombre recordó que su mamá se había vuelto, ¡cuando él le puso la mano en el hombro mientras ella oraba!

Estos incidentes son asombrosos, pero todo prueba lo que las Escrituras enseñan: existe una persona interior que es más real que la persona física, y que el espíritu deja el cuerpo en la muerte y puede experimentar los cinco sentidos aún cuando el cuerpo físico esté muerto.

## Cuatro cosas que generalmente ocurren al morir

De todo el material que he leído y la información personal que he recabado, parece haber cuatro cosas que comúnmente ocurren en el momento en que una persona está muriendo o tiene una experiencia en el más allá.

El primer suceso común es en el momento en que el corazón se detiene, o en el momento de impacto en un accidente. La persona puede sentir en sus oídos un *zumbido* fuerte, extraño y, a veces, bastante incómodo. Todos los demás sonidos del entorno se desvanecen, excepto quizá por las voces de quienes pueden estar cerca (especialmente en una sala de emergencias de un hospital).

Lo que generalmente sigue es que la persona está súbitamente alerta, totalmente despierta, y puede ver claramente lo que la rodea, aunque sus ojos físicos estén cerrados. Describe ver la escena del accidente y a sí mismo yaciendo en la cama, con médicos y enfermeras atendiéndolo. Puede estar fuera de su cuerpo, mirándose a sí mismo. En ese punto puede ver y oír todo lo que ocurre cerca de su cuerpo físico. Los creyentes tienen una sensación de claridad en su mente, están muy alertas, y tiene una sensación de ser *libres*. Esto es renovador para ellos, especialmente si han tenido alguna forma de dolor físico por un ataque cardíaco o un accidente doloroso.

El tercer proceso separa a los creyentes de los inconversos. En este punto, algunos creyentes describen ver un ser angélico esperando para escoltarlos. Otros pueden identificar a parientes o amigos íntimos a la distancia, que parecen estar esperando su llegada. La persona que vivía en rebeldía espiritual y en pecado o que rechazó el evangelio a menudo percibe un manto de penumbra y opresión, y que lo cerca la oscuridad. Un presentimiento atemorizador se apodera de esa persona. De aquí en adelante, los creyentes comienzan a subir hacia una luz brillante o luces multicolores a gran velocidad. Los inconversos comienzan a descender. Ambos suelen describir que están dentro de una especie de túnel —uno lleno de luz y el otro de oscuridad.

El cuarto proceso comúnmente comienza cuando una persona sale del *túnel* o alcanza su destino de luz o de oscuridad. Los creyentes concluyen su viaje en un hermoso campo con hierba y flores o junto a un gran río de cristal dentro de un área del cielo, con seres queridos cerca de ellos, o en algún área donde existe dicha, gozo y libertad. El inconverso, por el contrario, puede ver un túnel de fuego, personas en cámaras oscuras o individuos que parecen aterrados, y un sentimiento de estar perdidos o sin esperanza.

## La experiencia de un médico

Uno de los primeros libros que leí que documenta la vida después de la muerte fue escrito por el Dr. Maurice Rawlings y se llama *Beyond Death's Door* (Más allá de la puerta de la muerte). El Dr. Rawlings es un especialista en medicina interna y enfermedades cardiovasculares en Chattanooga, Tennessee, y ha resucitado a muchas personas que estaban clínicamente muertas. Consideraba a todas las religiones como "abracadabras" y que "la muerte no es más que una extinción indolora". En 1977 sus opiniones cambiaron cuando revivió a un hombre que tuvo un ataque cardíaco. Rawlings escribió:

> Cada vez que recobraba el pulso y la respiración, el paciente gritaba: "¡Estoy en el infierno!". Estaba aterrado y me rogaba que lo ayudara. Yo estaba asustadísimo... sus pupilas estaban dilatadas, transpiraba y temblaba, parecía como si tuviera los pelos de punta. Decía: "¿No entiende? Estoy en el infierno... No me deje regresar al infierno".[1]

En la página 85 de su libro escribe:

> Ese lugar parece estar de algún modo debajo de la tierra...

Cuando una persona clínicamente muere, por ejemplo, por una falla del corazón, y tiene una experiencia extracorpórea, de vez en cuando se informa que suceden algunas cosas sumamente inusuales. A veces el reloj de la persona deja de funcionar en el mismo momento en que *expiró*. La batería simplemente se acaba. Las baterías de cuarzo colocadas en los relojes comunes se fabrican para soportar cierta cantidad de voltaje. Pero si los watts de electricidad exceden los estándares, la batería fallará.

Otros observaron después que todas sus tarjetas de crédito habían sido desmagnetizadas en sus billeteras sin razón aparente. Algunos regresaron diciendo que su memoria era más aguda y su conocimiento fue incrementado después de la experiencia. Estos fenómenos sencillos, pero inusuales, que se informan ocasionalmente entre quienes "volvieron de la muerte", no pueden explicarse médicamente ni en experimentos de laboratorio. Para que las baterías dejen de funcionar, y las barras magnéticas de una tarjeta de crédito se desmagneticen se requeriría una fuente de electricidad sumamente poderosa o alguna clase de actividad electromagnética, en el cuerpo.

## La imagen del sudario

Esto es similar a una de las explicaciones dadas acerca del famoso Sudario de Turín, un trozo de lino de 14.3 pies por 3.7 pies que conserva la imagen de un hombre que ha sido golpeado físicamente. Parece concordante con la descripción de los azotes y la crucifixión de Cristo. El paño misterioso ha estado en exposición pública a través de los siglos, y pequeños segmentos han sufrido el examen crítico de especialistas, algunos que intentaban demostrar que la tela es el sudario mortuorio de Cristo y otros que sostenían que es una falsificación del período de las Cruzadas de la época medieval.

La imagen de un hombre que sufrió se tornó clara el 28 de mayo de 1898, cuando un fotógrafo aficionado obtuvo un negativo en blanco y negro del sudario. Claramente se vio el rostro y el cuerpo de un hombre con lo que parecían ser pequeñas manchas de sangre en la frente, agujeros en las muñecas, y largos surcos en la espalda —otra vez, concordante con el relato bíblico de que Cristo fue azotado en la espalda, tuvo una corona de espinas colocada en su cabeza, y fue crucificado con clavos en sus manos y pies.

Personalmente no tengo ninguna opinión respecto a la autenticidad del sudario, ya que mi fe y mi confianza no se basan en una tela de lino sino en Cristo quien es mi Sumo Sacerdote en el templo celestial (He 9:11). Sin embargo, supongamos que la imagen sea realmente de Cristo. ¿Cómo pudo ser impreso todo su cuerpo en una tela tejida de sarga? La única explicación sería que el poder de la resurrección fue tan grande que la energía que rodeaba el cuerpo de Cristo fue impresa en la tela de la misma manera que la luz que pasa por una lente de una cámara imprime las imágenes (un negativo) en una película fotográfica. "Un gran terremoto" sacudió el área entera al resucitar Cristo, y un ángel cuya apariencia era como un relámpago hizo rodar la piedra. Los guardas yacían en el suelo como "muertos" (Mt 28:2-4). Imagine las implicancias globales del momento en que Cristo resucitó de los muertos ¡y cuando regrese para llevar consigo a los santos que viven! (1 Ts 4:16-17).

El punto es: si la partida de un espíritu del cuerpo o la energía que se libera en el momento de la muerte es así tangible, entonces no nos sorprendería que las baterías, las tarjetas magnéticas y otros objetos fueran afectados en el proceso.

## La muerte de la mejor amiga de mi esposa

Durante la década de los ochenta, mi esposa tenía una muy querida amiga llamada Tracy Davis que vivía en Forestdale, Alabama. En marzo de 1990, Tracy estaba conduciendo por Birmingham, y un conductor de 18 años se cruzó accidentalmente a su carril, ocasionando que el auto de Tracy se metiera debajo de un camión grande. Testigos dijeron a la emergencia médica que cuando Tracy los pasó en su auto, había dos personas, Tracy y un hombre en el asiento del pasajero. En el auto sólo estaba Tracy. Pam siempre creyó que Dios envió un ángel para llevarla a su *hogar*. Mi esposa, Pam, estaba muy triste y angustiada por esa muerte. Tracy había estado con Pam cuando el médico le hizo la ecografía y le dijo que tenía un varoncito. Tracy siempre decía: "¡Me voy a mudar y seré la niñera de la familia!".

Muchos meses después de la partida de Tracy, yo estaba pasando la noche con algunos ministros, preparando un viaje de pesca para la mañana temprano en la boca del río Missisipi en las afueras de Nueva Orleans. Llegamos a un pequeño hotel cerca de la una de la mañana, y me fui a dormir inmediatamente. En algún momento de la madrugada, tuve una experiencia maravillosa. No estoy seguro de si fue una visión o un sueño. En realidad pensé que había sufrido un ataque cardíaco ¡y había muerto! Me encontré en un lugar maravilloso, que intentaré describir con palabras humanas.

Mientras estaba de pie en esta zona tan amplia, miré a mi izquierda y vi flores que crecían en un cantero de piedras. En vez de ser de un color, como rojo o amarillo, cada flor tenía un color específico, pero de múltiples tonos como un arco iris. La flor azul iba desde un celeste pálido hasta un azul oscuro. Las rojas empezaban desde un naranja e iban hasta un rojo encendido. Los colores eran brillantes, frescos y nítidos. Miré alrededor y vi a lo lejos diversos tipos de arquitectura.

A la derecha había un enorme edificio de piedra blanco y macizo que me recordaba las edificaciones grecorromanas que vemos en los dibujos y pinturas. Se veía como si pudiera albergar a tanta gente como un inmenso estadio deportivo. Pregunté a alguien que pasaba: "¿Qué es ese edificio?".

El individuo respondió: "Ése es un centro de adoración donde las personas del período romano adoran continuamente y cantan a Dios". Toda el área estaba cubierta de construcciones de estilo grecorromano.

Mientras miraba, vi directamente frente a mí un tipo diferente de estructura. Esta sección del cielo era una ciudad enorme y muy contemporánea con grandes rascacielos, algunos formando espirales, contorsionándose en la atmósfera. Toda la ciudad era verde esmeralda. He visto esmeraldas verdaderas, y ésta ciertamente era una ciudad de *esmeralda*. Se me dijo que esta área era para los que habían muerto y habían pasado su vida en grandes ciudades. A ellos les gustaban los grandes edificios donde habían vivido, y el Señor les permite residir en la límpida y verdosa ciudad.

Mientras estaba admirando la diversidad de ese lugar, miré a mi izquierda y reconocí a un joven que se había convertido a Cristo en mi ministerio. Durante su vida este joven usaba un aparato ortopédico en la espalda; había sido deforme de nacimiento. Me gritó y me dijo: "¡Perry! ¡Perry! Míreme... ¡ya no uso más ese aparato! ¡Puedo inclinarme y moverme sin dolor! ¡Míreme!". Lo abracé y nos regocijamos juntos. No tenía idea, hasta que unos años después compartí este sueño, de que ese joven había muerto ¡y fue realmente por el tiempo en que yo tuve esa experiencia!

Había mucha actividad en esa área. Sin embargo, por alguna razón le pregunté a mi amigo acerca de Tracy Davis: si la conocía y dónde estaba. Señaló a la izquierda y dijo: "La encontrará si va por allí". De pronto la escena cambió, y yo estaba en lo que describiría como un *paraíso de niños*. A mi derecha vi las más lindas casitas. Estaban construidas para niños de cinco a doce años (ésta era la edad que vino a mi mente en el sueño). Estaban todas construidas sobre la ladera de una colina y se veían como las casas que vi en un viaje que hice a Rumania. Todas tenían techo de tejas naranja y me recordaban una gran casa de juguete que podía albergar numerosos niños. Hasta las puertas eran la mitad del tamaño de una puerta normal. Cada casita estaba diseñada personalmente para un niño que había muerto. En mi espíritu oí estas palabras:

> Dios creó diversos tipos de tierra y estructuras en el cielo para albergar a los individuos que vivieron en la tierra en esa misma clase de lugares. Hay montañas para los que aman las montañas, ríos para quienes aman el agua, y diversos árboles y plantas de toda clase que toda la gente disfruta. Esta área es donde estaban los espíritus de los niños, y está diseñada de la misma forma, con las pautas y gustos que donde vivían los niños y les era familiar en la tierra, excepto que no hay lágrimas, enfermedad ni muerte. ¡Todo es perfecto!

En ese momento, oí la más hermosa canción viniendo desde mi izquierda. Me di vuelta y vi una gran estructura redonda abierta en la cima. Todas las voces eran de niños cantando una canción que nunca había oído. Al entrar a este miniestadio, estaba lleno de niños de todas las edades. Supe que estos niños eran de diferentes lugares que habían muerto y se habían unido a otros pequeños en lo que denominaría un *paraíso infantil*. Estaban todos muy felices y cantaban y aplaudían. Para mi asombro, parada en el centro del grupo estaba ¡Tracy Davis! Estaba tan emocionado de verla que grité: "¡Tracy! ¡Tracy! Soy yo, ¡Perry!". Ella ni me oyó ni me vio y continuó con su ministerio de guiar a estos niños en adoración.

La escena comenzó a desvanecerse y me encontré con los ojos abiertos en una cama de la habitación del hotel. Estaba contento de no haber muerto, pero estremecido por la revelación acerca de Tracy. Varios meses después ministraba en Alabama, y la mamá y la hermana de Tracy asistieron a una reunión. Después del servicio les pedí hablar con ellas y las conduje a una sala con mi esposa. Y dije: "Quiero contarles una experiencia que tuve", y procedí a detallar cada parte de este sueño/visión. Cuando llegué a la parte acerca de Tracy, estábamos todos llorando. Antes de contarles lo que vi, les pregunté a ambas: "Si Tracy pudiera haber hecho algo en la vida, ¿qué habría sido en lo relativo a su ministerio?". Sin detenerse a pensar una respuesta, ambas dijeron: "Trabajaría con niños y les ministraría. ¡Amaba totalmente a los niños!". Bueno, las lágrimas realmente comenzaron a correr ¡cuando la describí dirigiendo la adoración entre los niños que han muerto!

Por alguna razón tenemos una impresión mental de que cuando llegamos al cielo, todos estamos vestidos con túnica blancas (lo cual, por supuesto, será —(Ap 19:8,14)— y sentados en la hierba ¡con los pies sumergidos en el agua de vida! ¡He oído a gente decir que no pongan los pies en el río porque planean beber su agua!

El cielo, sin embargo, es tan real como lo que vemos en la tierra. Así como la tierra tiene diversos paisajes, vida vegetal, variedad de árboles, montes, montañas, y valles, así el cielo tiene una variedad de apariencias atractivas para los creyentes de todo el mundo.

Ciertamente amo las montañas. Desde los tres a los diez años viví en el sudoeste de Virginia en una pequeña ciudad rodeada de montañas escalonadas. En los alrededores de la ciudad había granjas con cerros ondulados alfombrados de verde con reses que vagaban libremente. Mi época favorita del año siempre han sido los meses de otoño, cuando Dios salpica sus brillantes colores sobre las hojas y el aire despejado y más fresco sopla suavemente sobre tu rostro. Por la gracia de Dios, cuando llegue al cielo espero pasar tiempo en un área con montañas y un lugar donde los árboles sean multicolores y nunca cambien.

## El período de espera para la resurrección

Cuando fui plenamente consciente de que el alma y el espíritu de una persona siguen viviendo fuera del cuerpo en la muerte y que hay lugares de reclusión, uno en el *Seol* (infierno) y otro en el tercer cielo (paraíso), comencé a imaginar cómo es este estado intermedio para los que han partido, especialmente aquellos que se han ido para estar con el Señor.

Cuando era niño, imaginaba que las personas flotaban en la atmósfera como espíritus, envueltos en un vapor blanco y neblinoso, y como sosteniéndose en el aire sobre algún lugar especial del cielo. No los imaginaba cubiertos con ropa sino que los veía en mi mente cubiertos de luz. No creía que se comunicaran pero vivían en esta zona intermedia hasta la resurrección. En la adolescencia la imagen cambió, y me di cuenta de que podían comunicarse y realmente vivir en un ámbito similar a lo que tenemos en la tierra, sólo que en un ámbito de perfección.

Pablo deja en claro que si estuviera ausente de su cuerpo estaría "presente al Señor" (2 Co 5:9). Sabemos del incidente de Lucas 16 que tanto el hombre rico en el infierno como el mendigo en el seno de Abraham tenían los cinco sentidos en la vida en el más allá. Ahora los justos moran en la tierra de la luz en el tercer cielo en el paraíso de Dios. Pablo escribió que "el vivir es Cristo, y el morir es ganancia" (Fil 1:21). Escribió que el morir y estar con Cristo era mucho mejor, pero que quedarse en la carne y ministrar a los santos era más necesario en ese momento (vv. 22-14). Ciertamente, Pablo no creía que al morir su alma iba a dormir en la tumba hasta la resurrección. Si nuestra alma durmiera cuando nuestro cuerpo lo hace, sería imposible experimentar una visión o tener un sueño espiritual. Cuando Dios derrame de su Espíritu en los últimos tiempos los "ancianos soñarán sueños", y los "jóvenes verán visiones" (Jl 2:28).

## El estado de "reposo"

En Job 3:17 leemos: "Allí los impíos dejan de perturbar, y allí descansan los de agotadas fuerzas". La palabra *descanso* se usa extensamente al describir a los justos en la otra vida. En Hebreos capítulo 4, el escritor menciona continuamente el peligro de que un creyente caiga en la incredulidad, como el pueblo hebreo en el desierto, y pierda su eterno reposo. En Hebreos 4, la palabra *reposo* se menciona nueve veces; ocho veces la palabra significa "reposar, sentarse, y relajarse". Es una palabra que se usa para describir la posición de una persona después de trabajar largas horas, cuando esa persona regresa a su hogar para reposar, sentarse y, como diríamos, *relajarse*. En Hebreos 4:9, el autor usa una palabra diferente para reposo: "Por tanto, queda un reposo para el pueblo de Dios". La palabra griega aquí para reposo es *sabbatismós* y se refiere a un Sabbath de reposo que el pueblo de Dios recibirá si en esta vida permanece fiel en seguir al Señor.

Apocalipsis 6:11 se refiere a numerosos mártires en una región especial del cielo a quienes se les dieron vestiduras blancas y se les ordenó que "descansen todavía un poco de tiempo". Esta palabra descansen es *anapaúo* y se refiere a "refrescarse: reposar, confortar, descansar". Los que han vivido en un pacto redentor y murieron en la fe entrarán a un tiempo de renovación y descanso en el ámbito del cielo antes de su resurrección. Habrá una multitud que morirá durante la futura tribulación A estas almas se refería Apocalipsis 14:13, cuando Juan escribió: "Bienaventurados de aquí en adelante los muertos que mueren en el Señor. Sí, dice el Espíritu, descansarán de sus trabajos, porque sus obras con ellos siguen". La palabra *bienaventurado* es similar a decir *feliz*. Así como el pobre mendigo fue "consolado" en la otra vida (Lucas 16:25), aquellos que mueren en Cristo también serán consolados y estarán felices cuando entren a la dimensión celestial.

Cuando hablamos de descansar en la tierra, generalmente estamos sentados o acostados. Nuestro *descanso* en el cielo es cesar nuestro trabajo y labor terrenales y disfrutar de la presencia de otros santos, los santos ángeles y la presencia de Dios. El escritor de Hebreos describe de la siguiente manera al creyente que entra al cielo:

Ustedes se han acercado al monte Sión, a la Jerusalén celestial, la ciudad del Dios viviente. Se han acercado a millares y millares de ángeles, a una asamblea gozosa, a la iglesia de los primogénitos inscritos en el cielo. Se han acercado a Dios, el juez de todos; a los espíritus de los justos que han llegado a la perfección.

—HEBREOS 12:22-23, NVI

Si fuera cierto el sueño del alma, el alma y el espíritu no estarían conscientes, despiertos, o capaces de operar con los cinco sentidos. Como se indica en Apocalipsis 6:11, después de que un creyente muere en la tierra, el alma y el espíritu de la persona son llevados debajo del altar de oro en el cielo, se le dan vestiduras blancas, y se le ordena descansar por un tiempo debajo del altar de Dios.

## No puedo contarles todo

Cuando Pablo experimentó su visita al paraíso, dijo que oyó "palabras inefables que no le es dado al hombre expresar" (2 Co 12:4). Estaba diciendo o que Dios le prohibió contar numerosos secretos, o que Dios sabía que a quienes oyeran su relato les sería difícil creer todo lo que Pablo vio. Sin embargo, podemos confiar en las promesas de Dios para nuestro futuro, como está escrito:

Antes bien, como está escrito: Cosas que ojo no vio, ni oído oyó, ni han subido en corazón de hombre, son las que Dios ha preparado para los que le aman. Pero Dios nos las reveló a nosotros por el Espíritu; porque el Espíritu todo lo escudriña, aun lo profundo de Dios.

—1 CORINTIOS 2:9-10

A veces una persona un poco escéptica me pregunta cómo sé que lo que creo acerca del futuro es cierto, especialmente el cielo. La respuesta más sencilla es: "Porque la Biblia lo dice". Sin embargo, hay otra razón por la que es fácil creer estas verdades eternas: ¡el Espíritu Santo! Él es un testigo viviente de toda la realidad eterna y celestial. Él no es un *ello* o una *fuerza* o una mística energía divina de luz, sino que es una persona. Cuando un ser humano está verdaderamente convertido a Cristo, esa persona primero tuvo un encuentro con el Espíritu Santo, ya que es el Espíritu quien conduce a esa persona a Cristo (Jn 15:26-27; 16:13). El Espíritu Santo presenta el poder de Dios al creyente (Hch 1:8). Cristo dijo: "y [el Espíritu Santo] os hará saber las cosas que habrán de venir" (Jn 16:13). Como creyentes, tenemos un *conocimiento interior*, ese profundo sentimiento que viene después de recibir una revelación espiritual de la misma persona que ha estado con el Todopoderoso desde el principio: ¡el Espíritu Santo! Él nos confirma que estas verdades están establecidas.

## Capítulo 9

# La mejor bienvenida jamás conocida

**H**ace muchos años los padres de un soldado de EE.UU. recibieron una visita que ningún padre de militar desea recibir jamás. Se les informó que su hijo había muerto en cumplimiento del deber. El impacto y el sentimiento de angustia fueron insoportables. Esperaron más información y la fecha en que los restos de su hijo serían traídos al hogar para su descanso final y su sepelio militar. Fue entonces cuando ocurrió el más extraño giro del destino.

Una segunda visita trajo la impactante e inesperada noticia de que el militar había cometido un error. No era su hijo, sino un joven del mismo nombre quien había muerto. Por el dolor que ese error les había causado, el militar estaba enviando a su hijo a casa en un vuelo especial para reunirse con sus padres. Los planes finalizaron y se fijó la fecha. Esa mañana, se reunieron multitudes en el aeropuerto, junto con una banda militar, líderes civiles, y los padres esperando con suma expectativa. Súbitamente, la gigantesca bestia de hierro en forma de avión aterrizó en la pista y se abrió la puerta. Había otras personas importantes en el avión, pero el soldado salió primero. Allí estaba de pie en lo alto de la escalera, observando una multitud que lo vitoreaba, mientras la banda tocaba fervientemente. La mamá y el papá, de pie allí, lloraron de gozo.

Repentinamente la mamá no pudo soportarlo más. Arrojó las flores que tenía en la mano y comenzó a correr por la alfombra roja. El hijo bajó corriendo la escalera y entonces el papá corría detrás de la mamá. Ella asió a su hijo, llenó su rostro de besos, y le acarició el cabello mientras la multitud vitoreaba y los padres lloraban de gozo. Esta fue una bienvenida diferente de la mayoría —¡pero nada se compara con la bienvenida a casa que experimentaremos un día![1]

La mejor bienvenida que hayamos conocido ocurrirá en un cierto día que nadie conoce sino sólo Dios mismo (Mt 24:36). En un momento señalado, quienes moran en el paraíso regresarán con el Señor ya que sus cuerpos serán resucitados y se unirán a sus espíritus para formar el cuerpo inmortal. Quienes vivamos seremos transformados en un instante, y seremos arrebatados para unirnos con los santos en el aire, y estaremos por siempre con el Señor (1 Ts 4:16-17).

> Tampoco queremos, hermanos, que ignoréis acerca de los que duermen, para que no os entristezcáis como los otros que no tienen esperanza. Porque si creemos que Jesús murió y resucitó, así también traerá Dios con Jesús a los que durmieron en él.
>
> —1 Tesalonicenses 4:13-14

Las almas de los hombres y mujeres que han muerto en Cristo están ahora en el cielo en el paraíso. Estas personas serán las primeras en recibir la notificación de que Cristo está regresando a la tierra para arrebatar a los que viven para estar con Él, y regresarán con Cristo en el aire. En ese momento habrá una misteriosa resurrección de los "muertos en Cristo". Esta resurrección de los muertos no es levantar el alma y el espíritu de la tumba, sino levantar de las cenizas de los muertos un nuevo cuerpo que se una con el espíritu y el alma.

¿Cómo puede Dios levantar a los muertos con Cristo en el momento en que Él regresa por la Iglesia? Así como levantó a los santos del Antiguo Testamento de su lugar de reposo debajo de la tierra cuando Él resucitó, levantará a los muertos en Cristo de su lugar celestial de reposo para darles un cuerpo resucitado y reunirse con los santos que viven. La Biblia dice que seremos "arrebatados juntamente con ellos en las nubes" (1 Ts 4:17). Los justos que partieron regresan del cielo con Cristo, pero nosotros somos arrebatados junto con ellos. ¿Es una contradicción? Ellos salen del cielo, y luego dice que "juntamente" nos reunimos con Él en el aire. De modo que, ¿están en el cielo o en la tierra?

La respuesta es que están al presente en el cielo. Sin embargo, en la resurrección, el espíritu y el alma dejarán el paraíso celestial y seguirán a Cristo en el aire en su Venida. Cristo entonces conducirá una resurrección sobrenatural y misteriosa, y ellos disfrutarán de un nuevo cuerpo resucitado, mientras nosotros que vivimos seremos "transformados, en un momento, en un abrir y cerrar de ojos" (1 Co 15:51-52), y juntos, con nuevos cuerpos inmortales, ¡nos encontraremos en el aire!

## ¿Por qué necesitamos un nuevo cuerpo?

Durante una de mis conferencias en West Virginia, me hicieron una pregunta que nunca había estudiado ni para la cual había leído una respuesta. La persona preguntó: "Perry, si las almas y los espíritus ya son eternos, ¿por qué necesitamos un cuerpo que es resucitado del polvo? Pensé un momento y luego contesté: "Todos los seres espirituales, sea Dios, los ángeles, los demonios, o incluso los espíritus de los seres queridos que han partido, normalmente son invisibles a los ojos humanos" (1 Ti 1:17).

Muchas personas han estado de pie junto a la cama de alguien que agonizaba y lo han visto dar el último aliento. En ese momento, los ángeles entraron a la habitación y llevaron el alma y el espíritu fuera de su cuerpo (Lc 16:22). Muchas personas "sienten una presencia de paz", o "la atmósfera se torna cargada", pero nadie pudo ver a los ángeles o al espíritu de la persona al dejar el cuerpo. En la Biblia, para ver en el ámbito espiritual, o el ángel debe tomar forma humana y aparecer como humano (Gn 19:1-5; He 13:2), o los ojos de los seres humanos deben ser abiertos y, el velo quitado, para ver el mundo espiritual (2 R 6:17).

Si en la venida de Cristo tanto los santos muertos como los vivos que fueron arrebatados sólo regresaran a la tierra en un *cuerpo espiritual*, entonces los hombres y mujeres terrenales que sobrevivan a la Tribulación nunca podrían verlos, como ocurrirá, ya que todos los espíritus son invisibles a los ojos. Sin embargo, con este nuevo cuerpo resucitado, todos los hombres nos verán, y sin embargo seremos como Cristo fue después de su resurrección: Él podía viajar de un lugar a otro a la velocidad del pensamiento y podía atravesar una puerta (Lc 24:31; Jn 20:26). Ésta quizás sea una de varias razones para tener un cuerpo que no es sólo un espíritu sino un nuevo cuerpo.

Pablo escribe uno de los discursos más interesantes sobre la resurrección de los muertos en su carta a la iglesia de Corinto.

> No todos los cuerpos son iguales: hay cuerpos humanos; también los hay de animales terrestres, de aves y de peces. Así mismo hay cuerpos celestes y cuerpos terrestres; pero el esplendor de los cuerpos celestes es uno, y el de los cuerpos terrestres es otro. Uno es el esplendor del sol, otro el de la luna y otro el de las estrellas. Cada estrella tiene su propio brillo. Así sucederá también con la resurrección de los muertos. Lo que se siembra en corrupción, resucita en incorrupción; lo que se siembra en oprobio, resucita en gloria; lo que se siembra en debilidad, resucita en poder; se siembra un cuerpo natural, resucita un cuerpo espiritual. Si hay un cuerpo natural, también hay un cuerpo espiritual.
>
> —1 CORINTIOS 15:39-44, NVI

Algunos argumentan que puesto que *la carne y la sangre no pueden heredar el reino*, es imposible que haya alguna forma de carne en un cuerpo resucitado. Así, creen que las afirmaciones de este pasaje de las Escrituras son una metáfora o alguna misteriosa alegoría que apunta a un significado diferente. Yo respondería: "¿Tenía Jesús el mismo *cuerpo* cuando salió de la tumba tres días después, y fue éste el mismo cuerpo del que fue vestido cuando ascendió al cielo?". La respuesta, por supuesto, es sí.

Ocho días después de su resurrección, Cristo apareció al "escéptico" Tomás. Cuando Tomás vio a Cristo, pensó que era un mero ser espiritual. Jesús le dijo: "Pon aquí tu dedo, y mira mis manos; y acerca tu mano, y métela en mi costado; y no seas incrédulo, sino creyente" (Jn 20:27). Tomás vio y sintió las marcas y el tajo que la lanza romana había abierto en el costado de Cristo en la crucifixión (Jn 19:34). Cristo al presente tiene el mismo *cuerpo*, pero resucitado. Hay una razón por la cual Cristo debe portar siempre las cicatrices de su sufrimiento.

Cuando Cristo regrese para gobernar en la tierra, las cicatrices serán la evidencia del hecho de que Él es el Mesías prometido de las profecías:

> Y le preguntarán: ¿Qué heridas son estas en tus manos? Y él
> responderá: Con ellas fui herido en casa de mis amigos.
>
> —ZACARÍAS 13:6

Además yo iría más lejos al decir que el adversario siempre está intentando desacreditar la Palabra de Dios. En lo porvenir, un los justos día juzgarán a los ángeles, y esto incluye a Satanás (1 Co 6:3). En el juicio a Satanás, a este adversario mentiroso ¡le encantaría decir que realmente la redención nunca ocurrió! Por ejemplo, hoy en día, hay una importante religión mundial, el islam, con aproximadamente 1.5 mil millones de seguidores, que niega que Jesús sea el Hijo de Dios y enseña que Él nunca fue crucificado. Sin embargo, las cicatrices de Cristo, en sus manos, sus pies y su costado ¡son señales visibles del hecho de la redención! Satanás nunca dirá: "La crucifixión fue un engaño", ¡ya que Cristo tendrá en su propio cuerpo la evidencia de su pacto redentor con la humanidad!

Sin embargo, Cristo no tiene un cuerpo *normal*, desde su resurrección. Un cuerpo normal no puede aparecer y desaparecer, atravesar puertas cerradas, y viajar a la velocidad del pensamiento, todo lo cual Cristo pudo hacer después de su resurrección. Por lo tanto, el cuerpo de carne y sangre que ahora tenemos no puede heredar el reino en su forma actual. Un cuerpo espiritual no necesitará sangre ya que "la vida de la carne está en la sangre" (Lv 17:11). Un cuerpo con sangre humana normal sería incapaz, en lo natural, de viajar a gran velocidad, tal como la velocidad de la luz (aunque con Dios todas las cosas son posibles... ¿recuerda a Elías transportado en el carro de 2 Reyes 2?) ¡Viajar en un cuerpo de sangre y carne a altas velocidades derretiría la carne y herviría la sangre hasta que no quedara nada!

## El ADN y la resurrección

En 1953 se realizó un descubrimiento asombroso. Los investigadores que estudiaban las células humanas descubrieron un núcleo dentro del núcleo, una diminuta mancha oscura en medio de la célula humana. Después de estudios detallados, esta mancha fue identificada como ácido desoxirribonucleico, abreviado como ADN. Este ADN es una compleja molécula que contiene las instrucciones de la vida y se ha determinado que es la parte más importante de nuestra estructura humana. El ADN luce como una escalera torcida llamada doble hélice. Es la fórmula bioquímica del cuerpo para crear las proteínas —por tanto, las células, tejidos y órganos.[2]

Por muchos años los médicos e investigadores genéticos identificaron hasta el 90 por ciento o más de nuestro ADN como "ADN basura". El término "ADN basura" fue acuñado originalmente para referirse a una región del ADN que no contiene información genética. Los científicos han comenzado a encontrar, sin embargo, que mucha de esta así llamada basura juega un importante papel en la regulación de la actividad de los genes. Nadie sabe todavía cuán importante puede ser ese papel.[3]

En su libro *In The Beginning* (En el principio), el Dr. Walt Brown, da los detalles más asombrosos sobre el ADN. Existen alrededor de cien billones de células en su cuerpo. La mayoría de sus células tienen cuarenta y seis segmentos de ADN, veintitrés de la madre y veintitrés del padre, todos los cuales contienen la información genética codificada acerca de usted que determinarán el color de sus ojos y su cabello, etc. Si estos cuarenta y seis segmentos de información del ADN pudieran ser desenroscados ¡medirían siete pies de largo! La cuerda sería tan delgada que no podría ser detectada por un microscopio electrónico.[4]

Si la información de una célula de una persona se escribiera en libros, llenaría cuatro mil libros. Si el ADN de todo su cuerpo se uniera punta con punta, se estiraría de aquí hasta la luna quinientas mil veces. En forma de libro, todas las células de ADN de un cuerpo humano llenaría el Gran Cañón más de setenta y cinco veces. Sin embargo, un juego de ADN de una célula de cada persona de la tierra en una pila, pesaría ¡menos que una aspirina![5]

Este asombroso ADN se halla en cada parte del cuerpo humano, incluyendo las uñas, el cabello, la sangre, los huesos, el semen, la piel y la saliva. La prueba de ADN ahora hace posible identificar quién es el padre de un niño simplemente pasando un hisopo por el interior de la boca del niño y verificando el ADN del hombre que se supone sea el padre. Este descubrimiento del ADN también ha facilitado el arresto de criminales que dejaron su ADN en una diminuta mancha de sangre, una minúscula parte de piel debajo de las uñas de la víctima, o en el semen. La prueba especial de ADN también ha ayudado a liberación a hombres de la prisión después que los examinadores probaron las muestras de ADN de las escenas del crimen y descubrieran que la sangre no coincidía de ninguna manera con la del acusado.

El descubrimiento del ADN tiene además posibilidades ilimitadas. El hallazgo de los huesos y restos de antiguos dinosaurios tiene babeando a los paleontólogos con la idea de que el ADN de ciertos restos pueda ser usado un día para recrear realmente un dinosaurio en un laboratorio. Después de examinar los sorprendentes detalles del ADN éste ha sido llamado el "Libro Genético de la Vida", ya que codifica todo detalle acerca de un individuo.

El profeta Daniel escribió acerca de la resurrección de los muertos al decir:

> Y muchos de los que duermen en el polvo de la tierra serán despertados, unos para vida eterna, y otros para vergüenza y confusión perpetua.
>
> —DANIEL 12:2

He oído decir a bienintencionados cristianos: "Una vez que el cuerpo se deteriora y vuelve al polvo, no queda nada para una resurrección. Esto es sólo una metáfora acerca de dormir en el polvo". Esta palabra *polvo* en hebreo es *afár*, y se usa en el Antiguo Testamento como polvo literal, arcilla, y tierra. Esta palabra es la misma usada cuando Moisés escribió que Dios creó al hombre del polvo de la tierra (Gn 2:7) y la empleada después de la caída de Adán cuando Dios le dijo que regresaría al polvo (Gn 3:19). Todo cuerpo humano colocado en la tierra, después de muchos años se deteriora y regresa al polvo. Dentro de cada pizca de polvo humano está el ADN.

El ADN más pequeño que la cabeza de un alfiler tiene en él información codificada. Los investigadores realmente pueden tomar telas y otros objetos que tienen dos mil años ¡y encontrar ADN en ellos! Hace años usted quizás oyó que se descubrieron en Israel una serie de tumbas que el arqueólogo afirmaba que eran las *tumbas de la familia de Jesús*. El arqueólogo usó partículas de polvo de los restos hallados en cada tumba para que coincidieran con las muestras de otras tumbas e identificarlas como tumbas familiares. Obviamente, él no creía en la resurrección de Jesús, ¡porque Jesús llevó su cuerpo y sus huesos con Él cuando se levantó del sepulcro prestado!

Otro punto interesante respecto al ADN es cómo está siendo usado en conexión con los Rollos del Mar Muerto. Estos rollos antiguos y miles de pequeños pergaminos fueron descubiertos en vasijas y cuevas en la comunidad de Qumrán. Se creyó que habían sido escritos por un grupo de religiosos llamados esenios. A fin de determinar qué pequeña parte de pergamino se relacionaba con otras partes, los investigadores probaron el ADN de las pieles de los animales sobre las cuales estaba escrita la tinta, y así han coincidido ciertas partes de pequeños pergaminos con sus contrapartes, ¡indicando que provenían del mismo animal![6]

En la resurrección, ¿Dios recreará del polvo otra persona, y el cuerpo será resucitado para unirse al espíritu de los muertos que Cristo traerá con Él? ¿El espíritu que viene del paraíso se dirigirá al lugar de la muerte donde está el polvo y se reunirá con un nuevo cuerpo, y luego regresará al aire donde nosotros, los que vivimos, nos levantaremos para encontrarlos? Es interesante notar que una pequeña mota del tamaño de una cabeza de un alfiler de un folículo piloso, una uña, o una descompuesta partícula de polvo puede contener realmente la información genética de una persona. De ese modo, una pizca de ADN del polvo ¡tiene toda la información necesaria para recrear a alguien que haya muerto!

Hace años realicé un estudio para mostrar cómo una pizca de ADN puede contener suficiente información para recrear a una persona. Fui criticado por esta afirmación por alguien que señaló que bajo ciertas circunstancias el ADN puede ser alterado, cambiado, o destruido. Una forma en que el ADN puede ser destruido es por medio de intenso fuego y el calor. Así el crítico aseguraba que mi teoría del ADN no se podría aplicar a alguien cuyo ADN fue destruido.

Pablo llamó misterio a la resurrección: "He aquí, os digo un misterio: No todos dormiremos; pero todos seremos transformados…" (1 Co 15:51). Si el apóstol Pablo —que escribió trece dinámicos libros del nuevo Testamento, que dio a conocer revelaciones que habían estado escondidas en siglos pasados, y que reveló diversos misterios por primera vez a la Iglesia— dice que la resurrección es un "misterio", entonces ¿cómo puedo yo —o cualquier otro— explicar los misterios vinculados con la resurrección de los muertos?

## ¿Conocerá usted a sus seres queridos?

Alguien preguntó: "Si es verdad que seremos conocidos en la resurrección como éramos antes de morir, ¿por qué María no reconoció a Cristo después que fue levantado de los muertos?". Cuando la mujer llegó a la tumba y la encontró vacía, supuso que alguien había roto el sello romano, movido la enorme piedra, y robado el cuerpo. Aquí tenemos la conversación registrada en Juan 20:11-17:

> Pero María estaba fuera llorando junto al sepulcro; y mientras lloraba, se inclinó para mirar dentro del sepulcro; y vio a dos ángeles con vestiduras blancas, que estaban sentados el uno a la cabecera, y el otro a los pies, donde el cuerpo de Jesús había sido puesto. Y le dijeron: Mujer, ¿por qué lloras? Les dijo: Porque se han llevado a mi Señor, y no sé dónde le han puesto. Cuando había dicho esto, se volvió, y vio a Jesús que estaba allí; mas no sabía que era Jesús. Jesús le dijo: Mujer, ¿por qué lloras? ¿A quién buscas? Ella, pensando que era el hortelano, le dijo: Señor, si tú lo has llevado, dime dónde lo has puesto, y yo lo llevaré. Jesús le dijo: ¡María! Volviéndose ella, le dijo: ¡Raboni! (que quiere decir, Maestro). Jesús le dijo: No me toques, porque aún no he subido a mi Padre; mas ve a mis hermanos, y diles: Subo a mi Padre y a vuestro Padre, a mi Dios y a vuestro Dios.
>
> —JUAN 20:11-17

Cristo sólo había estado muerto tres días. ¿Cómo pudo no reconocerlo esta mujer, María, que estuvo con Él durante todo su ministerio? Recuerde, ella el realidad pensaba que Él seguía estando muerto, y el cadáver no estaba, de modo que no esperaba que este hombre fuera Cristo. Además, Cristo fue sepultado sin vestidura o ropas (sólo con un taparrabos). Ahora aparece totalmente vestido, y ella piensa que es un jardinero. ¿Dónde obtuvo Jesús la ropa que vestía, considerando que fue sepultado inmediatamente después de ser quitado de la cruz? Sugiero que así como el sumo sacerdote tenía que quitarse su vestidura de belleza y usar vestidura de lino el Día de la Expiación cuando entraba al Lugar Santísimo, así también Cristo usó *vestiduras sacerdotales de expiación* que le fueron traídas por los dos ángeles que removieron la piedra y fueron vistos más tarde por la mujer después de la resurrección. En el momento en que Cristo vio a María, Él se estaba preparando para ascender y entrar al templo celestial a fin de presentarse y presentar su sangre para sellar la expiación final para la humanidad.

La Torá revela las cuatro vestiduras que un sacerdote usa en el Día de la Expiación. Usando las imágenes de las Escrituras, Cristo vestiría calzoncillos de lino, el cinto de lino, la mitra de lino, y la túnica de lino (Lv 16:4). Como Cristo estaba en el jardín, y María nunca lo había visto con esa ropa, supuso que era el jardinero.

Otra razón por la cual quizás no lo conoció después de su resurrección puede haber sido un cambio en su apariencia externa. Aunque no tenemos en la Biblia una descripción física de la altura, el peso o el color de cabello de Cristo, Él tenía una madre y un padre judíos. Históricamente, la mayoría de las personas judías tiene piel aceitunada y cabello oscuro. El impacto de la crucifixión y la presión mental que sufrió fueron tan grandes que su sudor se convirtió en gotas de sangre, y eso puede haber cambiado ciertas características tales como el color de su pelo. Cuando niño, conocí a un ministro que conducía en la niebla una noche y casi chocó con un tren. El impacto fue tan grande que su cabello cambió del color negro al gris en unos pocos días. El trauma de la crucifixión puede haber afectado el color del cabello de Cristo. Basado en la visión de Juan, que tuvo lugar más de sesenta años después de la resurrección, conocemos el color de su cabello ahora:

> Y en medio de los siete candeleros, a uno semejante al Hijo del Hombre, vestido de una ropa que llegaba hasta los pies, y ceñido por el pecho con un cinto de oro. Su cabeza y sus cabellos eran blancos como blanca lana, como nieve; sus ojos como llama de fuego.
>
> —APOCALIPSIS 1:13-14

Después de su resurrección, el color del cabello de Cristo era blanco. Si tuvo lugar un cambio en su apariencia en esos tres días, entonces María no lo habría reconocido inmediatamente. Cristo estaba parado en el jardín, completamente vestido y con el cabello blanco.

Además era "de mañana, siendo aún oscuro" cuando ella lo vio, lo que significa antes de que el sol saliera completamente, que es la explicación más sencilla: estaba en penumbras y no tan visible como lo sería más tarde. Cualquiera de estos factores, o una combinación de los tres, podría haber sido la razón por la cual María no lo reconoció ¡hasta que oyó su voz! Entonces ¡supo por su voz que era Él era Cristo!

Una persona no puede usar este ejemplo para afirmar: "Si María no reconoció a Jesús, entonces no seremos reconocidos en el cielo como cuando estábamos en la tierra". Después de que Cristo resucitó, ascendió al cielo y se sentó en el trono de majestad, Esteban, el primer mártir de la iglesia, vio a Jesús sentado a la diestra de Dios, y dijo: "...He aquí, veo los cielos abiertos, y al Hijo del Hombre que está a la diestra de Dios" (Hch 7:55-56). Esteban conoció a Cristo mientras estaba en la tierra ¡y lo reconoció después de que ascendió al cielo!

Hay una segunda referencia usada por los escépticos para decir que no reconoceremos a nuestros seres queridos en el cielo. Después de la resurrección de Cristo, dos hombres iban por un camino hacia una ciudad llamada Emaús. Hablaban de los acontecimientos de la muerte de Cristo, cuando Él de pronto se les unió y oyó su conversación. Uno era Cleofás (Lc 24:18). Muchos eruditos creen que el segundo hombre era Lucas mismo, que fue el único escritor de los evangelios que registró este hecho. Mientras estos dos hombres caminaban y explicaban su confusión respecto a los acontecimientos recientes de Jerusalén, Cristo expuso las profecías de Moisés y los profetas acerca de los sufrimientos del Mesías. Cristo entró al hogar de ellos y aún no lo conocían hasta que Él tomó el pan, lo bendijo, lo partió, y les repartió. De pronto "les fueron abiertos los ojos" (v.31). Él entonces se desapareció de su vista.

La razón bíblica por la que ellos no reconocieron a Cristo fue que "los ojos de ellos estaban velados, para que no le conociesen" (v.16). La palabra *velados* significa que sus ojos estaban "privados" de verlo. Más tarde sus ojos fueron abiertos. El concepto bíblico de una persona que tiene ojos físicos pero no puede ver a menudo es un término usado para los individuos que carecen de entendimiento: "Y han cerrado sus ojos; para que no vean con los ojos" (Mt 13:15).

En el Antiguo Testamento hay un ejemplo que ilustra este punto. El profeta Balaam se dirigía a maldecir a Israel, y un ángel se paró frente a la asna de este acomodaticio profeta. El asna podía ver al ángel y se rehusaba a seguir, pero Balaam no veía nada y comenzó a golpearla. Después el Señor abrió los ojos de Balaam para que viera en el ámbito espiritual. Él tenía ojos, pero no podía ver en el mundo invisible de los ángeles hasta que "sus ojos fueron abiertos", o las escamas removidas para ver en el reino espiritual (Vea Nm 22:22-34).

En el caso de los dos hombres que se encontraron con Cristo en el camino, sus ojos fueron velados sobrenaturalmente para que no lo conocieran. Sin embargo, en la ocasión en que Cristo apareció de pronto a sus discípulos estando ellos con las puertas cerradas, ellos supieron que era Él. Tomás, que no estaba presente, cuando después vio a Cristo pensó que era sólo un ser espiritual y no físico. Esta creencia fue desterrada cuando Tomás tocó las marcas de los clavos y el costado de Cristo, que había sido abierto (Jn 20:25-29).

El velo sobre nuestros ojos se compara con ver a través de un espejo oscuro. Pablo lo dijo así:

> Ahora vemos por espejo, oscuramente; mas entonces veremos cara a cara. Ahora conozco en parte; pero entonces conoceré como fui conocido.
>
> —1 Corintios 13:12

Cuando Pablo dijo "entonces conoceré" estaba haciendo alusión al tiempo en que venga la perfección y estemos con Cristo. En el cielo conoceré a Pablo, reconoceré a Moisés y conoceré a todos los miembros de mi familia. Aun en la transfiguración, Pedro supo que los dos hombres que estaban junto a Cristo eran Moisés y Elías sin que le dijeran quiénes eran. Cuando los tres discípulos dormidos despertaron y vieron a tres hombres resplandecientes en el monte, Pedro no agitó un viejo póster de Moisés cruzando el Mar Rojo y dijo: "Eh muchachos, miren, ¡es Moisés!". Tampoco tenía una copia de un comunicado de prensa con Elías diciendo adiós desde su carro de fuego. Él supo quiénes eran sin que se lo dijeran (Mt 17:1-4).

Parte del dejar el cuerpo y estar con el Señor incluye una capacidad inusual de obtener conocimiento acerca de las cosas que no se tenía mientras se vivía en la tierra. Muchas personas que han tenido una experiencia próxima a la muerte comentan que eran capaces de comunicarse en el cielo con simples pensamientos sin abrir sus bocas jamás. Esto es lógico, considerando que Dios podría —pero rara vez lo hace— hablar audiblemente a los humanos. Oímos su voz por la guía interior de su Espíritu. A veces hay un repentino impulso o pensamiento que viene de nuestra mente, y somos conscientes de un vínculo divino con el ámbito celestial. Puede medirse la velocidad del sonido y de la luz. Sin embargo, la velocidad del pensamiento nunca ha sido medible. Usted sólo puede pensar en lo que sabe o ha oído, y puede imaginar un lugar después de haber estado allí. Si nunca he visto el cielo, sólo puedo imaginar cómo es de lo que leo en la Biblia o de lo que oigo de otros.

Después de que los muertos resuciten y los vivos seamos transformados de lo mortal a lo inmortal (1 Co 15:53-54), ¿qué clase de cambios habrán ocurrido? ¿Qué clase de cuerpo se nos dará? Los acontecimientos posteriores a la resurrección de Cristo nos dan la clave.

## Cuatro cosas que puede hacer un cuerpo resucitado

Las mismas capacidades sobrenaturales que Cristo tuvo después de la resurrección serán las que disfrutará todo creyente resucitado. La Biblia indica que después de que Cristo resucitó, fue visto vivo por cuarenta días (Hch 13). En una ocasión, en su ascensión, más de quinientos hombres vieron a la vez a Cristo mientras era llevado al cielo (1 Co 15:6). Durante los cuarenta días, con su cuerpo resucitado Cristo pudo hacer las siguientes cosas:

### 1. Cristo podía atravesar una puerta que estaba cerrada (Juan 20:19).

Después de la crucifixión de Jesús los discípulos estaban temerosos por sus propias vidas, y por miedo de los judíos, se escondieron en una casa con las puertas y las ventanas completamente cerradas (Jn 20:19). Apiñados como un grupo de niños huérfanos que acaban de perder a su padre, estaban atónitos cuando Cristo atravesó la puerta y apareció en la misma habitación. Cristo no golpeó sino que en verdad se movió desde afuera hacia adentro, pasando a través de una sólida puerta. Puedo entender que los ángeles, que son seres espirituales creados de una dimensión diferente de la de la carne, sean capaces de transportarse a través de objetos sólidos. Pero si Cristo tiene un cuerpo con cicatrices visibles, ¿cómo podía su cuerpo (Él lo llamó "carne" y "huesos"—Lucas 24:39), moverse a través de objetos sólidos? ¡Yo me rompería los huesos tratando de atravesar cualquier una puerta cerrada!

Éste es uno de los misterios más singulares del Nuevo Testamento. Recuerde que Pablo llamó "un misterio" (1 Co 15:51-52) a la realidad de la resurrección y al nuevo cuerpo que recibirán los muertos. Sin embargo, si Cristo en su nuevo cuerpo resucitado fue capaz de pasar a través de lo sólido, entonces todos los futuros santos resucitados serán capaces de hacer lo mismo. Juan escribió:

> Amados, ahora somos hijos de Dios, y aún no se ha manifestado lo que hemos de ser; pero sabemos que cuando él se manifieste, seremos semejantes a él, porque le veremos tal como él es.
>
> —1 Juan 3:2

## 2. Cristo podía aparecer y desaparecer a voluntad (Lucas 24:31,36).

En la tumba, por la mañana temprano, Cristo le dijo a María:

> No me toques, porque aún no he subido a mi Padre; mas ve a mis hermanos, y diles: Subo a mi Padre y a vuestro Padre, a mi Dios y a vuestro Dios.
>
> —Juan 20:17

La frase "No me toques" puede referirse al hecho de que en el Día de la Expiación cuando el sumo sacerdote ministraba en el Lugar Santísimo (una vez al año), no se le permitía a nadie tocarlo porque sería profanación. El griego en Juan 20:17 puede leerse: "No te aferres a mí".[7] Algunos sugieren que Cristo hablaba de su ascensión al Padre cuarenta días después. Sin embargo, por la forma en que está expresada la afirmación, Cristo estaba diciendo: "Estoy preparándome para ascender, de modo que no me demores ahora".

Nuevamente, su propósito para ascender era limpiar los utensilios del templo celestial y cumplir la pauta de la Torá de presentar en el templo un cordero (Él mismo) y las primicias (Él mismo).

Este encuentro de Cristo y María ocurrió en la mañana temprano. Cristo había hecho su aparición en el templo celestial y regresado el mismo día, ya que leemos que Él se apareció después a sus discípulos el mismo día "cuando llegó la noche" (Jn 20:19). El día judío comienza a las seis de la mañana y finaliza a las seis de la tarde, un total de doce horas. María lo vio por la mañana temprano, y los discípulos, por la noche, tarde. Entre estas dos apariciones, Cristo viajó al templo celestial y regresó. Había tenido cerca de diez horas entre la aparición de la mañana y la de la noche.

Después Cristo está en el camino de Emaús, y por la noche parte el pan con sus seguidores. Estando sentado a la mesa en una silla, repentinamente desapareció de su vista (Lc 24:31). Hace años pensaba en esta proeza sorprendente y comencé a reír al pensar: ¿Cómo sería para los niños jugar a las escondidas en el cielo? Cada vez que piensas que los has encontrado, ¡podrían desaparecer para ir a un nuevo lugar! Luego pensé: "Me alegro de que en el cielo no habrá enojo ni frustración. Imagine tener que buscar a un niño que se ha enojado y se fue corriendo. Usted no sabría a qué planeta del universo se escabulló". (Créame: su mente piensa así cuando usted tiene hijos, como yo, ¡que hacen preguntas imaginativas todo el tiempo!) En su nuevo cuerpo, Cristo no estaba limitado al tiempo y al espacio y era capaz de viajar a y desde lugares lejanos sin impedimento.

Si un ángel puede estar en el cielo en un momento, al siguiente estar ministrando en la tierra, y luego, minutos después, de regreso en el cielo…y si Cristo ascendió al cielo y semanas más tarde Esteban lo vio "a la diestra de Dios" (Hch 7:56), entonces claramente podía viajar de la misma manera que los ángeles: sin limitaciones. Creo que Cristo era transportado de la dimensión terrenal a la celestial y de regreso por medio de viajes mentales o de pensamiento. Esto puede explicar por qué muchas personas que han experimentado una visitación en el cielo siempre mencionan que las conversaciones no eran con palabras sino con pensamientos.

### 3. Podía comer alimentos con sus discípulos (Juan 21:13).

Este es uno de los hechos más asombrosos después de la resurrección de Cristo. Él comió pescado con sus discípulos en el Mar de Galilea (Jn 21:12-13). Por alguna razón, pensamos que un ser espiritual (tal como un ángel) jamás necesita comida. Sin embargo, el maná que alimentó a Israel durante cuarenta años en el desierto fue llamado "pan de ángeles" (Sal 78:25, NVI); venía del cielo cada mañana y caía en el suelo donde los israelitas podían recoger la pequeña lámina blanca y preparar sus comidas (Nm 11:6-9). Si el maná venía del cielo y es el alimento comido por los ángeles, entonces nosotros mismos comeremos con nuestros cuerpos resucitados.

Hay comida en el cielo. Las Escrituras nos dicen que hay un árbol de la vida con doce clases de frutos en la Nueva Jerusalén (Ap 22:2). Los creyentes también disfrutaremos de la cena de las bodas del Cordero en el cielo (Ap 19:7-9). Cristo mencionó que Él no volvería a partir el pan y beber de la copa hasta que lo hiciera con sus seguidores en el reino futuro (Mt 26:29). Considerando que un cuerpo resucitado puede comer, no deberíamos hallar dificultad en comprender que Cristo coma con sus discípulos.

El concepto de comer en el cielo genera preguntas interesantes de los niños. Tuve un niño que me hizo una pregunta que había imaginado, pero que nunca traté en público debido a la impresión mental que la gente recibiría si se realizara. El niño preguntó: "Cuando vayamos al cielo y comamos, ¿necesitaremos ir al baño como ahora, y los inodoros serán de oro?". Ah, niño, ¡hablando de poner en aprietos a un ministro! El niño supuso que si las calles por las que caminamos son hechas de oro transparente (Ap 21:21), ¿por qué el asiento de porcelana de la tierra no estaría hecho de oro en el cielo?

La respuesta fue: ¡No sé! La mayoría de las veces puedo dar al menos un versículo, una palabra especial, o una cita de una fuente histórica para dar al menos una idea o dirección, o una especulación lógica. Cristo tiene carne y hueso, pero no sangre, ya que su sangre fue quitada en la crucifixión. La carne y la sangre no pueden heredar el reino. La comida fue creada para deleite y alimentación, y la sangre es importante en el transporte de las vitaminas y nutrientes a los órgano del cuerpo. Sin sangre y sin órganos físicos la descomposición de la comida no es necesaria. Sin embargo, ¿cómo puede una persona comer sin dientes, una boca y un estómago? De modo que esto es un misterio. En cuanto al inodoro de oro, bueno…¡no iré allí! (¡Ah! ¡Las preguntas que pueden hacer los niños!)

## 4. Cristo podía ser tocado por sus discípulos (Lucas 24:39).

Esto puede no parecer significativo, pero Cristo pudo ser palpado por sus discípulos. Cuando pienso en ver a mis seres más queridos y mis amigos más íntimos que se han ido para estar con el Señor, sería triste si en el cielo sólo pudiéramos *verlos,* como una imagen tridimensional, pero no pudiéramos abrazarlos. Para mí, el cielo no sería completo si sólo existiéramos como imágenes fantasmales que se comunican, pero nunca se abrazan ni estrechan la mano de alguien. Sé que "en la resurrección ni se casarán ni se darán en casamiento" (Mt 22:30), sin embargo, amo profundamente a mi esposa de casi treinta años y disfruto el abrazarla y tomar su mano. Imagino que un día ella y yo podremos caminar por una hermosa sección del cielo mientras vamos de la mano y hablamos con algunos de los patriarcas y disfrutamos de nuestros hijos y los miembros de nuestra familia.

Este puede ser el aspecto más importante de la vida eterna con Cristo. Cuando perdemos un compañero que estaba en un pacto redentor con Cristo, la tristeza nos embarga y el dolor continúa por semanas. Sin embargo, el pensamiento de ver otra vez a ese ser querido y pasar la eternidad con él es el más grande consuelo para un creyente. Por esa razón Pablo escribió.

> Porque si los muertos no resucitan, tampoco Cristo resucitó; y si Cristo no resucitó, vuestra fe es vana; aún estáis en vuestros pecados. Entonces también los que durmieron en Cristo perecieron. Si en esta vida solamente esperamos en Cristo, somos los más dignos de conmiseración de todos los hombres.
>
> —1 Corintios 15:16-19

Nosotros como creyentes tenemos mucho que anhelar. Creo que nos asombraremos de cuánto Dios ha escondido de nosotros que nos sorprenderá en el cielo. Imagine nuestra llegada (Ap 4-5) cuando veamos a Dios en el trono, y los ángeles adoradores con los rostros de un león, de un hombre, de un buey y de un águila (Ap 4:7-8). Entonces veremos a los serafines con seis alas en sus espaldas volando sobre nuestras cabezas. Imagine un piso de cristal como un océano gigante reflejando la luz de la gloria de Dios y cambiando los colores como el arco iris o los colores de un prisma. Luego, ver a Cristo mismo mientras toma los siete rollos sellados, el sólo pensar en ver estas cosas es emocionante!

Para un creyente, ¡lo mejor todavía está por venir!

# ...erios del
## ti...  ...la eternidad

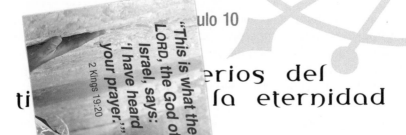

...años de edad (Gn 5:5). Lleva ... Abraham murió a la edad de ... años que se fue. Los apóstoles fue... ...o Juan) desde alrededor del 34 d.C. al ... más de 1,850 años en el paraíso. Esto pa... en un mismo lugar. Sin embargo, e... ...o del tiempo normal terrestre.

Con l... s estrellas, el día y la noche, los mese... nuestra medida del tiempo. Nuestro t... ...ecido de acuerdo a cómo el sol determina el día y la luna los ciclos del mes; y la tierra orbitando alrededor del sol nos da nuestro año solar. Uno de los mejores argumentos que apoyan a un Creador divino es que la tierra está ubicada en el lugar perfecto del cielo. Si estuviéramos más lejos del sol, nos congelaríamos hasta morir, y si estuviéramos más cerca todos nos quemaríamos. La vida vegetal perecería en ambos casos, así como toda vida en la tierra. ¡La posición es milagrosa!

Otra razón de ser del sol, la luna y las estrellas es que "sirvan de señales para las estaciones, para días y años" (Gn 1:14). Los antiguos hebreos dividían el día en doce horas y doce horas. El día comenzaba a las seis de la mañana y terminaba a las seis de la tarde. Por eso Cristo preguntó "¿No tiene el día doce horas?" (Jn 11:9). El mes estaba determinado por el ciclo de las cuatro fases de la luna: de la luna nueva a cuarto creciente, de cuarto creciente a luna llena, de luna llena a cuarto menguante y de cuarto menguante otra vez a la oscuridad, llamada "luna nueva" (Sal 81:3).

Si viviéramos en un ámbito en que no hubiera sol, ni luna, ni estrellas no habría concepción del tiempo. Este es el ámbito del cielo, el lugar de la morada de Dios. La Biblia nos dice que Dios mora en "la luz inaccesible" (1 Ti 6:16), que es de su propia gloria. La Jerusalén celestial no tiene necesidad del sol ni de la luna ni de las estrellas, porque el Cordero (Cristo) es la luz de la ciudad (Ap 21:23). La región del cielo donde moran Dios, los santos ángeles, Cristo y los santos que han partido es iluminada por el resplandor de Dios mismo. Esta gloria es luz pura y energía divina —muy brillante— y los humanos en su forma natural no pueden acercarse a ella. Esta es la misma gloria que experimentó Moisés cuando vio sólo las "espaldas" de Dios (Éx 33:23); y cuando pasó mucho tiempo en la presencia de Dios su propio rostro tuvo que ser cubierto con un velo (Éx 34:29-35). Esta gloria se manifestó en el Monte de la Transfiguración en el que se reunieron Moisés y Elías con Cristo, y la gloria de Dios hizo que Cristo resplandeciera en una luz brillante:

> ...y se transfiguró delante de ellos, y resplandeció su rostro como el sol, y sus vestidos se hicieron blancos como la luz.
>
> —MATEO 17:2

Debido a que el tiempo terrestre está establecido por las fuerzas cósmicas del sol y la luna, y estas dos luces están ausentes en el reino eterno de Dios, el tiempo es medido de manera diferente en el cielo que en la tierra.

Primero, la Biblia enseña que los seres espirituales no necesitan descansar. Los que moran en el paraíso no tienen limitaciones físicas y son formas espirituales. Algunos disentirán y dirán que en la Creación original Dios "descansó" el séptimo días (Gn 2:2). Sin embargo Dios creó *todas las cosas*, incluyendo la formación del hombre en seis días creativos, ¡y no había nada más para crear! La palabra *descansó* en hebreo no significa que Dios se cansó y tuvo que tomarse un respiro o "relajarse" como algunos creerían. Es la palabra *shabath*, de la cual deriva *Shabbat* para el séptimo día de la semana que es separado para detener el trabajo. Hay otra palabras en el Antiguo Testamento para "descansó", y aluden a acostarse, estar quieto, y descansar físicamente. Dios no "descansó" porque estuviera agotado y cansado. La Palabra dice: "He aquí, no se adormecerá ni dormirá el que guarda a Israel" (Sal 121:4).

El Creador descansó para iniciar un Sabbath de reposo como patrón para su propio pueblo. Después de salir de la esclavitud de Egipto, el Señor instruyó a Israel que trabajara seis días y reposara (*shabát*) el séptimo (Éx 23:12). Durante siglos, el religioso pueblo hebreo ha cesado de trabajar el séptimo día (que es sábado en el calendario judío) y ha seguido este patrón de un día semanal de descanso que el Señor estableció en la Creación.

Aunque los seres espirituales no necesitan sueño ni reposo, nuestro cuerpo físico terrenal se centra en un tiempo de veinticuatro horas llamado *día*. La persona promedio duerme ocho horas, trabaja ocho horas, y come dos horas, usando el tiempo restante para actividades que dependen del individuo (generalmente la televisión o la Internet). Necesitamos descansar para seguir con nuestras actividades diarias. Nuestro cuerpo fue creado con una sustancia química llamada *melatonina*. Cuando llega la oscuridad, se segrega esta sustancia química para facilitarle el sueño al cuerpo. Cuando aparece la luz, no hay secreción de esta sustancia.[1]

La Biblia revela cómo percibe el tiempo el Señor:

> Porque mil años delante de tus ojos
> Son como el día de ayer, que pasó,
> Y como una de las vigilias de la noche.
>
> —SALMO 90:4

> Mas, oh amados, no ignoréis esto: que para con el Señor un día es como mil años, y mil años como un día.
>
> —2 PEDRO 3:8

¿Cómo puede ser un día como mil años, pero mil años como un día? Si Abraham lleva muerto cuatro mil años, sólo parecerían unos pocos días. También puede haber una interesante explicación científica para los misterios del tiempo en el cielo.

La luz viaja a 186,400 millas por segundo. La tierra es un globo que tiene cerca de 25,000 millas de circunferencia. La luz puede dar vuelta alrededor del planeta cerca de 7.2 veces por segundo. El profeta Ezequiel describió criaturas angélicas que se mueven como "relámpagos" (Ez 1.13-14). Esta velocidad "como relámpago" sugiere que un ángel que se mueve a tal velocidad podría viajar alrededor del planeta más de siete veces por segundo.

Una de las teorías de Albert Einstein fue la teoría especial de la relatividad, que afirma que ningún objeto puede viajar más rápido que la velocidad de la luz. Con respecto a la teoría del tiempo, fue llamada *teoría de la dilatación del tiempo*, según la cual cuanto más rápido viaje un objeto, más lenta se vuelve su percepción del tiempo. De ese modo, si un objeto pudiera viajar a la velocidad de la luz, su percepción del tiempo se convertiría en cero, ya que la percepción del tiempo disminuye infinitamente. El espacio se convierte en el segundo aspecto importante del viaje en el tiempo. Según la teoría de Einstein, una vez que un objeto ha alcanzado la velocidad de la luz, el tamaño del objeto se transformará en cero y desaparecerá.[2]

## Asombrosa investigación sobre la luz

Según un artículo publicado el 4 de junio de 2000, el Dr. Lijun Wang del NEC Research Institute de Princeton afirmaba haber quebrado la velocidad de la luz. Se había creado una cámara especial, y se utilizó un particular gas dentro de la cámara. Para el asombro de todos, cuando el científico envió un pulso de luz dentro de la cámara, antes de entrar la atravesó completamente y viajó 60 pies más lejos cruzando el laboratorio. Se informó que era 300 veces más rápida que la luz, viajando a 55,800,000 millas por segundo. Esta investigación indicaba que en el futuro, la información podría un día ser transmitida más rápido que la luz.[3]

Encuentro interesante esta teoría a la luz de la escritura donde el Todopoderoso dice: "Y antes que clamen, responderé yo; mientras aún hablan, yo habré oído" (Is 65:24).

El secreto para incrementar la velocidad de la luz fue que la luz pasara a través de la cámara de gas. Sabemos por la ciencia que los cielos cósmicos están compuestos de numerosos tipos de gases que ayudan a estar juntas y forman las numerosas nebulosas y estrellas de los cielos. Los seres angélicos no sólo son espíritu, sino que además están compuestos de luz (hay carros de fuego, 2 Reyes 2) y pueden atravesar todo el universo mucho más rápido que la velocidad normal de la luz.

## La clave para la invisibilidad

En otro singular artículo fechado el 23 de agosto de 2000, los científicos creían que habían descubierto la clave para la invisibilidad. Supuestamente hallaron la manera de hacer transparente la carne por unos pocos minutos. Según la Universidad de Texas, los científicos "crearon una ventana de tejido" en un área de dos o tres pulgadas. El experimento era manipular la manera en que la luz pasaría a través del tejido. Durante la prueba, la pequeña área de piel se volvió transparente.[4]

## De tres a once dimensiones

Hay un caballero en el directorio de mi ministerio, Wayne Penn, quien, entre otras cosas, es un investigador, y bastante reconocido en física, siendo un científico especializado en láser. A veces nos hemos envuelto en discusiones muy profundas y que suelen dejarnos atónitos, especialmente a mi mente simple. Una de las interesantes teorías acerca del mundo espiritual y el viaje en el tiempo tiene que ver con los niveles de lo que llamamos *dimensión*.

Todos vivimos en un mundo tridimensional. Todo lo creado en el planeta y construido por los hombres consiste en llenar el espacio existente en tres dimensiones: altura, anchura y longitud. Todo objeto puede ser medido usando todas las combinaciones para determinar su tamaño. Algunos sugieren que una cuarta dimensión es agregada al ámbito terrenal, que es la fe. La fe capacita a las personas a orar con fe, creer y hacer que existan las cosas que no son (Ro 4:17). Esta cuarta dimensión de la fe es usada en la tierra al creer en lo invisible.

Dios, sin embargo, mora en al menos siete dimensiones diferentes. Las primeras tres son la altura, la anchura y la longitud. La Nueva Jerusalén puede ser medida con estas tres combinaciones, y conocemos su base (1,500 millas cuadradas), su longitud (1,500 millas), y su altura (1,500 millas). (Vea Apocalipsis 21). Dios mora en luz absoluta sin el sol, y la luz puede ser medida a una velocidad de 186,400 millas por segundo. Esta sería la cuarta dimensión. Dios también puede viajar al pasado, ver el presente e ir al futuro, y hacer que lo que ha hablado en el pasado ocurra en el futuro. Estas son las siete dimensiones espirituales que existen en el ámbito espiritual.

Cuando vamos incluyendo el cuerpo, el alma y el espíritu, y a los ángeles en la ecuación, teóricamente podríamos llegar a once dimensiones diferentes. Por supuesto esto debería ser considerado física teórica, pero algunos de la comunidad de la física creen en lo que se llama *supercuerdas* y una teoría de once dimensiones de la *supergravedad*. Si fuera posible que los hombres terrenales entraran a un nivel de seis dimensiones, la física teórica dice que entonces le sería posible comer una naranja de adentro hacia afuera.

Como vivimos en un mundo de tres dimensiones, no podemos volver atrás y deshacer lo que hemos hecho, y tampoco ver lo que traerá el mañana. Sin embargo el Todopoderoso puede volver atrás y quitar el pecado y puede preparar su futuro hoy. Somos incapaces de detener el proceso de envejecimiento, ya que el tiempo lineal siempre se mueve hacia adelante en una línea recta. Una vez que estamos fuera del cuerpo, ya no existe un proceso de envejecimiento. (Buenas noticias, damas: ¡no más arrugas!) Cuando Adán comió del fruto del árbol del conocimiento del bien y del mal, Dios colocó un ángel en el árbol de la vida para evitar que Adán también tomara de ese árbol y viviera para siempre (en su condición pecadora, Gn 3:22). El propósito de Dios era que Adán viviera por siempre en el Edén y poblara el planeta, comiendo continuamente de este árbol especial cuyas hojas podían traer continua sanidad (Ap 22:2)

Al morir, dejamos el mundo de tres dimensiones y entramos a un ámbito de al menos siete dimensiones. Viajar a velocidades inconmensurables es posible, y el tiempo no cuenta, salvo que Dios usa el tiempo terrenal para cumplir los acontecimientos proféticos.

## Los agujeros de gusano: ¿entradas al cielo?

Cuando los ángeles liberan el alma y el espíritu de un creyente en la tierra y lo llevan al paraíso celestial, ¿existe una entrada específica a la ciudad celestial? Mientras estaba en la isla de Patmos, el apóstol Juan repentinamente estuvo "en el Espíritu", que significa que fue colocado instantáneamente en un trance o visión de las cosas celestiales (Ap 1:10). Él escribió:

> Después de esto miré, y he aquí una puerta abierta en el cielo;
> y la primera voz que oí, como de trompeta, hablando conmigo,
> dijo: Sube acá, y yo te mostraré las cosas que sucederán después

de estas. Y al instante yo estaba en el Espíritu; y he aquí, un trono establecido en el cielo, y en el trono, uno sentado.

—Apocalipsis 4:1-2

Juan vio una "puerta…en el cielo". La palabra griega para puerta es *dsúra* y se dice metafóricamente de Cristo (Juan 10:7, 9), de la oportunidad de predicar (1 Co 16:9; 2 Co 2:12), y de la entrada al reino al regreso de Cristo (Mt 25:10). Juan usó esta palabra para describir una puerta o un portal que estaba abierto en el cielo encima de donde él estaba en la isla de Patmos. Inmediatamente fue "arrebatado" y la escena cambió por la visión de Cristo, de la desolada isla en la que Juan realmente se hallaba, a estar parado en el templo celestial, que además es la sala del trono de Dios. Como Pablo escribió, Juan estaba, "¿en el cuerpo, o fuera del cuerpo?" ¿Estaba viendo una visión abierta, o su espíritu fue arrebatado al cielo? Su frase "estaba en el Espíritu" indica que estaba experimentando una visión en la cual su alma y sus ojos espirituales estaban siendo abiertos, y literalmente veía en el ámbito invisible de la misma manera que fueron abiertos los ojos del siervo de Eliseo para que viera los carros de fuego (2 R 6:17).

Algunos sugieren que la puerta es una metáfora, pero creo que existen portales hacia el otro mundo colocados en algún lugar de la galaxia. Dichos portales pueden estar vinculados a la investigación de los "agujeros de gusano". En física, un agujero de gusano es considerado un hipotético "atajo" a través del espacio. Un agujero de gusano es considerado un tubo en el espacio donde el movimiento es más rápido que la luz. Se teoriza que un agujero de gusano conecta las distancias entre el tiempo y el espacio y sirve como un atajo en el viaje espaciotemporal. La teoría es que si una persona pudiera entrar en un agujero de gusano en un espacio y tiempo normal, esa persona podría moverse más rápido que un haz de luz. Un astrofísico de Cambridge, Stephen Hawkings, es uno de los primeros científicos que investigaron su existencia. Concluyó que algo fundamental en las leyes de la física impediría que los agujeros de gusano fueran usados para viajar en el tiempo.[5]

Sin embargo, en la comunidad científica todavía hay apoyo para la idea de agujeros de gusano aptos para viajar. La idea es que una vez que usted entrara a la base o entrada de un agujero de gusano en nuestra galaxia, saldría de él casi al mismo momento que entrara.

Éste es generalmente el tipo de viaje del que hablamos cuando el espíritu de una persona que partió es llevado de la tierra y llega súbitamente al cielo en un instante.

Tal vez éste sea el tipo de *túnel* que la gente describe cuando tiene una experiencia próxima a la muerte. Para la mente racional, el concepto mismo de que una persona viaje desde la tierra al ámbito celestial no visible de nuestra propia galaxia es absurdo. Sin embargo, la posibilidad de transportar a una persona de la tierra al cielo ha sido probada en tres ocasiones durante los pasados cinco mil años de historia.

El primero fue Enoc, el séptimo hombre desde Adán, quien caminó con Dios durante 365 años y fue súbitamente trasladado al cielo. Moisés escribió: "Caminó, pues, Enoc con Dios, y desapareció, porque le llevó Dios" (Gn 5:24). La palabra hebrea *llevó* es *lacákj*, que significa llevar o transportar. Esto no significa que Dios lo llevó en la muerte, sino que lo trasladó sin ver la muerte. Este es el claro significado de Hebreos 11:5:

> Por la fe Enoc fue traspuesto para no ver muerte, y no fue hallado, porque lo traspuso Dios; y antes que fuese traspuesto, tuvo testimonio de haber agradado a Dios.

El segundo profeta en ser arrebatado al cielo fue Elías. En 2 Reyes 2:11 leemos:

> Y aconteció que yendo ellos y hablando, he aquí un carro de fuego con caballos de fuego apartó a los dos; y Elías subió al cielo en un torbellino.

Ambos hombres nunca experimentaron la muerte física, desafiando la ley de Hebreos 9:27: "Y de la manera que está establecido para los hombres que mueran una sola vez, y después de esto el juicio". Muchos eruditos creen que ambos hombres serán los dos testigos que guiarán a una restauración de la fe entre los judíos en Israel durante la Tribulación y después serán muertos por el Anticristo en mitad de la Tribulación (Ap 11:3-8). Entonces experimentarán por fin la muerte.

La tercera persona en ser trasladada de la tierra al cielo fue Cristo, en Hechos 1:9: "Y habiendo dicho estas cosas, viéndolo ellos, fue alzado, y le recibió una nube que le ocultó de sus ojos". Hay evidencia bíblica de que estos tres hombres lograron ir al cielo y han sido vistos en el cielo por otros profetas. Zacarías vio el templo celestial e identificó dos olivos y dos candelabros de oro delante de Dios (Zac 4:1-14). Las imágenes de estos dos olivos son las mismas descriptas por Juan en el Apocalipsis (Ap 11), de dos futuros profetas que vendrán a la tierra por cuarenta y dos meses y realizarán milagros y anunciarán juicios en la tierra. Los dos hombres que nunca murieron son Enoc y Elías. Elías regresará como se predijo en Malaquías 4:5, y el hecho de que Enoc haya sido el primer profeta de la historia que predijo el regreso del Señor con diez millares de sus santos (Judas 14) hace que muchos estudiosos de la profecía identifiquen a los dos olivos, o los dos testigos, como estos dos profetas del Antiguo Testamento que fueron llevados vivos al cielo. Enoc fue transportado hace cinco mil años, y Elías fue arrebatado hace tres mil quinientos años. Pero Juan los vio en el cielo hace más de mil novecientos años, lo que significa que ambos lograron llegar al cielo —y ¡no lleva miles de años el llegar allí! Tanto Esteban como Saulo de Tarso vieron al Cristo resucitado en el cielo, y Saulo oyó la voz de Cristo llamándolo desde el cielo (Hch 7:55; 9:4-5).

Un científico secular señalaba tres hechos científicos. Primero, cualquier persona que fuera *transportada* de la tierra al cielo estaría viajando aún después de cinco mil años, aunque se moviera a la velocidad de la luz, ya que el cielo donde Dios mora está en el tercer cielo, y al extremo de la galaxia. El segundo hecho es que una vez que la persona deja la superficie de la tierra la temperatura en las nubes es más fría, y cualquier humano se congelaría hasta morir. (¡Tal vez esta sea la razón para "los carros de fuego"!) El tercer punto es que toda criatura viviente debe respirar oxígeno para existir, pero el segundo cielo carece de esta sustancia vivificante. Por estas razones, los eruditos liberales consideran que las translaciones de Enoch y Elías son un mito, una metáfora o una alegoría o una historia que ha sido adornada.

La respuesta es que Dios ciertamente es capaz de alterar el cosmos y el cuerpo humano de cualquier manera que Él elija. El hecho de que en las Escrituras tres individuos hayan sido trasladados de la tierra al tercer cielo sin mayores trastornos, y hoy moren en la presencia del Todopoderoso, debería alentar a cualquier creyente sobre que el método para arrebatar a los vivos al cielo ya ha sido probado —y ¡funciona!

Cuando Juan estaba en la isla de Patmos y experimentó la visión del Apocalipsis, registrada en el libro de Apocalipsis, dijo: "Yo estaba en el Espíritu en el día del Señor, y oí detrás de mí una gran voz" (Ap 1:10). Juan finalmente oyó una voz como de trompeta diciendo: "Sube acá" (Ap 4:1). En ese momento, él dijo: "...al instante yo estaba en el Espíritu; y he aquí, un trono establecido en el cielo, y en el trono, uno sentado" (v.2). Juan fue de estar en la isla yerma, rocosa y desolada a estar de pie sobre el piso de cristal de la sala del trono de Dios. La transición ocurrió en un abrir y cerrar de ojos.

Cuando Pablo escribió acerca de nuestra propia transición de un cuerpo mortal a uno inmortal, escribió: "En un momento, en un abrir y cerrar de ojos...seremos transformados" (1 Co 15:52). Los acontecimientos que Juan registró en Apocalipsis 4:1-2 demuestran la velocidad a la que los santos vivos seremos arrebatados súbitamente de la tierra y trasladados al cielo. La ruta de viaje ha sido probada por tres hombres en el pasado y será experimentada por millones en el futuro.

## Capítulo 11

# ¿Quién irá al cielo y quién se perderá?

**D**e acuerdo con la tradición budista, la entrada al infierno existe en Fengdu, China, y está localizada sobre el río Yangtsé, a cuatro días de viaje en barco desde Shangai. En esta ciudad bastante deprimente, hay cuarenta y ocho templos que cubren el pueblo entero, todos los cuales retratan el infierno y los sufrimientos del infierno. Uno es llamado: "La torre de la última vislumbre de casa". A gran altura sobre una montaña que mira toda el área está el *Rey Fantasma*, un templo en el que está tallada una espantosa cara gigantesca. Cuando se entra en los templos, uno ve cientos de estatuas que retratan toda forma de demonios atormentando y castigando a hombres y mujeres. A algunos los están hirviendo en sangre, y otros están siendo lanzados a un lago de fuego donde se supone que sufrirán hasta que concluya un ciclo y hayan sido purificados.[1]

En la nación de China, los budistas señalan que su religión es mucho más antigua que la fe cristiana. Sin embargo, mucho antes de Buda, el primer hombre que entró en un pacto con el verdadero Dios fue Abraham, y Cristo fue la simiente de Abraham. Los creyentes son la simiente espiritual de Abraham a través de Cristo.

Una pregunta importante para considerar es ésta: "¿Quién le enseña al budista que existe un lugar llamado *infierno*?" He oído argumentar que el concepto de infierno fue comenzado por la fe cristiana, y que la iglesia romana desarrolló una detallada enseñanza sobre el infierno para asustar a las personas al punto de que se conviertan y se unan a la iglesia. Aunque alguien creyera eso, no explica por qué cada gran religión del mundo, incluyendo a las que existían antes de la fe cristiana, creía en una vida después de la muerte y un lugar de fuego o infierno.

Todas las religiones mundiales —el cristianismo, el islam, el judaísmo, el hinduísmo y el budismo— creen en la vida después de la muerte, y todas creen en alguna forma de cielo y un lugar de castigo. Todas las grandes religiones creen en un lugar de fuego y un lugar de "luz." Las religiones judía, hindú y budista existían antes del cristianismo. ¡Pero no existían antes de que Dios hiciera un pacto con Abraham! Entonces, el verdadero Dios, la verdadera fe, y la revelación verdadera vienen a través de la simiente de Abraham y la Palabra de Dios.

Entre muchos budistas chinos, la creencia en una vida después de la muerte está tan incorporada que en ciertas épocas del año, ¡los miembros de la familia comprarán un pequeño automóvil, televisor, o algún otro objeto de cartón y lo quemarán, creyendo que pasa a la vida después de la muerte para uso de sus antepasados! Los budistas también tienen "dinero del infierno", el cual es impreso y comprado para ayudar a pagar que una persona escape del infierno.[2]

Religiones que precedieron al cristianismo se jactan de que sus creencias son las correctas y todas las otras están equivocadas. Sin embargo, si cualquier otra forma de creencia o religión hubiera sido suficiente para proveer la redención y la vida eterna a la humanidad, no hubiera sido necesario que Dios enviara a Cristo a la tierra a sufrir en lugar del hombre y establecer un nuevo pacto de vida eterna a través de Cristo, si la humanidad los recibe a Él y a su sacrificio.

## ¿Quién estará en el cielo?

En la cultura políticamente correcta de hoy, hay una creencia común de que todos los individuos de todas las naciones que sean buenas personas, hagan buenas obras, y traten de ayudar al prójimo estarán en el cielo. En algunos extremos, la enseñanza herética llamada *universalismo* enseña que todos los que están en el infierno al final serán sacados, perdonados, y se los dejará entrar al cielo.

Sin embargo, desde una perspectiva más práctica, la mayoría de los cristianos tiene tres preguntas principales:

1. ¿Habrá en el cielo espíritus de bebés abortados?
2. ¿Mi mascota estará en el cielo?
3. ¿Las personas que nunca han escuchado el evangelio estarán en el cielo?

¿Qué revela la Escritura acerca de los niños? Durante siglos ha habido un debate acerca de la edad en la que un niño se vuelve *responsable* de sus propios pecados y decisiones. Como niño en crecimiento, oí que esta *edad de la responsabilidad* eran los cinco, diez, doce, trece y aún más años. En la fe judía, los judíos religiosos reconocen la trascendencia de los trece años en la vida tanto de niños como de niñas. Cuando un niño judío llega a los trece, la familia lo celebra con un *bar mitzvá*, que significa: "hijo de los preceptos", o un *bat mitzvá*, que significa: "hija de los preceptos". Antes de los trece años, el padre es responsable de la instrucción moral y espiritual de sus hijos e hijas. Los trece años es la edad en que la mayoría de lo jóvenes experimenta los cambios físicos y emocionales, que llamamos *pubertad*.

La Biblia nos hace comprender que los niños son especiales para el Señor y son llevados a Él al morir. Un ejemplo perfecto es el adulterio de David con Betsabé, como resultado del cual ella quedó embarazada. Este hijo de David fue un niño, y después de nacer fue afligido por una enfermedad como juicio por el pecado de David. Vivió siete días y murió. Durante esos siete días, su padre ayunó para que el niño fuese sanado, y cuando falleció, David dijo:

> Pero ahora que ha muerto, ¿qué razón tengo para ayunar? ¿Acaso puedo devolverle la vida? Yo iré adonde él está, aunque él ya no volverá a mí.
>
> —2 Samuel 12:23

El niño había muerto, y su tierno espíritu fue sacado de su cuerpo y llevado a los aposentos del paraíso. ¡David sabía que no podía traer de vuelta al bebé, pero que un día él iría a donde el bebé se había ido! En el Nuevo Testamento, Cristo continuamente bendecía a los niños y en una ocasión reveló que los niños tienen sus propios ángeles personales:

Mirad que no menospreciéis a uno de estos pequeños; porque
os digo que sus ángeles en los cielos ven siempre el rostro de
mi Padre que está en los cielos.

—Mateo 18:10

Este versículo se sitúa en la ocasión en que los discípulos le preguntaron a Cristo quién era el más grande en el reino. Cristo trajo
ante sí a un niño pequeño y habló de "sus ángeles". Los niños tienen
asignados ángeles y estos ángeles están continuamente ante el trono
del Señor. Cristo dejó en claro que el cielo está hecho de niños:

Pero Jesús dijo: Dejad a los niños venir a mí, y no se lo impi-
dáis; porque de los tales es el reino de los cielos. Y habiendo
puesto sobre ellos las manos, se fue de allí.

—Mateo 19:14-15

Si una persona no puede recibir a Cristo con la fe simple de un
niño, esa persona se perderá la entrada al reino de los cielos:

Y dijo: De cierto os digo, que si no os volvéis y os hacéis como
niños, no entraréis en el reino de los cielos. Así que, cualquiera que se humille como este niño, ése es el mejor en el reino
de los cielos. Y cualquiera que reciba en mi nombre a un niño
como este, a mí me recibe.

—Mateo 18:3-5

También hay una firme y peligrosa advertencia dada a quien
alguna vez entorpeciera a un niño el seguir a Cristo o lo dañara
físicamente.

Y cualquiera que reciba en mi nombre a un niño como este,
a mí me recibe. Y cualquiera que haga tropezar a alguno de
estos pequeños que creen en mí, mejor le fuera que se le colga-
se al cuello una piedra de molino de asno, y que se le hundiese
en lo profundo del mar.

—Mateo 18:5-6

David sabía que su bebé estaba con el Señor. Dios ha asignado
ángeles a los niños y el reino de los cielos está hecho para los niños.

Creo que todos los niños que fallecen son llevados a la presencia del Señor en lo que podría ser un *paraíso de los niños.*

## ¿Y los abortados?

Hay un desacuerdo teológico entre cristianos respecto a cuándo entran en un feto el alma y el espíritu. Es obvio que la vida comienza al momento de la concepción, porque sin la energía vital el feto nunca crecería o se desarrollaría. Pero, ¿es entonces cuando el espíritu eterno entra al pequeño ser humano? Las cuatro principales creencias son:

1. El feto tiene alma y espíritu al momento de la concepción.

2. El feto tiene alma y espíritu desde el momento en que la sangre fluye a través de él (a las cinco semanas).

3. El feto tiene alma y espíritu aproximadamente después de los seis meses.

4. El feto tiene alma y espíritu desde el momento en que se corta el cordón umbilical.

Éste es un asunto importante, porque si el alma y el espíritu entran al momento de la concepción, el aborto intencional del feto estaría quitando una vida. Si el alma y el espíritu vienen en el momento en que se corta el cordón umbilical, el aborto, para quienes creen esto, sería solamente un procedimiento médico. La Escritura inspirada debe ser nuestra fuente de conocimiento sobre este tema.

Al hombre le ha sido dado un honor único por encima de toda otra creación de Dios. Solamente del hombre dijo Dios: "Hagamos al hombre a nuestra imagen, conforme a nuestra semejanza" (Gn 1:26). Solamente el hombre es un ser tripartito, con cuerpo, alma y espíritu (1 Ts 5:23). El reino animal fue creado con una energía vital llamada *néfesh* (traducida "alma" en la King James Version)ᶜ, y que le da una personalidad distintiva. Pero los animales carecen de un espíritu eterno, y es esto lo que coloca al hombre fuera del reino animal. Como está escrito:

---

ᶜ *Néfesh*: **alma**, también en las versiones castellanas de la Biblia.

> ¿Quién sabe que el espíritu de los hijos de los hombres sube
> arriba, y que el espíritu del animal desciende abajo a la tierra?
>
> —Eclesiastés 3:21

Otro don dado por Dios a la humanidad que la separa incluso de los ángeles del cielo ¡es la capacidad de procrear otro ser humano con un alma inmortal y un espíritu! "He aquí, herencia de Jehová son los hijos..." (Sal 127:3). "Corona de los viejos son los nietos, y la honra de los hijos, sus padres" (Pr 17:6). Los hijos son un don, una alegría, y un honor. Pero millones de madres han abortado su propia simiente —creada a semejanza de ellas mismas— y han destruido su propio futuro en el proceso.

El veintidós por ciento de todos los embarazos (excluidas las interrupciones espontáneas) termina en aborto. En 2005, se llevaron a cabo 1.21 millones de abortos, poco menos que los 1.31 millones en el año 2000.[3] Hay varias razones por las que las mujeres abortan. "Tres cuartos de las mujeres mencionan preocupación por o responsabilidad con otras personas; tres cuartos dicen que no pueden permitirse un hijo; tres cuartos dicen que tener un bebé interferiría con su trabajo, escuela, o su capacidad para cuidar personas a su cargo; y la mitad dice que no quiere ser madre soltera o que está teniendo problemas con su marido o pareja."[4]

El salmista escribió palabras fantásticas sobre su propia concepción y desarrollo en el vientre de su madre:

> Porque tú formaste mis entrañas;
> Tú me hiciste en el vientre de mi madre.
> Te alabaré; porque formidables, maravillosas son tus obras;
> Estoy maravillado,
> Y mi alma lo sabe muy bien.
> No fue encubierto de ti mi cuerpo,
> Bien que en oculto fui formado,
> Y entretejido en lo más profundo de la tierra.
> Mi embrión vieron tus ojos,
> Y en tu libro estaban escritas todas aquellas cosas
> Que fueron luego formadas,
> Sin faltar una de ellas.
>
> —Salmos 139:13-16

## Lo que Dios dice de los que están en el útero

En Génesis 25:21–22, Rebeca estaba embarazada de mellizos. Como los hermanitos forcejearon en el útero de su madre, Moisés escribió: "Pero como los niños luchaban dentro de su seno" (Gn 25:22, NVI). Entre la concepción y el parto, estos mellizos están siendo identificados como "niños". Cuando un niño muere en el útero debido a lo que se denomina un *aborto espontáneo*, esa criatura sigue siendo llamada una *persona* (bebé):[d]

> ¿Por qué no fui ocultado como un aborto,
> como los niños[b] que nunca vieron la luz?
>
> —Job 3:16, RV95

El término *bebé*[b] es en hebreo la palabra *olél* u *olál* y siempre se refiere a un ser humano (Sal 8:2; Os 13:16). En Lucas 1:43, Elisabet llama a María la "madre de mi Señor" casi nueve meses antes del nacimiento de Cristo. Aún cuando el niño todavía no ha nacido, la mujer es llamada *madre*. También en Lucas 1:41-44, cuando Elisabet hablaba del bebé que estaba en su útero, dijo: "La criatura saltó de alegría en mi vientre" (v. 44). La palabra griega para *criatura* es aquí *bréfos* y es la segunda palabra más común usada para *bebé*.

A través de todas las Escrituras Dios llama a los futuros hijos "simiente", incluso antes de que sean concebidos en el vientre. Abraham y sus hijos fueron circuncidados en la carne de su prepucio, y todos los hijos varones hebreos debían ser circuncidados en el octavo día después de su nacimiento como señal de su pacto con Dios (Gn 17:1-14). Cuando un niño hebreo se convertía en hombre, se casaba, y consumaba el casamiento con su esposa, su simiente (espermatozoides) deberían pasar a través de la "señal" del pacto (la marca de la circuncisión hecha en su carne), y la simiente entraría en la mujer. Por consiguiente, la simiente estaba "marcada" por la bendición del Señor antes de que el bebé llegara a ser concebido.

Este mismo principio se encuentra en el relato donde Abraham pagó diezmos a Melquisedec en Jerusalén. (Vea Génesis 14.) En

---

[d] **Bebé**: La traducción inglesa King James Version utiliza la palabra *infant*, bebé, en tanto que las versiones castellanas emplean el término **niño**, para el término hebreo *olél* u *olál*, al que Strong (**H 5763**), define como "*bebé de pecho*:-niño, hijo, muchacho, pequeñito, pequeñuelo."

Hebreos 7:1-10, ¡el autor escribió que Abraham pagó el diezmo por Leví, que todavía estaba en los lomos de su padre cuando Abraham conoció a Melquisedec! Por ese tiempo, Isaac, Jacob, y su hijo Leví, no habían nacido, y sin embargo, un acto de fe de Abraham iba a afectar tres generaciones que aún eran semillas en sus lomos.

Que alguien diga que un niño solamente se convierte en un ser humano cuando se corta el cordón umbilical, muestra una grave falta de conocimiento y entendimiento de la Escritura. En la Biblia el *momento de la concepción* es la marca del nacimiento; no es meramente el proceso que viene con los dolores de parto nueve meses después. En la Versión King James,[e] la Escritura habla continuamente de un "hijo" que es concebido:

- "Hijos..."[e] "hijos en el vientre..." (Gn 25:21-22; Rut 1:11, 2 R 19:3)
- "Un varón ha sido concebido." (Job 3:3, LBLA)
- "Elisabet...también ha concebido hijo en su vejez..." (Lc 1:36)
- "Elisabet...dio a luz a un hijo" (Lc 1:57)
- "La criatura saltó en su vientre" (Lc 1: 41, 44)

Uno de los hechos más importantes es que Dios tiene conocimiento previo del niño mientras el bebé todavía está en el útero, o como explica Jeremías, antes de que el bebé haya sido concebido Dios conoce el destino de ese niño:

> Antes que te formase en el vientre te conocí, y antes que nacieses te santifiqué, te di por profeta a las naciones.
>
> —JEREMÍAS 1:5

> Porque tú formaste mis entrañas;
> Tú me hiciste en el vientre de mi madre.
> Te alabaré; porque formidables, maravillosas son tus obras;
> Estoy maravillado,
> Y mi alma lo sabe muy bien.
>
> —SALMOS 139:13-14

---

[e] **Hijo:** también en las versiones castellanas de la Biblia.

Note las ocasiones especiales en que Dios preordenó los nombres de los hijos que iban a nacer:

☛ Abraham y Sara tendrían un hijo llamado *Isaac* (Gn 17:19).
☛ Elisabet y Zacarías llamarían a su hijo *Juan* (Lc 1:13).
☛ El hijo de María sería llamado *Jesús*, porque salvaría a su pueblo de sus pecados (Mt 1:21).

En ciertos casos, la identidad sexual del niño fue conocida, el nombre del niño fue dado con anticipación y el propósito o el plan para el niño se hizo conocer antes de su nacimiento. En dos casos, los nombres de grandes líderes fueron dados cientos de años antes de sus nacimientos: uno fue Josías (1 R 13:2) y el otro fue Ciro (Is 44:28). La presciencia de Dios indicaría que Dios conoce el nombre, el sexo y el destino del niño antes de que éste sea concebido en el vientre.

Creo que el alma-espíritu del niño inicia su acción vital en el mismo momento en que la concepción ocurre. La vida sólo puede venir de un Creador que ha dado a su creación el poder para reproducirse. Piense en el incontable número de matrimonios que han intentado ser padres sin éxito. Creo que la energía vital que crea el alma-espíritu de un niño comienza en el momento de la concepción. ¿Después de todo, cómo podría el feto crecer si no hubiera una especial energía de vida detrás de la unión del óvulo y el espermatozoide de los padres? Considere las numerosas parejas que por diversas razones son incapaces de concebir un hijo. A veces la razón por la que la concepción no ocurre es un misterio. Sin embargo, la vida debe venir del dador de la vida, y el Todopoderoso fue — y sigue siendo— el creador de la vida. Él también puede hacer que un vientre estéril dé vida.

En la Biblia, muchos israelitas importantes nacieron de vientres de mujeres estériles:

☛ Sara fue estéril hasta que, a los noventa años, concibió a Isaac.
☛ Raquel fue estéril hasta que concibió a José y después a Benjamín.
☛ Rebeca fue estéril hasta que concibió a los gemelos Jacob y Esaú.

☞ Ana fue estéril hasta que dio a luz a Samuel, y después tuvo otros seis hijos.
☞ Elisabet fue estéril hasta que dio a luz a Juan el Bautista.

En ciertos casos, estas madres estériles clamaron a Dios e intercedieron para ser madres, y el Señor les "abrió el vientre". María era una virgen, pero Dios la eligió para que gestara al futuro Salvador del mundo y declaró que todas las naciones la llamarían bendita (Lc 1). La concepción da inicio a la vida y a la cuenta de los nueve meses de un embarazo estándar. Todas las indicaciones que hay en la Biblia de conocimiento previo de Dios, todas las palabras bíblicas usadas para describir al bebé en el útero y el hecho mismo de que un feto esté crecimiento son señales de *vida*.

Cuando Gabriel le dijo a María que tendría un hijo, expresó: "Por lo cual también lo Santo que de ti nacerá, será llamado Hijo de Dios" (Lc 1:35, RV2000). La versión inglesa King James, que traduce "holy thing", 'cosa santa', usa 116 veces la palabra 'cosa'. Hay varios vocablos que pueden ser traducidos como '*cosa*'. Sin embargo, en griego esta palabra es *jágios*[f], que es el término para "santo, sagrado e inocente". El ángel no estaba diciendo que Jesús fuera una cosa —un objeto en crecimiento dentro de María—, sino que señalaba la santidad de lo que en ella se estaba gestando.

Otros creyentes teorizan que el alma y el espíritu son puestos en el bebé aproximadamente a los seis meses cuando el feto ha desarrollado ciertas capacidades. Basan este concepto en la declaración hecha por Elisabet respecto a Juan el Bautista. Cuando María visitó a su prima Elisabet, ella ya tenía seis meses de embarazo de su hijo, Juan. Cuando Elisabet y María empezaron a hablar, repentinamente el bebé "saltó" en el vientre de Elisabet. La madre exclamó: "la criatura saltó de alegría en mi vientre" (Lc 1:44). La Biblia dice que Juan sería "lleno del Espíritu Santo, aun desde el vientre de su madre" (v. 15). De acuerdo con todas las escrituras del Nuevo Testamento que hablan de la llenura del Espíritu, Él viene a su alma humana para habitarla. El Nuevo Testamento habla de una lengua de oración o

---

[f] La King James Version dice textualmente: "...that **holy thing**..." (énfasis añadido), donde la expresión griega *jagios* es traducido "holy thing", 'cosa santa'. De allí la aclaración del autor, respecto a 'cosa'.

de orar en una lengua desconocida, y Pablo escribió: "Porque si yo oro en lengua desconocida, mi espíritu ora" (1 Co 14:14). Como el Espíritu Santo es un espíritu, y entra en el templo humano y mora en el lugar santísimo del espíritu humano, obviamente Juan tenía un alma y un espíritu a los seis meses. No podría haber sido "lleno del Espíritu Santo, aun desde el vientre de su madre" si hubiera sido solamente una masa de tejido desarrollándose dentro de una persona. Estos pasajes eliminarían completamente la próxima teoría.

La tercera teoría, que es creída por algunos políticos que aceptan el aborto por parto parcial, es que el alma y el espíritu no están en el bebé hasta después que se corta el cordón umbilical y el bebé respira por sí mismo fuera del útero. La suposición es que el bebé sólo respira *por sí mismo* fuera del útero. Esta noción da a la persona la "libertad" de abortar a un niño hasta la época del nacimiento, ya que el alma eterna y el espíritu no están en el cuerpo antes del parto. No puedo aceptar esto de ninguna manera, ni desde un punto de vista escritural ni desde el médico.

Recientemente un miembro de Planned Parenthood (Paternidad Planificada) renunció después de ver una IRM de cómo se ejecuta un aborto. Se notaba que el bebé realmente parecía estar tratando de protegerse de la intrusión de la fuerza exterior.[5] Los pequeños pueden ser vistos moviéndose, saltando, chupándose los pulgares, y realizando otras *actividades humanas* dentro del útero.

Bajo la ley de Moisés había penas por dañar al nonato en el vientre de su madre:

> Si algunos riñeren, e hirieren a mujer embarazada, y ésta abortare, pero sin haber muerte, serán penados conforme a lo que les impusiere el marido de la mujer y juzgaren los jueces. Mas si hubiere muerte, entonces pagarás vida por vida, ojo por ojo, diente por diente, mano por mano, pie por pie, quemadura por quemadura, herida por herida, golpe por golpe.
> —Éxodo 21:22-25

En las Escrituras hay referencias más que suficientes para demostrar que el alma eterna y el espíritu son parte del desarrollo del niño en el vientre de su madre.

Por lo tanto, ¡si un bebé muere en el seno materno o poco después de nacer, el espíritu eterno vuelve al Señor y un día nos reuniremos con ese espíritu en el cielo!

## Los que han perdido un hijo pequeño

Quienes han perdido un bebé o un hijo pequeño suelen preguntarse si el alma y el espíritu quedarán en el cielo como bebés o en estado infantil, o si el alma-espíritu del bebé crece hasta aparentar cierta edad y queda así por la eternidad. La Escritura guarda silencio sobre este particular aspecto del alma-espíritu de niños y bebés. Sin embargo, he espigado en experiencias excepcionales de hombres y mujeres verdaderamente piadosos.

En una entrevista sobre nuestro *Manna-Fest* televisada en 2006, un ministro del evangelio de noventa años de edad relató la historia más maravillosa que le ocurrió a su esposa. El ministro, Theo Carter, y su esposa, Thelma, tenían un hijo de nueve años, Charles Edward Carter. En el día de Halloween de 1947 el muchacho estaba jugando en la calle enfrente de la casa, en Kentucky, disparando fuegos artificiales. Accidentalmente el muchacho corrió delante de un camión y murió atropellado. Por supuesto, la tristeza fue abrumadora, pero esta familia de cristianos fuertes creyó que su hijo, que amaba a Jesús, estaba en la presencia del Señor.

Cuarenta y tres años después, en 1990, Thelma debió hacerse una cirugía de corazón en Louisville, Kentucky. Durante la cirugía, Thelma falleció repentinamente. En lugar de ser llevada a la sala de recuperación, fue cubierta con una sábana y llevada a la morgue del hospital. Los doctores estiman que estuvo muerta durante veintiún minutos, pero súbitamente revivió y dejó pasmados a los trabajadores del hospital. Después relató a su marido que, mientras estuvo muerta, fue llevada a cielo y vio a su hijo de nueve años.

¡Thelma y el niño se reconocieron! El muchachito le contó a su madre que él y otros niños disfrutaban jugando en *las calles de oro*. Thelma recordaba que podía verse reflejada en las calles de oro. Cuando habló con su hijo, ¡él se veía exactamente como era cuando falleció, cuarenta años antes! También vio a algunos santos a quienes había conocido durante años y con quienes había adorado en la iglesia, que habían fallecido hacía ya muchos años. Una de las personas más importantes, un ministro colega, estaba de pie junto al niño en el cielo. El muchacho dijo: "Mami, ¡es mi ángel guardián!". Más tarde, cuando hablaron del incidente, los Carter s e dieron cuenta de que cuando un niño fallece, ¡ese niño no está solo en el cielo, sino que disfruta de la amistad de niños de su propia edad, y también hay personas que en la tierra lo conocieron a él o a su familia y que están ahí con ellos! Esto debería ser un consuelo para alguien que pierde un hijo. Thelma también vio a sus piadosos padres, que habían muerto, pero no habló con ellos: solamente los vio. También vio a muchas personas a quienes había visto ser bautizadas en el río muchos años atrás y que habían fallecido.

No muchas personas mueren más de una vez y experimentan tanto el paraíso como el infierno, pero conozco a un hombre que lo hizo. El obispo Curtis "Terremoto" Kelley fue un invitado del *Manna-fest* cuando emitimos la serie sobre el paraíso. El obispo Kelley había sido boxeador de peso pesado, que fue cuando adquirió el apodo de "Terremoto." Mientras que su madre era una creyente llena del Espíritu, su padre, que tenía ascendencia haitiana, era un sacerdote de vudú que estaba entrenando a Terremoto en el vudú desde la edad de cinco años, con el propósito de enviarlo a Haití para trabajar con Papá Doc. Terremoto se convirtió en un consumidor de drogas que murió a la edad de quince años, después de consumir una mezcla de marihuana, cocaína, pastillas y alcohol.

Terremoto dejó su cuerpo al morir y fue jalado a un lugar dentro de la tierra, donde espíritus malignos se burlaron de él y lo atormentaron. Allí los espíritus demoníacos lo golpearon y se burlaron de él diciéndole: "Hiciste vudú para nosotros. Eras un hechicero. Vendiste drogas para nosotros. ¡Te engañamos! Ahora estás en el infierno. No puedes salir de aquí. Ahora nos perteneces. ¡Estás perdido para siempre!".

En su libro *Bound to Lose, Destined to Win*, Terremoto escribió: "Parecía que cada cosa mala que había hecho, cada cosa buena que había oído sobre Jesús, cada lección de la Escuela Dominical que me había sido enseñada, y cada oración que le había oído orar a mi madre me volvía a la memoria. Pero no había nada que pudiera hacer al respecto ahora. Estaba en el infierno."[6]

Luego describe cómo, repentinamente, dos manos de color dorado y más brillantes que el sol del mediodía se extendieron por la habitación donde estaba siendo atormentado. Cuando los espíritus demoníacos vieron las manos, gritaron: "¡No! ¡No! ¡Nos pertenece! ¡Tú no puedes tenerlo! ¡No!".

Las manos doradas lo volvieron a poner en su cuerpo. Escuchó una voz decir: "Por causa de las oraciones de su madre, y porque has sido escogido por Dios, eres perdonado". La madre de Terremoto oró fervientemente por él y por el resto de sus hijos, proclamando a menudo la Palabra de Dios sobre sus vidas. Aunque estuvo paralizado de la cintura para abajo después de la experiencia, Dios lo curó milagrosamente. Poco después, Terremoto recibió salvación y liberación.

Años después, Terremoto estuvo brevemente muerto por un aneurisma de cerebro cuando yacía en una cama de hospital conectado a máquinas. Unos ángeles tan brillantes que era difícil mirarlos, aparecieron en su habitación, al mismo tiempo que una hermosa nave que parecía una caja dorada. Ellos lo llevaron al paraíso, donde los ángeles lo invitaron a salir de la nave y caminar.

En su libro, Terremoto escribió que la belleza era indescriptible. La hierba era exuberante, verde y perfectamente recortada. Briznas de hierba y ramas de árboles se balanceaban con la música mientras parecían estar alabando a Dios. La música era más extraordinaria que cualquiera que hubiese oído en la tierra e impregnó completamente su ser. Las flores de la tierra parecían pintadas con crayones comparadas con las flores del paraíso. Había allí un fragante aroma que superaba todo lo imaginable.

Terremoto escribió: "La presencia de Dios no estaba solamente a mi alrededor, sino en mí. La belleza es espectacular, y rebosa de paz y de gozo. Fui lleno de tanto júbilo que parecía que iba a estallar. Quería bailar y pararme de manos. Nunca había podido pararme de manos en la tierra, pero sabía que podía hacerlo ahora. A decir verdad, parecía que era capaz de hacer cualquier cosa. Quería correr y lanzarme al aire gritando: '¡Gracias, Jesús!' También se me ocurrió que ya no estaba enfermo ni adolorido".

Mientras estaba de pie mirando fijamente un río de cristal que rielaba como diamantes líquidos, pensó en su hijo Scott a quién habían matado unos años antes para robarle el auto en el sur de Los Ángeles. Miró al otro lado del río de cristal y vio una figura que caminaba hacia él. Era su hijo, tan apuesto como siempre con su cabellera de mechones rizados. Terremoto gritó: "¡Scott, eres tú! ¡Eres tú! ¡Estás vivo!".

Scott respondió: "Sí, papá, estoy vivo".

Cuando Terremoto preguntó si había un bote o algo que él pudiera usar para cruzar el río, Scott le respondió: "No hay ningún bote para que tú vengas, papá. No puedes cruzar este río porque debes volver y terminar el trabajo que Dios tiene para que tú hagas. Debes volver. ¿Recuerdas cuando me hiciste esa promesa? Todavía estás ayudando a los pobres, ¿verdad? Recuerda, papá, que me diste tu palabra".

Junto con Scott, Terremoto vio a muchos otros hombres y mujeres de Dios a quienes había conocido en la tierra. Otras caras le eran desconocidas, pero le estaban diciendo que debía regresar a la tierra y terminar el trabajo que Dios tenía para que él hiciera allí.

Antes de regresar a su cuerpo donde volvió a estar enfermo y en su cama de hospital, recibió de Dios mensajes de arrepentimiento y santidad para llevar a la iglesia a su regreso.[7]

## Animales que son mascotas

En toda la Biblia, criaturas vivientes como aves, peces y bestias cuadrúpedas son dadas a hombres con diversos propósitos. Antes de la creación de Eva, Adán vivió en el jardín con animales y puso nombre a cada criatura (Gn 2:19). Aunque este zoológico en un jardín era encantador, el compañerismo de animales no era suficiente para Adán, y Dios hizo una compañera íntima, Eva, para él.

Los animales le fueron dados para trabajar, como los bueyes y asnos para arar la tierra; o para ser sacrificados en el altar, como carneros, corderos, cabras y aves; o para suministrar leche (vacas, cabras y camellas) y alimentar a las personas. A los sacerdotes se les permitía comer porciones de la carne que se ofrecía en el tabernáculo y en el templo. Los animales también proveyeron protección y compañía. Los animales de compañía más comunes son perros y gatos. Ambos tienen sus propias personalidades, y los perros se adaptan a las personas.

Después del diluvio de Noé, a los hombres se les permitió comer carne, aunque se les exigió no comerla con sangre (Gn 9:3-4). Hay algunas naciones asiáticas que comen tanto perros como gatos. Esto es repulsivo para quienes viven en Occidente. Incluso en partes de Europa, la carne de caballo es un alimento de alto precio. Por supuesto, para la mayoría de los estadounidenses, ¡la idea de comer caballo es realmente *asquerosa*!

Como las personas aman a sus mascotas, recientemente ha crecido el interés y el debate teológico respecto a las mascotas amadas por dueños creyentes. Hay muchos estupendos cristianos que tienen un perro, gato, o algún tipo de animal al que quieren mucho. Cuando la muerte se lleva a la pareja, especialmente entre los ancianos, frecuentemente una mascota personal llega a convertirse en el compañero de diversiones y camaradería. Para algunos propietarios de mascotas, sus mascotas son como hijos, especialmente para una pareja que nunca ha sido capaz de concebirlos. El pensamiento de que la mascota muera y el propietario nunca la vuelva a ver es duro de soportar, y ha generado una pregunta: "¿Es posible que mi mascota vaya al cielo?".

El hecho de que Dios creara a todos los animales, y que Adán les diera su nombre a todos ellos, es en sí asombroso. Esto fue antes de que Eva fuera formada, así que aparentemente los animales le sirvieron de *amigos* a Adán. ¡Por supuesto, la compañía que Eva le suministró a Adán fue mucho mejor que apoyar su cabeza sobre un león o abrazar a un osito! ¡Un cariñoso abrazo de esta belleza bípeda llamada Eva era para el apuesto primer hombre, Adán, mucho mejor que acariciar a los más finos cuadrúpedos del jardín!

## ¿Mascotas en el cielo?

Hace varios años surgió una enseñanza que dice que la mascota de una persona se le reunirá en el cielo. Estaba escuchando a un hombre a quien conozco y cuyos conocimientos de la Biblia siempre admiré personalmente, cuando explicó a su audiencia que cuando suceda el Arrebatamiento, las mascotas de los cristianos serían levantadas de la muerte y se les unirían en el cielo. Yo había estudiado la Biblia durante más de cuarenta y cinco mil horas, y no recordé haber leído ninguna referencia a animales en el Arrebatamiento o la resurrección.

¿Hay animales en el cielo? La respuesta es que en el cielo hay criaturas que tienen la apariencia exacta de ciertos animales que Dios creó sobre la tierra. Aparecen como espíritus y son criaturas vivientes y varias clases de ángeles. En el templo del cielo hay cuatro criaturas vivientes, con las caras de un león, un buey, un águila, y un hombre (Ap 4:7-8). Una de las descripciones de los querubines es que tienen caras como de león y alas como de águila y pies como de terneros (Ez 1:3-28). Cuando los santos regresen a la tierra, nos reuniremos con nuestro "Comandante en jefe", Jesucristo, que estará sobre un caballo blanco (Ap 19:11). Cuando Elías fue transportado de las llanuras de Moab al cielo, apareció "un carro de fuego con caballos de fuego" (2 R 2:11).

Si bien hay animales en el cielo, y hay misterios acerca del cielo de los que hasta a Pablo le fue imposible hablar cuando tuvo una visión del paraíso, en lo relativo a mascotas terrenales, hay algunos puntos que tratar. Uno de los más importantes es éste: ¿Qué sabemos sobre la resurrección de una mascota que murió?

Todos los que conozco —especialmente los niños— quieren a los animales. Yo tengo un lorito, tanto mi hijo como mi hija tienen gatos, y tenemos peces. Si lo permitiera, ¡llegaríamos a tener un zoológico en miniatura! Las mascotas son beneficiosas como divertidos amigos para los niños y son especialmente importantes para quienes no tienen hijos. También gozan de mucha simpatía entre los ancianos. Las mascotas llenan un vacío, lo que nos conduce a la segunda observación.

En la tierra nos casamos; como el Señor mismo dijo: "No es bueno que el hombre esté solo" (Gn 2:18). Compañeros, amigos y mascotas son necesarios en la tierra para diversión, compañerismo y relaciones. El cielo, sin embargo, es una dimensión de perfección diferente de cuanto hemos experimentado en la tierra. En el cielo no nos casaremos o daremos en matrimonio, aunque sobre la tierra Dios lo haya ordenado para compañía y procreación.

Los creyentes de edad, cuyas familias viven en otro estado y no pueden viajar como lo hicieron alguna vez, necesitan en la tierra la tibieza de un gato, perro u otra mascota para llenar el vacío. Pero en el cielo la perfección, el gozo, la paz, y la familia de Dios unida como uno solo, llenarán cada necesidad *emocional* que una persona tenga. No podemos comprender esto ahora, pero esa perfección llena todos los vacíos.

## La creación será liberada

Uno de los pasajes usados para enseñar que las mascotas estarán en el cielo es el siguiente:

Porque el continuo anhelar de las criaturas espera la manifestación de los hijos de Dios. Porque las criaturas sujetas fueron á vanidad, no de grado, mas por causa del que las sujetó con esperanza, Que también las mismas criaturas serán libradas de la servidumbre de corrupción en la libertad gloriosa de los hijos de Dios.

—ROMANOS 8:19-21, RV1909

La palabra importante aquí es *criatura*, que es usada trece veces en la King James Version. Tres ejemplos de escrituras que usan la palabra *criatura* son los siguientes:

En 1 Timoteo 4:4, Pablo escribió: "Porque toda criatura de Dios es buena y nada hay reprobable tomado con hacimiento de gracias", (N-C). La palabra es aplicada en Gálatas 6:15 (RV1909) a quienes se convirtieron en "la nueva criatura" en Cristo Jesús, refiriéndose a que han recibido la salvación a través de Cristo. En 2 Corintios 5:17, leemos: "De modo que si alguno está en Cristo, nueva criatura es". Es obvio que la palabra *criatura* puede aludir a animales, y también a la humanidad que recibe a Cristo. Las traducciones más recientes lo dicen de esta manera: "Si alguno está en Cristo, es una nueva creación".

En el contexto de Romanos 8:19-21, Pablo menciona la creación liberada de la esclavitud y entrando en la libertad de los hijos de Dios. La redención del alma fue comprada para la humanidad, para hacernos "hijos e hijas de Dios".

Un segundo pasaje citado a menudo para enseñar que las mascotas estarán en el cielo es Lucas 3: 6: "Y verá toda carne la salvación de Dios". La "carne" en griego puede decirse tanto del cuerpo carnal como de la carne de animales. Sin embargo, en el Antiguo Testamento, la palabra *carne* es usada respecto a un animal solamente después que el animal está muerto. El Antiguo Testamento usó la palabra carne para describir los sacrificios que eran ofrecidos sobre el altar del tabernáculo, incluyendo los corderos, carneros, bueyes, y otros animales aptos para el sacrificio. Cuando la Biblia predice: "Derramaré de mi Espíritu sobre toda carne" (Hch 2:17), esto alude a personas de todas las naciones, incluyendo hijos e hijas y siervos y siervas, no al reino animal.

Un tercer pasaje mencionado en la teoría de que el reino animal será levantado se halla en Salmos 36:6: "Tu justicia es como los montes de Dios, tus juicios, abismo grande. Oh Jehová, al hombre y al animal conservas". El universo de los humanos y la mayoría de las mascotas tienen algunas cosas en común. La mayoría de las mascotas son mamíferos; son criaturas que, como los seres humanos, tienen sangre. La "vida de la carne está en la sangre" (Lv 17:11). La palabra *néfesh* es traducida frecuentemente como "alma" en el Antiguo Testamento. Es la "energía vital" de seres humanos y mamíferos. Tanto los seres humanos como los mamíferos vinieron del polvo y ambos regresan al polvo cuando mueren. A ambos se les ha dado el "aliento de vida", pero hay dos palabras diferentes usadas para "aliento de vida".

En Génesis 2:7, cuando Dios infundió el aliento de vida a Adán, la palabra para "aliento" es *neshamá*, que significa: "aliento, alma, espíritu, hálito". Dios en realidad impartió en el cuerpo de arcilla de Adán tanto alma como espíritu, lo que le dio la vida terrenal y la vida más allá de la muerte. En Génesis 6:17, en el diluvio de Noé, toda carne que tenía aliento de vida fue destruida. Esa palabra hebrea para "aliento" es *rúakj*, que es traducida en la Biblia King James[g] como "viento", "aliento", "hálito" y "espíritu". En el relato del diluvio, este "aliento de vida" era la respiración física que cesa con la muerte tanto en hombres como en animales.

## ¿Qué sucede al morir?

> Porque lo que sucede a los hijos de los hombres, y lo que sucede a las bestias, un mismo suceso es: como mueren los unos, así mueren los otros, y una misma respiración tienen todos; ni tiene más el hombre que la bestia; porque todo es vanidad. Todo va a un mismo lugar; todo es hecho del polvo, y todo volverá al mismo polvo. ¿Quién sabe que el espíritu de los hijos de los hombres sube arriba, y que el espíritu del animal desciende abajo a la tierra?
>
> —ECLESIASTÉS 3:19–21

Este es quizás el pasaje más revelador de toda la Biblia en lo concerniente a la muerte de hombres y bestias. El autor reconoció que

---

[g] *Rúakj:* **aliento, hálito, viento, espíritu,** también en las versiones castellanas de la Biblia.

tanto hombres como bestias al final morirán y ambos regresarán al polvo de la tierra. Asimismo todos ellos tienen un aliento (*rúakj*). Sin embargo, el autor revela que el espíritu (*rúakj*) de un hombre va hacia arriba y el espíritu del animal va hacia abajo a la tierra. Esa energía vital del hombre regresa a Dios cuando el cuerpo regresa al polvo:

> El polvo vuelva a la tierra, como era, y el espíritu vuelva a Dios que lo dio.
>
> —ECLESIASTÉS 12:7

Usando sólo la Escritura y no tradiciones u opiniones personales, es difícil encontrar dónde un animal terrenal es levantado de la muerte para reunirse con quienes fueron sus propietarios. Se nos ha dicho en 1 Corintios 13:10: "Mas cuando venga lo perfecto, entonces lo que es en parte se acabará".

Soy una persona muy racional y sistemática, especialmente cuando estudio un tema polémico como el de las mascotas en el cielo. Desde un simple punto de vista lógico, si una mascota tiene alma eterna y espíritu y participa de la resurrección, ¿cómo distinguiría Dios qué mascota va al cielo? Sé de personas que tienen serpientes como mascotas, aunque la serpiente fue maldecida en el Edén (Gn 3). Algunos tienen de mascota un caimán, o incluso una araña, o ratas, etcétera.

También está la cuestión de un animal que ha sido muerto, sea por un cazador o en un accidente. Esto puede sonar ridículo e incluso sarcástico, pero no es lo que me propongo. Hace muchos años atropellé accidentalmente a un perro que salió corriendo frente a mi automóvil. Me sentí enfermo por varios días y era como si hubiera atropellado a una persona. Si la mascota tiene un espíritu eterno, ¿fui culpable de un crimen? Así que tenemos otra cuestión. Dios permitió matar corderos, carneros, toros y aves bajo el antiguo pacto, como un sacrificio de sangre. ¿Por qué permitiría el Señor la continua matanza de animales que, de acuerdo con algunos, deberían tener acceso a la eternidad?

Esto añade otro punto a considerar. Nuestras mascotas, gatos, perros, y quizás algunas aves ¿serían las únicas criaturas permitidas en el cielo, o se incluye a todas las criaturas, como cerdos, murciélagos, ratas, etcétera?

Hay millones de personas que, por razones religiosas o morales, no comen ninguna clase de carne. Después del diluvio, Dios dijo a Noé y a sus hijos:

> El temor y el miedo de vosotros estarán sobre todo animal de la tierra, y sobre toda ave de los cielos, en todo lo que se mueva sobre la tierra, y en todos los peces del mar; en vuestra mano son entregados. Todo lo que se mueve y vive, os será para mantenimiento: así como las legumbres y plantas verdes, os lo he dado todo.
>
> —GÉNESIS 9:2-3

El Señor permitió que los hijos de Noé comieran carne después del diluvio mientras no comieron la sangre, que era la energía vital. Los sacrificios ofrecidos y quemados sobre el altar del antiguo templo fueron efectivamente comidos por los sacerdotes. Los judíos tienen hoy una manera específica de matar y preparar carne de res, para asegurar que no haya sangre mezclada con la carne. En Occidente no comemos perros o gatos. Sin embargo, hay naciones con fuertes poblaciones cristianas donde está permitido comer perros y gatos. Sé que eso es muy triste, y tengo dificultad en escribirlo, pero es cierto. Ahora la pregunta lógica es ésta. Si una incivilizada tribu de una selva sudamericana fuera a comer a un ser humano (lo que ha ocurrido), sería canibalismo. Si una persona fuera a comer la carne de cualquier criatura considerada como mascota, ¿eso sería canibalismo?

Existe el concepto bíblico de lo que es un animal *limpio o impuro*. Dios no permitiría que el pueblo hebreo comiera ciertos animales que fueron clasificados como impuros, o dejara entrar en el templo o permanecer cerca de él, a ciertos animales por ser de "naturaleza impura". Una de esas criaturas era el cerdo. En el judaísmo, y también entre los musulmanes, un cerdo es considerado una criatura impura. Los judíos evitan completamente el cerdo y productos derivados de él, y algunos musulmanes van tan lejos como para creer que el contacto con un cerdo puede profanar a una persona y dificultar su acceso al paraíso. Si un cerdo es considerado un animal impuro, y una persona tiene como mascota un cerdo (algunos lo tienen) que fallece, ¿admitiría el Señor en el cielo a un animal que indicó a su propio pueblo que evitara?

Hay numerosas cuestiones teológicas y prácticas que surgen de la idea de las resurrecciones de mascotas, que sinceramente no pueden ser respondidas. Aunque es interesante citar las opiniones históricas de papas, eruditos y amantes de los animales, después de estudiar la Biblia por más de cuarenta y cinco mil horas, no puedo encontrar una clara señal de que los animales sean resucitados en el Arrebatamiento, como algunos están enseñando.

De acuerdo con las profecías concernientes al futuro, solamente estaremos en el cielo por un breve periodo (algunos sugieren siete años), y luego regresaremos para gobernar con Cristo durante mil años (Ap 20:1-4). En esa época, en la tierra habrá leones y corderos e incluso serpientes, y la maldición sobre el reino animal será quitada durante el reinado terrenal de Cristo:

> "El lobo y el cordero serán apacentados juntos, y el león comerá paja como el buey; y el polvo será el alimento de la serpiente. No afligirán, ni harán mal en todo mi santo monte", dijo Jehová.
>
> —ISAÍAS 65:25

Durante el futuro reinado de Cristo en el reino milenial, continuaremos viendo animales como el lobo y el cordero que comen juntos.

## ¿Qué será de mi mascota en el Arrebatamiento?

Hubo dos ejemplos de juicio sobre la tierra que son comparados con la época del regreso de Cristo. El primero fue en los días de Noé, seguido por el de los días de Lot. El diluvio causó la destrucción de toda cosa viviente. Lot vio cuatro de cinco ciudades destruidas, y aparentemente en esas ciudades toda vida pereció. A Noé, sin embargo, se le ordenó llevar animales tanto limpios como impuros en el arca para preservar el reino animal para las futuras generaciones:

> Y de todo lo que vive, de toda carne, dos de cada especie meterás en el arca, para que tengan vida contigo; macho y hembra serán.
>
> —GÉNESIS 6:19

> De todo animal limpio tomarás siete parejas, macho y su hembra; mas de los animales que no son limpios, una pareja,

el macho y su hembra. También de las aves de los cielos, siete
parejas, macho y hembra, para conservar viva la especie sobre
la faz de la tierra.

—GÉNESIS 7:2-3

Como los detalles del regreso de Cristo son parte de las historias
de Noé y Lot, algunos sugieren que como Dios guardó a ciertas
criaturas en el arca, igualmente guardaría a ciertas mascotas de los
justos y estarían con ellos durante el tiempo de la Tribulación. En
la historia de Lot, sin embargo, vemos la destrucción completa de
cuatro de cinco ciudades, sin que se registre qué les ocurrió a las
criaturas de esa región, si algunas escaparon, o si todos los animales perecieron junto con las personas. En Génesis 19:24-25, leemos:
"Entonces Jehová…y destruyó las ciudades, y toda aquella llanura,
con todos los moradores de aquellas ciudades, y el fruto de la tierra."

Cristo reveló que los ojos del Señor está incluso sobre dos pequeños gorriones que se venden en el mercado (Mt 10:29). El gorrión
es muy pequeño y le parecería insignificante a la persona corriente.
Este versículo revela el cuidado que Dios tiene hasta de las más pequeñas criaturas de su creación.

Algunas personas están preocupadas por lo que les pasará a sus
mascotas después de la reunión y rapto de los creyentes. Conocemos la promesa de Juan 14:1-4: "Ustedes estarán donde yo esté"
(v. 3, NVI). Nosotros que seremos recogidos, "estaremos con el
Señor para siempre" (1 Ts 4:17, NVI). Si las mascotas quedan atrás
en el Arrebatamiento, ¿se morirán de hambre después de que sus
propietarios sean llevados? ¿O, como algunos sugieren, las mascotas
de los creyentes serán quitadas de algún modo al mismo tiempo
que los creyentes y llevadas como una forma de protección contra
lo que viene?

## Una mujer "santifica" a su familia

En 1 Corintios 7, Pablo dio pautas respecto al matrimonio entre un
creyente y un no creyente. Ordenó que si un creyente se casa con
un no creyente, y el no creyente desea quedarse en el matrimonio, el
creyente no debe separarse (divorciarse) del no creyente:

Y si una mujer tiene un esposo que no es creyente, y él consiente en vivir con ella, que no se divorcie de él. Porque el esposo no creyente ha sido santificado por la unión con su esposa, y la esposa no creyente ha sido santificada por la unión con su esposo creyente. Si así no fuera, sus hijos serían impuros, mientras que, de hecho, son santos.

—1 Corintios 7:13-14, nvi

Cuando un creyente vive entre no creyentes, hay una especial santidad que Dios pone sobre la casa y los que viven en ella. La palabra *santificado* significa "ser apartado". No quiere decir que el marido sea automáticamente un creyente por causa de su esposa; la pregunta se refiere a si debe separarse por la incredulidad del marido. La *santificación* alude al hecho de que Dios consentirá el vínculo del matrimonio por causa de la mujer y bendecirá a los hijos debido a su fe y a su estilo de vida en el hogar. Si la mujer se separara de su esposo, la influencia del marido sobre los niños podía causar que ellos fueran impuros.

Decir que todos los de la casa (incluidas las mascotas) son santificados porque un creyente vive en ella no es lo que pretende este pasaje y ciertamente de ninguna manera está implícito en él.

Un creyente debe tener plena seguridad y confiar en Dios siempre. Debemos entender que el ser arrebatados y la resurrección están incluidos en la clasificación de *misterio*. ¡Sabemos cómo ocurrirán ciertas cosas pero no tenemos certeza de los muchos detalles que están vinculados con estos dos eventos!

## Volviendo a las mascotas

He aquí el resumen:

- ☛ Tanto el hombre como la bestia están constituidos de la misma sustancia, el polvo de la tierra.
- ☛ Tanto el hombre como la bestia vuelven al polvo cuando mueren.
- ☛ Tanto el hombre como la bestia tienen aliento (*rúakj*) que parte cuando expiran.
- ☛ El espíritu del hombre vuelve a Dios, y el espíritu de una bestia regresa a la tierra.

☞ El espíritu del hombre es eterno, y el espíritu de la bestia cesa con la muerte.

☞ Hay animales que aparecen en forma de espíritus en el cielo.

☞ Hay animales en la tierra durante el reinado milenial.

El cielo mismo es en muchos aspectos como la tierra, con ríos (Ap 22: 1), árboles (v. 2), una ciudad (Ap 21:2), montañas (He 12:22), libros (Ap 20:12), y tantas otras cosas. Cuando Moisés construyó el tabernáculo, construyó la estructura sobre la base de los diseños que vio del templo celestial (He 8:5). La tierra está cubierta de miles de especies de animales, incluyendo bestias cuadrúpedas, criaturas pequeñas y aves. Debe haber alguna forma de vida animal en el cielo, aunque más no sea en alguna especial *forma espiritual* (como los caballos que montaremos en Apocalipsis 19:14). Probablemente ellas son criaturas que fueron creadas al comienzo del tiempo y han formado parte del cielo desde Génesis 1:1.

No está claro en la Biblia si las mascotas terrenales de una persona serán resucitadas y pasarán la eternidad con esa persona. Durante mi infancia y hasta antes de casarme, mi familia y yo tuvimos perros, muchos gatos, y algunas aves y peces. Disfruté mucho de todos ellos *por entonces*. Sin embargo, personalmente, no desearía tener cinco perros y todos los gatos corriendo a través de mi morada. (De todos modos, tengo una graciosa fotografía de todos ellos saltando sobre el mobiliario.) Sin embargo, tengo amigos y compañeros de ministerio que me han dicho que creen que sus difuntas mascotas, a las que amaban muchísimo, deben estar en el cielo. Como la Escritura guarda silencio sobre si habrá mascotas en el cielo, es mejor dejarle el asunto al Señor, y podemos decir: "Lo veremos en el futuro". Estoy ciento por ciento seguro de que el cielo es un lugar de tal perfección que nada nos faltará cuando entremos en la tierra sin tiempo.

Finalmente, para los que tienen mascotas personales (las cuales nosotros como familia también tenemos) y les preocupa que venga Cristo y que nadie cuide sus mascotas si quedan atrás, les recuerdo que Dios dice que Él cuida los gorriones y los lirios del campo (Mt 10:29-31).

Ciertamente, Él tendrá cuidado de todo lo que esté cerca del corazón de uno de sus hijos. Es por esto que una persona simplemente debe confiar en Dios en todas las cosas.

## ¿Y la gente de otras religiones?

A menudo cuando los ministros protestantes son entrevistados en la televisión secular, se les pregunta directamente, en tono agresivo: "¿Piensa usted que los judíos y los musulmanes van al infierno?". He escuchado a bien conocidos ministros tropezar, toser, y desviar el tema, o tratar de evitar responder a esta pregunta. Déjeme comentar esta cuestión. Primero, el asunto no es si los judíos y musulmanes van a infierno; el asunto es que todos los hombres que están perdidos son pecadores y están destinados al infierno.

En realidad, todos los hombres están condenados a muerte por el pecado de Adán, pues está escrito que: "Por medio de un solo hombre el pecado entró en el mundo, y por medio del pecado entró la muerte; fue así como la muerte pasó a toda la humanidad, porque todos pecaron" (Ro 5:12, NVI). Entonces, todos los hombres necesitan redención. La redención es diferente de la religión. La religión está hecha por los hombres para alcanzar a Dios (o a un dios), pero la redención es Dios que extiende la mano hacia el hombre. Alguien puede constituir una religión, establecer una creencia, y hacer ciertas leyes y reglas para sus seguidores, pero estas actividades no tienen nada que ver con salvar un alma humana del infierno. Las personas no pasan la eternidad en el infierno por ser hindúes, judíos o musulmanes, sino porque no tienen un pacto redentivo de salvación que los libere de la pena de la muerte eterna.

Una de las críticas al cristianismo es que los cristianos creen que son los únicos que irán al cielo y que alguien que no cree como ellos estará perdido. En la medida en que los cristianos crean que son los únicos que irán a cielo, ¡diría que Cristo es el único *líder religioso* de quien se predijo que vendría, llamado el Mesías, y que tenía un claro plan para salvar a la humanidad, cumplió ese plan, y luego se levantó de entre los muertos! He preguntado a algunos musulmanes si tienen una garantía de que irán al cielo, y no la tienen. Sólo si siguen el Corán, rezan, dan para caridad, siguen los cinco pilares del islam, y hacen la peregrinación a la Meca en Arabia, *entonces* pueden ser encontrados merecedores. Aun los judíos ortodoxos siguen leyes, reglas, rituales, y costumbres en un intento de hacerlo en el Reino del cielo.

Hay razones para que un cristiano tenga tal confianza: ¿qué otro líder religioso conoce usted que tenga una tumba vacía? ¿Qué otra religión tiene un claro plan de salvación que conduce a la vida eterna? ¿Puede usted nombrar una religión —fuera del pacto a través de Cristo— que enseñe que usted no necesitará ir al infierno o experimentar una purgación por fuego para entrar al reino? Éstas son las razones por las que un fiel creyente tiene confianza plena en el mensaje del evangelio.

## ¿Qué sucede con el pagano que nunca ha escuchado el evangelio?

Dos de las preguntas más comunes que la gente hace son: "¿Estará perdida una persona que nunca escuchó el evangelio?", "Si una persona que es virtuosa, que lleva una vida buena, muere sin recibir a Cristo, y sabiendo poco sobre Jesús, ¿cómo podría Dios condenarla por la eternidad?"

En las Escrituras hebreas la traducción inglesa usa la palabra *pagano* 143 veces. La palabra para *pagano* es *goyim* y se refiere a "países extranjeros, naciones incrédulas y personas no judías". En el contexto del significado, la palabra es usada ampliamente para naciones que veneran a ídolos o no tienen ningún conocimiento del Dios de Abraham. Hoy, el significado común de *goyim* es un gentil, o simplemente un no judío.

Dios presentó su pacto a Abraham y sus mandamientos a Moisés por la nación hebrea de Israel. Antes de la manifestación de Cristo, las naciones que rodeaban el mar Mediterráneo habían sido influidas por los egipcios, los babilonios, y la cultura grecorromana. Todas las culturas e imperios previos eran idólatras que construyeron templos y establecieron un clero que presentaba las diversas ofrendas a sus deidades masculinas y femeninas.

Con la introducción del nuevo pacto, el evangelio de Cristo se extendió rápidamente por todo el Imperio Romano, debido en parte a los asombrosos milagros realizados por los seguidores de Cristo. Los apóstoles enseñaron claramente que Cristo era el sacrificio definitivo por el pecado y el único camino para lograr acceso al reino de los cielos.

> Y en ningún otro hay salvación; porque no hay otro nombre bajo el cielo, dado a los hombres, en que podamos ser salvos.
>
> —HECHOS 4:12

> Porque no me avergüenzo del evangelio, porque es poder de Dios para salvación a todo aquel que cree; al judío primeramente, y también al griego.
>
> —ROMANOS 1:16

De estos hombres, once de doce murieron voluntariamente como mártires por su mensaje de que Cristo era el Salvador de la humanidad. La mayoría de esas muertes vinieron de las manos de líderes de otras religiones que rechazaron sus enseñanzas, que contradecían las ideas de estas otras religiones.

Una vez que una persona ha escuchado el mensaje del evangelio, desde ese momento esa persona es responsable de su propia decisión de creerlo o rechazarlo. "El que creyere y fuere bautizado, será salvo; mas el que no creyere, será condenado" (Mr 16:16). Sin embargo, por años éste ha sido un punto conflictivo muy importante. Si una persona no hubiera escuchado nunca un claro mensaje del evangelio, pero no fuera idólatra y hubiera llevado un estilo de vida moral ¿la condenaría Dios a un lugar de separación y confinamiento eternos?

Ésta es quizás la pregunta más difícil de responder, porque cuestiona la justicia y misericordia de Dios. Sé que usted ha oído decir: "¿Cómo puede un Dios amante enviar a una persona al infierno?" Algunos no aceptarán una enseñanza sobre el castigo eterno porque no coincide con su lógica. Les recuerdo a tales pensadores lógicos que *Dios nunca envía a alguien al infierno.* Todos los hombres nacen bajo pena de muerte, y si una persona no quita esta pena por el pecado recibida a través de Adán, esa persona está separada de Dios. El infierno no fue hecho para el hombre sino que estaba preparado para el "diablo y sus ángeles" (Mt 25:41).

En la Escritura, se listan muchos pecados que son o pecados contra el hombre o pecados contra Dios. Cualquier pecado contra Dios debe serle confesado a Él, pero si se ha pecado contra otra persona, el ofensor debe pedirle perdón al ofendido y también pedir a Dios que lo limpie (Mt 6:12-14). Aquí están también los *pecados intencionales* y los *pecados por ignorancia*. El autor de Hebreos da una fuerte advertencia (He 10:26-27). Los que pecan por ignorancia hacen el mal, pero no tienen conciencia de que lo que están haciendo es un pecado (Lv 4).

¿Cómo se revela a la humanidad el verdadero Dios? Básicamente hay cuatro tipos de personas en la tierra:

1. Las personas que no tienen religión y ningún concepto de o acceso a la verdad bíblica.

2. Las personas que creen en una religión y nunca han escuchado el evangelio.

3. Las personas que tienen una religión y lo practican, pero han escuchado el mensaje del evangelio por lo menos una vez. Sin embargo, nunca han recibido la verdad.

4. Las personas que no tienen religión, han escuchado y creído en el evangelio, y son salvas.

La Biblia indica que en tiempos antiguos Dios pasó por alto la ignorancia espiritual de los hombres, pero ya no lo sigue haciendo (Hch 17:30). Hay muchas personas, quizás tribus primitivas en regiones selváticas y otras áreas lejanas, que han vivido en la tierra y los ríos por muchas generaciones pero nunca han escuchado un claro mensaje del poder de Cristo para redimir. Teniendo en cuenta esto, está escrito en 2 Pedro 2:21: "Porque mejor les hubiera sido no haber conocido el camino de la justicia, que después de haberlo conocido, volverse atrás del santo mandamiento que les fue dado". Si es mejor no haber escuchado nunca que haber escuchado y volverse, ¿esto insinúa que quienes nunca escucharon el evangelio podían ir al cielo automáticamente? Si los que nunca escucharon pueden tener un pase libre para el reino, ¿debemos dejar de enviar misioneros e imprimir Biblias y dejar que quienes nunca han escuchado se queden en su ignorancia? Ciertamente no, porque Cristo nos dijo que debíamos ir al mundo entero y predicar el evangelio a toda criatura, bautizándolos en agua y haciendo discípulos para Él (Mr 16:15-16).

Sin embargo, en Romanos 1:18-20 se señala otro aspecto de esto que debe ser considerado:

> Porque la ira de Dios se revela desde el cielo contra toda impiedad e injusticia de los hombres que detienen con injusticia la verdad; porque lo que de Dios se conoce les es manifiesto, pues Dios se lo manifestó. Porque las cosas invisibles de él, su eterno poder y deidad, se hacen claramente visibles desde la creación del mundo, siendo entendidas por medio de las cosas hechas, de modo que no tienen excusa:

Los hombres, de todas partes del mundo, pueden ver la magnífica creación de Dios —el sol, la luna y estrellas; los ríos, montañas y árboles; el reino animal— y llegar a la conclusión de que hay un creador detrás de esta creación minuciosa. A medida que estos hombres simples vean la creación, empezarán a hacer preguntas en sus corazones y buscar al Creador. No estoy hablando aquí de quienes siguen una religión falsa y veneran a ídolos y demonios, sino de personas de áreas remotas del mundo donde no hay ninguna página impresa, ni televisión, radio, onda corta, satélites y computadoras. En Lucas 12:47-48, Cristo narró una parábola en la que dijo:

> Aquel siervo que conociendo la voluntad de su señor, no se preparó, ni hizo conforme a su voluntad, recibirá muchos azotes. Mas el que sin conocerla hizo cosas dignas de azotes, será azotado poco; porque a todo aquel a quien se haya dado mucho, mucho se le demandará; y al que mucho se le haya confiado, más se le pedirá.

El hecho es que la gente no puede escuchar el evangelio a menos que escuche a un ministro predicarlo.

> Porque todo aquel que invocare el nombre del Señor, será salvo. ¿Cómo, pues, invocarán a aquel en el cual no han creído? ¿Y cómo creerán en aquel de quien no han oído? ¿Y cómo oirán sin haber quien les predique? ¿Y cómo predicarán si no fueren enviados? Como está escrito: ¡Cuán hermosos son los pies de los que anuncian la paz, de los que anuncian buenas nuevas!
> —Romanos 10:13-15

Hay mucha gente que aún tiene que escuchar el evangelio porque no hay suficientes personas que vayan a donde está para ministrarla. Sin embargo, en cuanto una persona ha escuchado un claro mensaje del evangelio, esa persona es responsable de la verdad que ha escuchado. Los que nunca han escuchado el evangelio aún tienen en su interior un impulso especial que los hace preguntarse de dónde vienen y cuál es el sentido de su vida.

## Siete creencias sobre los no evangelizados

Sabemos que millones de personas han muerto sin escuchar el mensaje del evangelio de salvación a través de Jesucristo, y hay muchas más que viven hoy en ciertas partes del mundo —especialmente dentro de la ventana 10/40— que tampoco lo han escuchado. Muchos cristianos, especialmente los que antes fueron adherentes de otra religión como el hinduísmo o el budismo, quieren saber qué les pasó a sus parientes que murieron sin escuchar el evangelio. Cuando mi hermana estaba investigando el material para un libro que escribió, encontró un trabajo escrito por el Dr. LaVerne P. Blowers, profesor auxiliar de Misiones cristianas en la Universidad de Bethel en Mishawaka, Indiana. El trabajo se titulaba: "¿Están realmente perdidos? ¿Cuál es el estado de los no evangelizados?".

Durante toda la historia de la iglesia, muchos eruditos han investigado respuestas para la pregunta: "¿Qué les pasa a las personas que no escuchan el evangelio antes de morir?". El trabajo del Dr. Blowers resume las diferentes opiniones que han sido sostenidas por eruditos y teólogos a través de la historia de la iglesia. Usted podría no estar consciente de que durante toda la historia de la iglesia ha habido siete opiniones diferentes sobre qué les pasa a los no evangelizados.

Las siete opiniones son:

### 1. Todos los no evangelizados están condenados al infierno.

Los defensores de esta postura enseñan que el acceso a la salvación no es universal, por lo tanto, no todo el mundo tendrá la oportunidad de ser salvo, y la mayoría morirá condenada al infierno. Encabezan la defensa de esta posición principalmente teólogos agustiniano reformados como Agustín, Juan Calvino y Jonathan Edwards.

## 2. Todos los no evangelizados son salvos.

Esto es llamado universalismo. Los ultrauniversalistas enseñan que no hay infierno, mientras que los restauracionistas enseñan que habrá un infierno del cual las personas tendrán la oportunidad de escapar por su propia voluntad. Los defensores del universalismo incluyen a algunos teólogos reformados, pietistas liberales, y pluralistas. Usted no reconocería la mayoría de sus nombres, pero incluyen a Orígenes, Charles Chauncy y William Barclay.

## 3. Dios les enviará el mensaje del evangelio antes de que mueran.

Los defensores de esta posición enseñan que nadie es condenado al infierno sin que primero le sea dada la oportunidad de ser salvo. Creen que Dios puede enviar el mensaje del evangelio a través de seres humanos, ángeles o sueños. Los defensores incluyen a Tomas de Aquino, Dante y algunos católicos romanos.

## 4. La oportunidad universal al morir, también conocida como la teoría de la "opción final".

Esta creencia expresa que todas las personas tendrán un encuentro con Jesucristo al momento de la muerte y por lo tanto tendrán una oportunidad de creer en Él. Los que sostienen este punto de vista admiten que no tienen apoyo escritural. Los principales defensores incluyen a católicos romanos, siendo el cardenal Juan Henry Newman uno de los más notables.

## 5. Dios juzgará a los no evangelizados según cómo habrían respondido si hubieran escuchado el evangelio.

Los defensores creen que Dios sabe qué podría, pudiera y podrá ocurrir; por lo tanto, sabe quién habría sido salvo si hubiera tenido la oportunidad de escuchar el evangelio. Aunque no hay muchos defensores de esta postura, incluyen a Donald Lake, George Goodman y William Lane Craig.

## 6. Las personas recibirán después de la muerte una oportunidad de escuchar acerca de Cristo y aceptarlo o rechazarlo.

Los defensores enseñan que una persona debe poder tener conocimiento explícito de Cristo. Por lo tanto, la única razón por la cual las personas son condenadas al infierno es por el rechazo explícito de Jesucristo —no por ignorancia del evangelio sino por negarse a aceptar el mensaje del evangelio y la salvación. También hacen referencia a los pasajes de la Escritura que hablan del descenso de Cristo al corazón de la tierra para predicar el evangelio allí. Los defensores incluyen a padres de la iglesia como Clemente de Alejandría, Gregorio Naciaceno y Juan de Damasco. Muchos teólogos y comentaristas de los siglos XIX y XX también enseñan esto; incluyen a John Lange, Herbert Luckock, Thomas Field y George Lindbeck, entre otros.

## 7. Los no evangelizados se salvan o se pierden sobre la base de su compromiso con Dios.

Los defensores enseñan que, aunque la salvación viene por la obra de Jesús, puede ser recibida a través de la revelación general y el reconocimiento de la obra providencial de Dios a lo largo de la historia. Enseñan que aunque el sacrificio de Cristo en la cruz era necesario para la salvación, el conocimiento explícitos de lo que Cristo ha hecho no es necesario para ser salvo. Entonces es posible para los no evangelizados ser salvos sin tener conocimiento de Cristo o de la naturaleza exacta de su don a la humanidad. Entre los defensores de esta postura hay muchos bien conocidos, incluyendo a Clemente de Alejandría, Clemente de Roma, Justino Mártir, Matthew Henry, Juan Wesley, A. H. Strong, y C. S. Lewis.

Quizás usted no tenía conciencia de que a lo largo de la historia de la iglesia los eruditos habían tratado tan diligentemente de responder a la cuestión: "¿Qué pasa con los que mueren sin escuchar el evangelio?". El estudio del Dr. Blowers hace un excelente resumen de las diversas posturas, de las escrituras usadas para apoyarlas, y de cómo cada opinión afecta el trabajo de evangelización y las misiones. Como su artículo está disponible en la Internet, usted puede ir al enlace y leerlo en su totalidad. Eso podría animarlo a hacer su propia investigación sobre este tópico.[8]

## De Jack Harris

Jack Harris, presidente de Global Messengers (Mensajeros mundiales) en Fenton, Misurí, es un misionero internacional. Contribuyó con lo siguiente para esta sección de este libro.

Hombres de todas las religiones del mundo, y los que no tienen antecedentes religiosos, todos buscan al *Creador* de alguna forma. Hay algo dentro de cada persona que causa que a la larga esa persona busque qué lo puso sobre la tierra y cómo puede comunicarse con el responsable de todas las cosas. En muchas civilizaciones y culturas, la adoración a dios toma muchas formas, desde bailes rituales hasta sacrificios humanos, e incluso ofrecer bebés a un dios en particular.

Fue Salomón quien escribió: "Todo lo hizo hermoso en su tiempo; y ha puesto eternidad en el corazón de ellos, sin que alcance el hombre a entender la obra que ha hecho Dios desde el principio hasta el fin" (Ecl 3:11). Cuando Dios puso eternidad en los corazones de los hombres, puso una profunda expectación y sentido de eternidad y de lo que el futuro reserva. Es así como cada hombre tiene una compulsión a saber de Dios. Cuando Eclesiastés dice: "Todo lo hizo hermoso en su tiempo", nos dice que Dios puso en el hombre la capacidad de ver su hermosa creación, y eso pone dentro del humano un anhelo de lo que al presente podría ser desconocido para él pero lo hace buscar las cosas eternas. Al final los hombres se dan cuenta de que debe haber más para vivir que lo que ahora ven. Su *sentimiento de eternidad* es especialmente fuerte cuando una persona está a punto de dejar esta vida.

En mis viajar alrededor del mundo, he visitado y vivido en varias culturas. En la India, los hindúes creen que hay muchos dioses, incluso millones de ellos, y que de algún modo todos conducen a un Dios. Aunque Malasia es principalmente una nación islámica, mi familia vivió en una comunidad budista. Cuando aprendimos sobre su cultura y creencias religiosas, descubrimos que cuando los hombres de su religión se mueren, muchos van a infierno, y es responsabilidad de los miembros vivientes de la familia sostener a sus antepasados en la vida después de la muerte. Una manera en que mantienen a sus antepasados es quemar papel moneda llamado *dinero del infierno*. También tienen un determinado periodo anual en el que queman tarjetas de crédito de papel, pasaportes, incluso relojes de papel, microondas, y pequeños automóviles de papel, con la creencia de que cuando el papel es quemado, se transfiere a la vida después de la muerte, en el infierno, donde el difunto espíritu de su ser amado lo puede utilizar. Muchos de esta religión vacilan bastanteo en creer en la fe cristiana por temor a que si ellos se vuelven a Cristo, no quedará en la familia nadie que mantenga a sus difuntos seres queridos en la vida después de la muerte. Esta es la adoración de los antepasados, y es prominente en la religión budista.

Después de viajar alrededor del mundo como misionero, aprendiendo la cultura y las religiones de los que viven en países extranjeros, he observado que todos los hombres, sean educados o sin educación, y con o sin una religión estable-cida, tienen preguntas similares que terminan por venir a la mente. Las preguntas son una combinación de "¿Quién creó el mundo en el que vivo?" y "¿Hay un poder superior o un Dios Creador?".

Por ejemplo, los aztecas y los incas eran culturas altamente desarrolladas que se preguntaron dónde se originó todo lo que veían en el mundo. Aunque tenían muchos dioses, sus filóso-fos pensaban que el Creador podría ser el viento, el agua, o las olas del océano. Cuando su búsqueda del Creador progresó, se dieron cuenta de que la luna era más poderosa que el agua y el viento, y por un tiempo pensaron que la luna podría ser la Creadora. Luego se dieron cuenta de que el sol era mucho más poderoso que la luna, y por lo tanto, se hicieron adoradores del sol. ¿Qué habría ocurrido si un cristiano hubiera contac-tado a estos filósofos y les explicara la historia de la Creación y del Dios que creó todas las cosas? En lugar de venerar el sol, ¡estarían venerando al Hijo!

Porque hay eternidad en los corazones de los hombres, siempre está la pregunta: "¿A dónde voy a ir cuando me muera?". Algo en cada persona, cerca de la muerte, empieza a darse cuenta de que hay algo más allá de esta vida. Existe un sentimiento íntimo de que hay más que un mero cese de la existencia. La dificultad es que aunque este deseo de saber está ahí, no podemos encontrar a Dios por nosotros mismos. Es por esto que el apóstol Pablo escribió en Romanos 10:14-15 (NVI):

> Ahora bien, ¿cómo invocarán a aquel en quien
> no han creído? ¿Y cómo creerán en aquel de

quien no han oído? ¿Y cómo oirán si no hay
quien les predique? ¿Y quién predicará sin ser
enviado? Así está escrito: "¡Qué hermoso es recibir al mensajero que trae buenas nuevas!".

Una vez llevé a mi familia en un tour por uno de los mayores complejos de templos de la India. Cuando el sacerdote
nos llevó de un lugar a otro por toda esta enorme estructura,
observé a muchos ídolos hechos de madera y latón, y algo de
oro. Algunos eran muy grandes y casi sobrecogedores a la
vista. Mientras caminaba junto al sacerdote, escuché el Señor
hablar a mi espíritu y decir: "Este sacerdote es sincero en bus-
carme, pero no me puede encontrar". Este sacerdote hindú
estaba usando ídolos y rituales religiosos para buscar a Dios,
pero los ídolos eran ciegos, sordos, y no podían ayudar a este
hombre.

Hechos 17:24-30 detalla esta búsqueda:

> El Dios que hizo el mundo y todas las cosas que
> en él hay, siendo Señor del cielo y de la tierra, no
> habita en templos hechos por manos humanas,
> ni es honrado por manos de hombres, como si
> necesitase de algo; pues él es quien da a todos
> vida y aliento y todas las cosas. Y de una san-
> gre ha hecho todo el linaje de los hombres, para
> que habiten sobre toda la faz de la tierra; y les
> ha prefijado el orden de los tiempos, y los lími-
> tes de su habitación; para que busquen a Dios,
> si en alguna manera, palpando, puedan hallarle,
> aunque ciertamente no está lejos de cada uno
> de nosotros. Porque en él vivimos, y nos move-
> mos, y somos; como algunos de vuestros propios
> poetas también han dicho: Porque linaje suyo
> somos. Siendo, pues, linaje de Dios, no debemos
> pensar que la Divinidad sea semejante a oro, o
> plata, o piedra, escultura de arte y de imagina-
> ción de hombres. Pero Dios, habiendo pasado
> por alto los tiempos de esta ignorancia, ahora
> manda a todos los hombres en todo lugar, que
> se arrepientan.

Una interesante historia misionera viene del sudeste asiático, de la nación de Birmania, entre el pueblo Karen. Por muchas generaciones en su folclore, se transmitió de generación en generación que un día un hombre vendría a caballo a esa zona con *hojas* con las respuestas para la vida eterna. Generaciones después, un misionero fue movido a cabalgar por las inmensas montañas para ver si del otro lado de ellas había personas que necesitaran el mensaje de evangelio. Cuando llegó, la gente de las aldeas salía y al verlo, lo seguía. Cuando las multitudes se hicieron más y más grandes, pudo encontrar a alguien con quien comunicarse. Él le contó del folclore y le formuló la importante pregunta del hombre que relataba la vieja historia: "¿Usted tiene consigo las hojas que nos den la respuesta para vivir para siempre?". El misionero sacó su Biblia y empezó a compartir el evangelio con la gente, revelándole al Creador, su plan de redención, y la vida eterna. En un corto tiempo, decenas de miles de personas del pueblo Karen se hicieron cristianas.

La razón por la que el mensaje del evangelio obra en todas las naciones del mundo, y que hombres, mujeres y aun niños responden a un claro mensaje del evangelio, es que, cuando la Palabra es predicada, las semillas de la eternidad que hay en los corazones de las personas empiezan a crecer, y cada persona, por medio del Espíritu Santo, puede realmente intuir la vida de Dios dentro de su espíritu cuando empieza a creer en Él.

La predicación del evangelio es tarea de todos los cristianos en todos lados. Cristo reveló que Él es la única puerta al cielo a través de sus sufrimientos y resurrección (Jn 10:7-11). Desde el principio de la iglesia en el Día de Pentecostés, apóstoles, profetas, evangelistas y maestros, de generación en generación, viajan por el mundo para llevar las buenas noticias de Cristo a todas las personas. Es por esto que todos los años se invierten millones de dólares para que los misioneros realicen reuniones evangelísticas, se impriman Biblias, y se lleve literatura del evangelio a personas de todas naciones.

Es interesante notar que tenemos ahora tecnología como la televisión, el satélite, y la Internet, para contactar a más personas que nunca antes. Dios permitió que la población de la tierra crezca a un ritmo muy rápido cuando se crearon estas herramientas. Hoy, con más de siete mil millones personas en la tierra, no hay excusa para que los cristianos no lleven el evangelio a las naciones. Cristo enseñó que el evangelio del reino sería predicado como testimonio a todas naciones, y entonces "vendrá el fin" (Mt 24:14). El mundo está esperando que los creyentes les den la respuesta para el sentimiento de "eternidad en sus corazones".

## Seis preguntas complicadas

Durante mis años de ministerio, se me han formulado muchas preguntas sobre el cielo y el infierno —y sobre quién irá a cada lugar. Algunas de las preguntas más frecuentes se relacionan con las personas que han muerto sin escuchar la historia del evangelio sobre Cristo. Esta sección incluye seis de estas preguntas, cada una de las cuales es complicada y debe ser respondida desde un punto de vista bíblico.

### Pregunta 1

"Perdí a una hija a quien quiero muchísimo a una edad temprana. Era como un ángel para mí. Espero que en el cielo siga siendo de la misma edad (cinco años) que tenía en la tierra. ¿Es esto posible, o será una mujer adulta cuando la vea? ¿Sabrá que yo era su madre? ¡Me pesa enormemente pensar que no sabrá quién soy!"

*Respuesta*: Primero, considere que somos una creación triparti-ta: cuerpo, alma y espíritu. Es el espíritu de una persona el que, si saliera del cuerpo donde podía verlo, usted reconocería como esa persona. Ese fue el caso con el hombre rico que reconoció a Lázaro (Lc 16:19-31) y de Moisés y Elías, que fueron reconocido por Cristo y por Pedro en el monte de la Transfiguración (Mt 17:3-4). Por lo tanto, el espíritu y el alma tienen la misma apariencia que el cuerpo físico. Por eso seremos conocidos en el cielo como éramos conoci-dos en la tierra (1 Co 13:12).

En una ocasión, los discípulos reprendieron a padres por traer sus hijos a Cristo. El Señor reprendió a sus discípulos y les recordó que permitieran que los niños pequeños vinieran a Él, porque "de los tales es el reino de los cielos" (Mt 19:14). Algunos han señala-do que en la traducción inglesa leemos que Cristo usa la palabra "hijos" para describir a adultos; por ejemplo: "hijos del reino" (Mt 8:12), los "hijos de la cámara de novia" (Mt 9:15, KJV), y los "hijos del malo" (Mt 13:38). Sin embargo, cuando habla de adultos que son "hijos", la Biblia usa una palabra griega diferente que para hijos pequeños. La palabra usada para "hijos" cuando se habla de una persona adulta es *teknon*, que es "vástago o uno que es engendrado". Es por esto que somos "hijos de Dios", porque somos vástagos espirituales de Dios a través de Cristo (Hch 17:29). Para los niños pequeños mencionados por Cristo se usa la palabra griega *paidíon*, que alude a "un niño o niña pequeños, o *muchacho* o niña crecida a medias" (Mt 14:21; 18:3; 19:13). La palabra *paidíon* es la usada para describir a esos pequeños, algunos de los cuales fueron traídos a Cristo, y sobre los que Él colocó sus manos y los bendijo (Mt 19:13-15). La palabra *paidíon* es usada en el Nuevo Testamento de un bebé recién nacido (Juan 16:21), o de un niño varón nacido recientemente (Mt 2:8), y de un niño más grande (Mt 14:21).[9]

El alma y el espíritu deben crecer dentro de una persona a medida que crece el cuerpo físico. Un hijo de cinco a doce años no tiene la misma estructura física en altura o peso que ese hijo tendrá a los veinte años. Cuando al morir su espíritu parte de su cuerpo a una edad joven, al parecer quedará con la misma forma que tenía cuando era niño. Los que han visto a sus hijos difuntos en una visión o en una experiencia próxima a la muerte los vieron en su forma joven.

### Pregunta 2

"Antes de que naciera, perdí a una criatura, una niñita. Cuando las personas trataban de confortarme, decían: 'Su hijita está con el Señor'. Quiero creerlo, pero tengo una lucha, porque ella no estaba aún totalmente desarrollada. Sin embargo, si la *vida* comienza en la concepción, ¿su alma y espíritu se han apartado de su cuerpo? ¿Su alma y espíritu podrían entrar en otro que bebé, y yo nunca volvería a saber de ella? Estoy muy perpleja".

*Respuesta:* Como se dijo antes, la *energía vital* que inicia la vida humana empieza en el momento de la concepción. Esto es, cuando el espermatozoide masculino fertiliza el óvulo femenino, empieza un embrión. Si esta energía vital inexplicable estuviera ausente, el proceso se detendría en ese momento y la concepción no ocurriría.

Desde una perspectiva cristiana, el alma y el espíritu entran en el cuerpo en el momento de la concepción de la misma manera que Dios infundió "aliento de vida" a las fosas nasales de Adán y Adán fue un "alma viviente" (Gn 2:7, RV1909). Note que no dijo un "ser humano" sino un "alma viviente". Adán fue creado del polvo (v. 7), y este cuerpo de polvo se convirtió en su carne y sus huesos. Sabemos esto porque cuando Dios formó a Eva de una de las costillas de Adán, Adán dijo: "Es hueso de mis huesos y carne de mi carne". (Vea Génesis 2:23.) Sin embargo, sin el aliento de vida se habría quedado en el polvo.

Cuando el feto empieza a crecer en el útero, lo hacen el alma eterna y el espíritu. Si el bebé muere en el útero, el alma y el espíritu dejan el cuerpo. Job señaló esto cuando estaba muy deprimido y había perdido todo lo que le era querido. Dijo: "¿Por qué no morí yo en la matriz, o expiré al salir del vientre?" (Job 3:11). Repite la misma idea en Job 10:18. Cuando el hijito de David murió recién nacido, David dijo que no podía volver a traerlo de entre los muertos, pero que iría a donde él se había ido (2 S 12:23).

No hay indicación en la Escritura de que el alma y el espíritu salgan de un bebé y entren en otro bebé que haya sido concebido. De acuerdo con la Biblia, hay un conocimiento previo de todas las personas vivientes, mucho antes de que nazcan sobre la tierra. Jeremías dijo que Dios lo conoció antes de que fuera formado en el vientre (Jer 1:5). Si un bebé muere, el alma y el espíritu volverán a Dios: "Volverá entonces el polvo a la tierra, como antes fue, y el espíritu volverá a Dios, que es quien lo dio" (Ec 12:7, NVI).

Es verdad que el espíritu del bebé sería muy pequeño, y si el cuerpo estuviera insuficientemente desarrollado, entonces el misterio es, ¿cómo podría tal espíritu diminuto conocer a la madre? Éste es uno de los misterios bíblicos que no pueden ser respondidos. Recuerdo haber leído hace muchos años una historia que fue informada por Gordon Lindsay, el fundador de la Voz de la Sanidad de Dallas, Texas. Relató el informe de una señorita Marietta Davis que experimentó nueve días de estar en una situación como de trance. Vivía en Berlín, Nueva York, y en 1848, a los veinticinco años de edad experimentó visiones mientras permanecía en esta situación como de trance durante nueve días.[10]

De acuerdo con la experiencia de la señorita Davis, hay un paraíso especial para los bebés; los bebés que mueren en todo el mundo son llevados por un ángel guardián a este sitio especial. Describió este lugar como una especie de guardería infantil celestial, donde los espíritus de los bebés son enseñados, y permanecen, hasta que reciben un alto grado de conocimiento y al final entran en un paraíso juvenil. Siete guardianes angélicos supervisan cada gran edificio. Cuando el ángel guardián respira sobre el pequeño espíritu, hace que la vida se expanda. A medida que el espíritu bebé se expande y le son enseñados conocimientos, cada espíritu se trasladará a un nivel más alto del paraíso.

No hay duda de que el espíritu viene de Dios, quien cuida de cada espíritu viviente que regresa a Él. Hay mucho misterio que rodea la muerte de un bebé. Podría ser por esto que Pablo escribió que en el paraíso vio cosas que al hombre no "se le permite expresar" (2 Co 12:4, LBLA). Quizás haya más de un significado del salmo, y de las palabras de Jesús, que dicen: "Por boca de los infantes y de los niños de pecho has establecido *tu* fortaleza" (Sal 8:2, LBLA).

## Pregunta 3

"He leído muchas historias de personas que han alegado una experiencia de vida después de la muerte, o una experiencia próxima a la muerte. En casi todos los casos, si las personas vieron el cielo (o el paraíso), cuando vieron a sus abuelos o padres los describieron como siendo muy jóvenes; quizás veinteañeros, o en apariencia no mayores de treinta. ¿Tiene la Biblia referencias para indicar cuán vieja parece una persona cuando está en el cielo?"

*Respuesta:* No hay una escritura específica sobre cuántos años pareceremos tener en el cielo. Algunos señalan que cuando el rey Saúl recibió la visita de lo que parecía ser Samuel, ese Samuel estaba cubierto por un manto y parecía un anciano, sugiriendo que como Samuel murió viejo apareció como tal ante Saúl (1 S 28:14). Sin embargo, como se señala en este libro, a Saúl la aparición nunca le fue visible, sino que la bruja afirmó que apareció. Eso era un espíritu familiar y no realmente Samuel, de acuerdo con muchos eruditos.

En el cielo hay veinticuatro ancianos sentados sobre tronos. Se cree que son los doce hijos de Jacob del Antiguo Testamento y los doce apóstoles de Cristo (Lc 22:30). La Escritura los llama *ancianos*, que es una palabra griega (*presbúteros*) traducida sesenta veces en todo el Nuevo Testamento con el significado de "persona mejor". En el Nuevo Testamento, la palabra fue usada para describir a un anciano en edad, la mejor de dos personas (Lc 15:25), una persona que está avanzada en la vida (Hch 2:17) y los ancianos que son los antepasados de Israel (Mt 15:2). No alude a respeto a un puesto sino a jerarquía en edad, rango y posición de responsabilidad. Cuando Pablo da consejos respecto a los ancianos de la iglesia, menciona ancianos que están casados, y a los hijos del anciano (1 Ti 3:2; Tit 1:6-7). Los hombres jóvenes sólo podían entrar en el sacerdocio común del tabernáculo y el templo a la edad de treinta años y únicamente hasta los cincuenta (Nm 4:3, 23, 30, 35). Eso podría *sugerir* que de los treinta a los cincuenta años sería la franja de tiempo en la cual una persona podría desarrollarse en un puesto de anciano. Si los veinticuatro ancianos que rodean el trono son los hijos de Jacob, todos ellos fallecieron a una edad muy avanzada. Lo mismo vale para la mayoría de los apóstoles. ¡Se cree que el apóstol Juan falleció poco después de escribir el libro de Apocalipsis, a los noventa y tantos!

Ahora volvamos a la pregunta original, que es cuán vieja es una persona en el cielo. Aunque el espíritu y el alma pueden crecer a medida que lo hace el cuerpo físico, el espíritu llega a cierta madurez o dimensión en que la persona alcanza su pleno desarrollo, y el alma y el espíritu dejan de crecer porque el cuerpo ha llegado a la madurez física. Desde ese momento, el espíritu-alma deja de envejecer aunque el cuerpo lo hace. Leemos: "Por tanto, no desmayamos; antes aunque este nuestro hombre exterior se va desgastando, el interior no obstante se renueva de día en día" (2 Co 4:16). El hombre interior es el hombre espiritual o el espíritu de una persona redimida. Es "renovado" cada día; una palabra en griego (*anakainoo*) alude a "hacer nueva una y otra vez".[11] Por lo tanto, aún cuando nos volvemos débiles con la edad y nuestra piel se arruga con el tiempo, nuestro espíritu se renueva continuamente. Este espíritu eterno es el que se unirá a un nuevo cuerpo en la resurrección.

También he notado que personas que presuntamente vivieron una experiencia próxima a la muerte describen cuán jóvenes parecen sus seres queridos difuntos. Cuando pregunté de qué edad les parecieron, la respuesta común fue: "Se parecían a cuando tenían treinta años". Cuando Cristo empezó su ministerio público, tenía aproximadamente treinta años de edad (Lc 3:23). Los cuatro evangelios anotan varias Pascuas a las que Cristo asistió antes de su muerte. Los eruditos creen que Cristo estaba entre los treinta y dos y treinta y tres años de edad cuando murió. Como los treinta era la edad para entrar en el ministerio espiritual como sacerdote, ésa podría ser la edad que una persona *aparenta* en el paraíso celestial.

Otros señalan que Adán fue formado como hombre completamente adulto en el momento de su creación. Cuando abrió los ojos, tenía sólo un día, pero su cuerpo era el de un hombre adulto.

Está poco claro cuán vieja parecerá una persona cuando llegue al cielo. ¿Mantendrá su misma apariencia si fallece a los noventa? Sugiero que no. Las mujeres, especialmente, no estarían contentas en la eternidad con cualquier clase de arrugas en sus caras, ¡mucho menos los hombres! Sin embargo, los conoceremos como los conocíamos en la tierra. Eso es lo más importante.

## Pregunta 4

"En una oportunidad lo escuché enseñar sobre 'Cuatro segundos para la eternidad', cuando relató la historia de un hombre que en un accidente de aviación tenía cuatro segundos antes de que el avión se estrellara. Sobrevivió y luego dijo lo que cruzó por su mente antes del accidente. Tengo numerosos hermanos y hermanas inconversos que crecieron en la iglesia. Su historia me dio la esperanza de que las semillas de la Palabra de Dios sembradas en sus espíritus no volverán vacías al final de sus vidas. Aun en caso de un accidente podrían tener tiempo de arrepentirse. Por favor relate nuevamente esta historia."

*Respuesta*: Hace mucho tiempo predicaba cada año en Deland, Florida, para un querido amigo, el Pastor Mike Coleman. Una tarde un amigo que poseía un avión de exhibición de dos plazas lo invitó a volar. Cuando despegaron de la pista de aterrizaje y se hallaban a varios cientos de pies de altura, el timón se atascó, y el avión empezó a inclinarse hacia un costado. Mike tenía puestos auriculares, y el piloto le gritó: "Estamos cayendo". Mike dijo que tenía aproximadamente cuatro segundos antes de que el avión chocara con el suelo y todo se pusiera negro. Le pregunté: "¿Qué pasó a través de tu mente durante esos cuatro segundos?".

Dijo: "Fue la cosa más asombrosa que jamás he experimentado. Era como si hubiera arrancado el disco duro de una computadora lleno de información. Mi mente retrocedió a la época en que era niño y llamé a mi papá por su nombre. Mis pensamientos volvían a los sermones que escuché de niño. Instantáneamente comencé a pensar en que me perdería la graduación de mi hija, en el seguro que dejaba a mi familia, y en un cheque que estaba sobre el escritorio de mi oficina que debía haber firmado".

Era asombroso escuchar esto.

Mike dijo: "Literalmente recordé cosas que había olvidado hace mucho tiempo, incluyendo mis muchos errores, palabras que había hablado, oficios religiosos a los que había asistido, ¡todo eso golpeó mi mente y espíritu en esos cuatro segundos!"

Le formulé una pregunta muy importante que sabía que muchos miembros de la familia le habrían hecho de tener la oportunidad. Le dije: "Mike, en esos cuatro segundos habrías tenido tiempo de arrepentirte y pedir perdón a Dios?".

Inmediatamente respondió: "Sin duda. A decir verdad, con toda esa información inundando mi mente y espíritu, ¡en realidad le estaba pidiendo a Dios que me perdonara todo lo que pudiera haber estado mal en mi vida!".

Esto me trajo la gran confortación de saber que si una persona tiene las semillas de la Palabra de Dios sembradas en ella y está a punto de pasar a la eternidad, y tiene solamente unos pocos segundos de aliento o de resto de vida en su cuerpo, esa persona puede recordar las cariñosas advertencias y mensajes e invocar el nombre del Señor para pedir perdón o misericordia.

Algunos dirán que una persona debe decir una larga oración del pecador para tener verdadera redención. Bien, esa *larga oración* no fue lo que rogó el ladrón en la cruz. El hombre estaba muriendo desangrado y le dijo a Cristo: "Acuérdate de mí cuando vengas en tu reino" (Lc 23:42).

Cristo le respondió: "De cierto te digo que hoy estarás conmigo en el paraíso" (v. 43). El pobre ladrón moribundo no dijo: "Señor, yo soy un ladrón, y he robado a muchas personas, y es por eso que estoy aquí. Déjame confesar todos mis pecados". Antes de que terminara de *confesarlos*, Jesús podía haber muerto y él habría perdido su oportunidad de ser perdonado. Quizás es por esto que está escrito: "Y sucederá que todo aquel que invoque el nombre del Señor será salvo" (Joel 2:32, LBLA). Recibir la salvación y el perdón no es algo complicado que lleve horas de tribulación. Cristo ya ha provisto el sufrimiento, la tribulación y el dolor de comprar nuestra redención. Él está buscando FE en el corazón de esa persona.

He enseñado a mis hijos y a mis amigos más íntimos la importancia de mantener un espíritu arrepentido, y sé que en caso de una tragedia súbita, habrán hecho la paz con Dios antes de dejar esta vida. Hombres y mujeres nunca deben arriesgarse a llevar vidas sin Cristo esperando tener al final tiempo de arrepentirse. Hay muchos que fallecen mientras duermen o parten por un ataque cardíaco repentino e inesperado. Puede haber una pequeña fracción de tiempo entre la muerte y la partida del alma y el espíritu, en que una persona podría invocar el nombre de Cristo. Sin embargo, es mucho mejor saber cada día que usted tiene una relación redentora de pacto con el Salvador.

## Pregunta 5

"Tengo un miembro de la familia que había sido un cristiano firme durante toda su vida. Atravesó un tiempo terrible en el que perdió casi todo lo que tenía y se suicidó. Esto causó conmoción a toda la familia y a la iglesia. Hizo que una gran nube de oscuridad y depresión viniera sobre la familia entera. La mejor preocupación era que si una persona mata a otra sin causa (como en la autodefensa o en la guerra), el matador sería considerado un asesino. ¿Sería el suicidio un *autohomicidio*, y aun podría esta persona ir al cielo?"

*Respuesta*: Sin duda usted acaba de formularme la pregunta más difícil que alguien pueda intentar responder. Antes que nada, déjeme hablar de *por qué* haría tal cosa una persona que fuera un creyente devoto. La Biblia dice: "La esperanza que se demora enferma el corazón" (Pr 13:12, LBLA). La esperanza es la expectación positiva de que va a ocurrir algo bueno. Cuando una persona empieza a sentir que su fe vacila y se debilita, lo que la afirma es la *esperanza*, y la confianza en que las cosas malas no lo serán para siempre, sino que cambiarán positivamente. Por ejemplo, Job perdió a sus diez hijos, sus casas y todos sus ganados. También su salud empezó a deteriorarse ante sus ojos (Job 1-3). Job se abatió tanto que maldijo el día de su nacimiento y deseó no haber nacido (Job 3:1-11). Sin embargo, Job también miró hacia el futuro sabiendo que el Señor seguía estando con él y que un día estaría ante su Redentor (Job 19:25). Job mantuvo su confianza en Dios, y al final el Señor revirtió su cautividad y bendijo a Job y le dio el doble de todo cuanto había tenido al comienzo (Job 42:10).

El poder de la esperanza se ve cuando a un paciente de cáncer se le dice: "Usted tiene cáncer, pero puede ser tratado", o en la vida de un preso cuando se le dice: "Usted ha sido condenado a treinta años, pero creo que solamente purgará algunos". La esperanza es lo que mantiene a una persona esperando vivir más. En cuanto un paciente cree que una enfermedad no tiene esperanza, morirá mucho más rápido que otra persona que lucha creyendo que tiene esperanza.

Una persona puede experimentar una fe débil, como les pasó a los discípulos en algunas oportunidades (Mt 8:26). Pero cuando la esperanza se demora, el corazón empieza a sentirse enfermo. Se va arraigando un desagradable sentido de pesimismo y desesperación. Es triste, pero algunos ven el quitarse la vida como una forma de escapar de la presión que están experimentando. Como creyentes, nunca debemos perder la esperanza y debemos rodearnos de personas que oren por nosotros en nuestros momentos de debilidad, sabiendo que nuestras pruebas nos producirán paciencia y nos sacarán como oro (1 P 1:7).

En la Biblia hay tres ejemplos de personas que se quitaron la vida. El Espíritu del Señor se había apartado de Saúl por sus celos contra David. Saúl fue herido en la batalla y pidió que un joven lo atravesara con una espada. Cuando su escudero se negó, Saúl se quitó la vida arrojándose sobre su espada (1 S 31:4).

El segundo incidente trata de Ahitofel, un consejero de David. Este líder fue a espaldas de David para intentar un golpe de estado contra el rey. Ahitofel planeó poner al hijo de David como rey y asesinar a David. El plan fracasó. Leemos: "Pero Ahitofel, viendo que no se había seguido su consejo...se fue a su casa a su ciudad; y después de poner su casa en orden, se ahorcó" (2 S 17:23).

La tercera persona fue Judas, el hombre que traicionó a Cristo. Después que vendió a Cristo por dinero, se dio cuenta de su pecado y se arrepintió. Judas salió, y fue y se ahorcó (Mt 27:5).

En los tres casos los hombres no eran creyentes sino que estaban en completa rebelión. Saúl había matado a ochenta y seis sacerdotes (1 S 22), hecho veintiún intentos de matar a David, y pedido consejo a una bruja (1 S 28). No se nos dijo a dónde fue el espíritu de Saúl después de su muerte, aunque el espíritu familiar le dijo antes de la batalla: "Mañana tú y tus hijos estaréis conmigo" (v. 19). En esa época, eso habría sido el compartimiento del *Seol* bajo la tierra. De Ahitofel, sólo se nos dice que se quitó la vida. Judas es un tema completamente diferente. Era un apóstol, pero Cristo también dijo que era un "diablo" (Juan 6:70). Además fue llamado "ladrón" mientras era el tesorero del ministerio de Cristo (Jn 12:6). Antes de que Judas traicionara a Cristo, leemos que Satanás entró en su corazón (Lc 22:3). Cristo dijo que al hombre que lo traicionaría más le hubiese valido no haber nacido (Mt 26:24). Después de que Judas se quitó la vida, leemos que fue "a su propio lugar" (Hch 1:25). La frase "a su propio lugar" indicó que su espíritu no se fue al mismo lugar donde están los espíritus de los hombres justos y rectos, sino a un compartimento especial para él en el infierno. Estos son los tres casos de hombres que de una u otra forma se quitaron su vida. Sin embargo, en todos ellos estos hombres estaban en completa rebelión contra Dios y el liderazgo espiritual.

Estos casos no son lo mismo que una persona que ama al Señor pero ha luchado contra un espíritu de desesperanza. En algunos casos ha habido personas cristianas que estaban con un muy alto nivel de medicación que realmente causó grave confusión y depresión a sus mentes. Creo que cuando Dios juzga a una persona, la juzgará por los conocimientos que tenía y por la condición de su mente y espíritu cuando ocurrieron los hechos. Si una persona no tenía idea de lo que estaba haciendo porque su medicación causaba algún tipo de conflicto en sus pensamientos, Dios la juzgará según cada circunstancia especial.

En el tiempo de Cristo había un hombre de Gadara que era atormentado por muchos espíritus. Se nos informa que "de día y de noche, andaba dando voces en los montes y en los sepulcros, e hiriéndose con piedras" (Mr 5:5). Después de la oración de Cristo, estos espíritus salieron del hombre y entraron en una manada de cerdos salvajes. Los cerdos se precipitaron por un despeñadero, y se ahogaron en el Mar de Galilea, (v. 13). Está claro que este fuerte espíritu estaba presionaba al hombre para que se quitara la vida, pero las rocas de piedra caliza que usó para "cortarse" no fueron suficientes para ello. Después que fue curado, la Biblia dice que estaba "en su juicio cabal" (v. 15). La expresión "juicio cabal" viene de una palabra griega (*sofronéo*) y significa "*tener la mente cabal* i.e. *sano*". Obviamente el hombre no tenía una *mente sana* cuando estos espíritus lo estaban atormentando. A decir verdad, tenía poco control sobre sus propias acciones debido a la atormentadora afección que experimentaba. El adversario no puede poseer a un creyente, pero intenta oprimirlo y hacerle pensar que Dios lo ha abandonado.

He oído hablar de creyentes mayores que llevaron una vida inmaculada y consagrada a Dios. Sin embargo, en sus últimos años sufrieron ciertas enfermedades y empezaron a decir irreverencias, enfadarse, y hasta maldecir a miembros de su propia familia. Ellos no eran responsables de una enfermedad física que afectó sus vasos sanguíneos o su sistema neurológico, que no pueden controlar ni modificar. Cuando un creyente se quita la vida y no cumple su misión terrenal, eso puede impedirle recibir una recompensa por las obras de su vida. Esto puede parecer insignificante, pero debe ser una parte importante de la expectativa futura de un creyente.

Es muy importante que nunca nadie se arriesgue a lo que encontrará más allá de esta vida si se quita la propia. Es lo desconocido lo que frecuentemente pone un freno en los corazones de quienes luchan con la depresión y la ansiedad. El pensamiento del juicio, de la pérdida de las recompensas, o quizás no ser parte del reino eterno refrenan a un creyente de rendirse o decir: "Voy a terminar con mi vida". Aférrese a la esperanza. Las cosas malas de hoy cambiarán mañana, ¡y el Señor dijo que estaría con usted incluso hasta el fin del mundo!

## Pregunta 6

"He servido en el ejército, y era necesario quitar las vidas de aquéllos con quienes luchábamos. Han pasado muchos años, y a menudo me preocupa que voy a estar ante Dios y deberé responderle por haber quitado esas vidas. Me pregunto si algún día encontraré a estas personas en el cielo, o si se perdieron al morir."

*Respuesta*: El mundo sería estupendo si pudiéramos prevenir todas las futuras guerras y vivir juntos en armonía. Sin embargo, las guerras y los rumores de la guerra continuarán hasta el tiempo del fin y serán indicadores del *principio de dolores* que precede al regreso de Cristo (Mt 24:6-8). Como estadounidenses, nuestra nación nunca ha ido a la guerra con el único propósito de ir a la guerra. En cada guerra Norteamérica y sus aliados tuvieron la misión de impedir que un dictador malvado o un régimen malvado tomen el control de toda una nación o región, lo que costaría las vidas de miles o millones de personas inocentes. Ya fuera Hitler o Saddam Hussein, Norteamérica no es una nación agresiva sino una nación que busca la libertad para la gente que busca la paz.

Algunas personas citarán el mandamiento "No matarás" y condenarán a un soldado que le quitó la vida a un enemigo. Ante todo, hay dos diferentes palabras hebreas que se traducen en la Biblia inglesa —y castellana— por "matar". El término usado en el mandamiento "No matarás" es la palabra hebreo *ratsáj*, que significa: "despedazar, hacer pedazos...*asesinar*". Se trata del asesinato premeditado de una persona inocente. Un hombre que roba una casa y mata al propietario, mata a una mujer violándola o a un niño quitándole la vida al abusar de él, es un homicida sin premeditación y un asesino.

Hay una diferencia entre esta acción inmoral y la acción requerida para proteger a personas inocentes de un dictador demoníacamente controlado. Saddam Hussein usó armas químicas y biológicas contra los kurdos en Irak del norte, matando a miles y lisiando a otros miles. También preparó fosas comunes cuando él y sus secuaces mataron a miles de musulmanes shiítas en el sur de Irak. Sacar a este hombre perverso era una obligación moral con el pueblo de Irak y el mundo. Si los aliados no hubieran entrado en Europa y luchado contra los nazis durante la II Guerra Mundial, ¿puede imaginarse el poder destructor que Adolf Hitler hubiera tenido en sus manos? Pocos judíos habrían quedado en el mundo entero si esta mente criminal hubiera cumplido su visión de la total aniquilación judía. La guerra no es la mejor elección, pero a veces es necesaria por la causa mejor de la humanidad y para preservar las sociedades morales y sociables que han emergido.

En tiempos de guerra hay un enemigo. El enemigo tiene orden de quitar la oposición por cualquier método posible: con bombas, combate cuerpo a cuerpo, guerra de guerrillas, o tortura. En la guerra un soldado comprende que cuando lo confronte un enemigo armado, será su vida o la del enemigo armado. Es una cuestión de supervivencia.

Como muchos soldados de los Estados Unidos tienen familia y amigos que oran continuamente por su regreso a salvo, y como Estados Unidos de América fue fundada sobre altos principios espirituales y morales, los hombres participaron en la guerra con ciertas convicciones, combinadas con su determinación de derrotar al enemigo. A veces estas convicciones, especialmente las espirituales, pueden estar en conflicto con la necesidad de quitar la vida a un enemigo orientado hacia la destrucción de nuestras tropas y personas de su propia nación.

Tampoco hay nada malo en que un hombre se defienda a sí mismo. Durante el ministerio de Cristo, dijo a sus discípulos que no llevaran dinero para sus viajes. Esto era porque Cristo era el director de este equipo evangelístico, y les suministraría lo que fuera necesario (Lc 22:35). Próximo a su muerte, Cristo les dijo que si era posible, el que no tenía espada debía vender su capa y comprarse una espada (v. 36). El apóstol Pablo mencionó que durante sus viajes misioneros estaba en peligro de "ladrones" (2 Co 11:26). La necesidad de una espada sería solamente para protección personal.

En el caso de un soldado que quitó la vida a un enemigo, eso estaría en la esfera de la autodefensa y por la razón de liberar a las personas inocentes que estaban sufriendo en esa nación. Permítame usar este ejemplo. Si usted debiera cruzar una pequeña pandilla armada, y ellos detuvieran su automóvil, pusieran en peligro a toda su familia, se le acercaran con cachiporras, cuchillos, y otros instrumentos peligrosos, si usted tuviera un método para proteger a su familia, ¿permitiría que la pandilla destruyera su automóvil, golpeara a su familia con cachiporras, y lo dejara en la ruta mientras se van conduciendo su automóvil? Hay momentos en que una persona debe protegerse, lo que es un instinto natural y permitido por la Escritura.

Cuando se quita la vida de otro en la guerra, en muchos casos el enemigo viene de un fondo pagano o es seguidor de una religión falsa o adorador de ídolos. Si esta persona muriera por causas naturales, entraría perdida a la eternidad. Si su vida le es quitada en una batalla, entrará en la próxima vida en la misma condición y al mismo lugar adonde hubiera ido si hubiese vivido y muerto a la larga. Es por esto que es tan necesario el mensaje del evangelio, incluso durante un tiempo de guerra. Estados Unidos a menudo reconstruye la nación, ayuda a los pobres y los necesitados, y en algunos casos ayuda a las personas para que encuentren la libertad religiosa, incluyendo permitir que la fe cristiana sea practicada sin opresión.

## Capítulo 12

# El Bema y el juicio ante el Gran Trono Blanco

**H**ay muchas reconfortantes promesas de un futuro apasionante para el creyente que ha recibido a Cristo y establecido el pacto redentor de la vida eterna. Sin embargo, hay un aspecto de la eternidad que hasta el día de hoy es algo espantoso, y hasta Pablo mismo reconoció esa época como muy importante y terrible. Así como está establecido para los hombres que mueran, está establecido que cada hombre sea juzgado ante Dios en el cielo.

> Estuve mirando hasta que fueron puestos tronos, y se sentó un Anciano de días, cuyo vestido era blanco como la nieve, y el pelo de su cabeza como lana limpia; su trono llama de fuego, y las ruedas del mismo, fuego ardiente. Un río de fuego procedía y salía de delante de él; millares de millares le servían, y millones de millones asistían delante de él; el Juez se sentó, y los libros fueron abiertos.
>
> —DANIEL 7:9-10

En toda la Biblia el salón del trono del cielo es el centro de toda actividad divina. Sabemos que toda el área está decorada como un templo celestial, con el mobiliario sagrado: el candelabro (Ap 1:12), el altar de oro (Ap 8:3-4), y el arca de la alianza (Ap 11:19). A veces el templo celestial se convierte en una sala de consejo de guerra, como vemos en 2 Crónicas 18:18 cuando Dios y sus ángeles guerreros deliberan reunidos en secreto para determinar el resultado de una guerra y discutir el modo de engañar a un rey perverso para que entrara en la batalla en la cual perecería. En el libro de Apocalipsis tomamos conciencia de que el templo celestial también sirve como sala de una corte celeste donde se toman decisiones judiciales respecto al futuro eterno de los hombres.

## El diseño divino de Salomón

El rey David deseaba construir un templo para Dios pero fue rechazado por el Todopoderoso porque David era un hombre de guerra y de sangre. ¡El Señor permitió que Salomón, hijo de David, tomara los planes de su padre cuando él murió y preparase el templo más magnífico de la historia del mundo!

- ☞ Salomón hizo un trono de marfil y lo cubrió de oro puro (1 R 10:18).
- ☞ Hizo seis gradas que llevaban a su trono en Jerusalén (1 R 10:19).
- ☞ Salomón puso a doce leones esculpidos —seis de cada lado— sobre las gradas que subían hacia su trono (1 R 10:20).
- ☞ El espaldar del trono de Salomón era redondo, así como hay un arco iris en el cielo (1 R 10:19; Ap 4:3)

> Construyó además una sala para su trono, es decir, el tribunal donde impartía justicia. Esta sala la recubrió de cedro de arriba abajo.
>
> —1 Reyes 7:7, nvi

Los colores del trono divino cambian cuando la atmósfera del cielo empieza a cambiar. En Ezequiel 1:26 el trono aparece como un zafiro. En Daniel 7:9 el trono aparece con ruedas de fuego abrasador. Del trono salen relámpagos, voces y truenos (Ap 4:5). Después en Apocalipsis 20:11, en una expresión muy importante, el trono es descrito como un "gran trono blanco".

## El salón del trono es la sala de un tribunal

Las cortes que existen en la tierra están formadas de un modo similar a la corte celestial. Cada tribunal debe tener un juez, y el juez celestial es el propio Dios (Gn 18:25). Cada tribunal debe tener un fiscal y un abogado defensor. Satanás es identificado como el "acusador de los hermanos" que aparece en la corte celestial interponiendo acusaciones contra el creyente (Ap 12:10). Cristo contrarresta las agresiones del fiscal contra los santos, y Cristo es llamado el *defensor*, o un abogado que defiende y protege a sus *clientes* (1 Jn 2:1). Cada tribunal debe tener un jurado, y en la mayoría de los tribunales hay doce jurados seleccionados que escuchan la información del caso y ayudan en el veredicto. En el cielo leemos acerca de veinticuatro ancianos que están sentados en tronos más pequeños alrededor del trono de Dios. Parecen ser los doce hijos de Jacob del Antiguo Testamento y los doce apóstoles del Cordero del Nuevo Testamento. A los apóstoles se les dijo:

> Y Jesús les dijo: De cierto os digo que en la regeneración, cuando el Hijo del Hombre se siente en el trono de su gloria, vosotros que me habéis seguido también os sentaréis sobre doce tronos, para juzgar a las doce tribus de Israel.
> —MATEO 19:28

En cada tribunal también hay testigos que presencian el juicio y observan los acontecimientos. No participan del veredicto pero suelen ser parientes o amigos íntimos de los individuos conectados con el caso. Creo que estos testigos están identificados en Hebreos 11 con los muchos santos que se han ido antes que nosotros, llamados "tan grande nube de testigos" (He 12:1). Este concepto podría resultar un poco elástico, pero cada tribunal tiene oficiales de policía asignados para proteger al juez, así como un alguacil que indica a todos los presentes que se pongan de pie cuando el juez entra en la sala. Alrededor del trono están cuatro seres vivientes que continuamente llaman la atención hacia el juez celestial y su rectitud (Ap 4:6). Será ésta el área del cielo donde se desarrollarán los juicios.

## Dos juicios diferentes tendrán lugar en el cielo

El libro de Apocalipsis identifica dos juicios diferentes que ocurrirán en el cielo. El primero es un juicio para los creyentes, y el segundo es un juicio para los no creyentes y para los que mueran durante el reinado milenial de Cristo. El propósito del primer juicio es recompensar a los que han trabajado fielmente por la causa del evangelio, y el del segundo es mostrar a los hombres (y a las mujeres) por qué son condenados a la segunda muerte, y juzgar a los ángeles.

> "Las naciones se han enfurecido;
> pero ha llegado el día de tu ira,
> el momento en que has de juzgar
> a los muertos;
> y darás la recompensa
> a tus siervos los profetas,
> a tu pueblo santo
> y a los que honran tu nombre,
> sean grandes o pequeños;
> y destruirás a los que destruyen la tierra."
> Entonces se abrió el templo de Dios que está en el cielo, yen el templo se veía el arca de su alianza. Y hubo relámpagos, voces, truenos, un terremoto y una gran granizada.
>
> —APOCALIPSIS 11:18-19, DHH

La fecha de este juicio es durante lo que los eruditos identifican como *mediados de la Tribulación*, o en algún momento a mediados de los siete años de tribulación que se desarrollarán sobre la tierra. Los santos y justos serán "arrebatados" para reunirse con el Señor, y los muertos en Cristo habrán sido resucitados (1 Co 15:52-54; 1 Ts 4:16-17). Jesús dijo: "Porque el Hijo del Hombre vendrá en la gloria de su Padre con sus ángeles, y entonces pagará a cada uno conforme a sus obras" (Mt 16:27). Pablo llama a este tiempo de juicio y recompensa el tribunal de Cristo:

> Pero tú, ¿por qué juzgas a tu hermano? O tú también, ¿por qué menosprecias a tu hermano? Porque todos compareceremos ante el tribunal de Cristo. Porque escrito está: "Vivo yo, dice el Señor, que ante mí se doblará toda rodilla, y toda lengua confesará a Dios." De manera que cada uno de nosotros dará a Dios cuenta de sí. Así que, ya no nos juzguemos más los unos a los otros, sino más bien decidid no poner tropiezo u ocasión de caer al hermano.
>
> —ROMANOS 14:10-13

Pablo también escribió:

> Por tanto procuramos también, o ausentes o presentes, serle
> agradables. Porque es necesario que todos nosotros compa-
> rezcamos ante el tribunal de Cristo, para que cada uno reci-
> ba según lo que haya hecho mientras estaba en el cuerpo, sea
> bueno o sea malo.
>
> —2 Corintios 5:9-10

Esta expresión para *tribunal* se encuentra diez veces en la traducción del Nuevo Testamento de la King James Version. Se la emplea
cuando Pilatos se sentó a juzgar si Cristo debía o no ser crucificado
(Mt 27:19). Se encuentra en Hechos 18:12-17, donde Pablo es llevado
ante el tribunal y debe defender el evangelio y refutar la acusación
de los judíos de que su predicación era contraria a la ley de Moisés.
Fue golpeado en el tribunal por el mensaje que estaba predicando
en la región (v. 17). Otro uso es cuando Pablo escribe que compare-
ceremos ante el tribunal del cielo (Ro 14:10; 2 Co 5:10).

El término griego para tribunal es la palabra *béma*. La palabra *béma* significa "para asentar un pie", o "lugar para un pie" y
se usaba para designar la plataforma elevada a la que se ascendía
por unos peldaños. Las *béma* originales estaban en Atenas, Grecia,
y eran plataformas elevadas que existían en la colina Pnyx, donde
se pronunciaban los discursos. Desde estas plataformas elevadas se
pronunciaban discursos dirigidos a la asamblea que se reunía allí.
Después la palabra fue usada para caracterizar un tribunal de las
cortes griegas, en donde el acusado se defendía desde una plataforma y los acusadores hablaban desde otra.[1]

La *béma* también era usada en la época de las Olimpíadas. Era
la plataforma levantada cerca de la meta donde el juez se sentaba y
determinaba quién había cruzado la línea en primer lugar, segundo,
etcétera, durante las carreras pedestres. El autor de Hebreos listó a
numerosos santos, desde el justo Abel hasta Noé, Abraham, Isaac,
Jacob, y otros que "murieron en la fe" (He 11:13). Luego informa a
sus lectores:

> Por tanto, nosotros también, teniendo en derredor nuestro
> tan grande nube de testigos, despojémonos de todo peso y del
> pecado que nos asedia, y corramos con paciencia la carrera
> que tenemos por delante, puestos los ojos en Jesús, el autor

y consumador de la fe, el cual por el gozo puesto delante de él sufrió la cruz, menospreciando el oprobio, y se sentó a la diestra del trono de Dios.

—HEBREOS 12:1-2

Correr la carrera y mirar a Jesús indica que Él es el recompensador y el juez que está en la meta, y que debemos dejar de lado todo lo que pudiera dificultar nuestra eficacia e impedirnos recibir el premio al final de la competencia.

Juan escribió que era tiempo de juzgar a los muertos. Los muertos en Cristo serán juzgados todos de una vez en la gran resurrección. Pablo da una impactante revelación sobre cómo será juzgado un creyente y los métodos que Dios usará para revelar las obras hechas por una persona mientras vivía en la tierra:

> Porque nadie puede poner otro fundamento que el que está puesto, el cual es Jesucristo. Y si sobre este fundamento alguno edificare oro, plata, piedras preciosas, madera, heno, hojarasca, la obra de cada uno se hará manifiesta; porque el día la declarará, pues por el fuego será revelada; y la obra de cada uno cuál sea, el fuego la probará. Si permaneciere la obra de alguno que sobreedificó, recibirá recompensa. Si la obra de alguno se quemare, él sufrirá pérdida, si bien él mismo será salvo, aunque así como por fuego.
>
> —1 CORINTIOS 3:11-15

Muchas personas considerarían este pasaje como algún tipo de metáfora. Sin embargo, en el cielo hay un altar dorado donde las oraciones son ofrecidas ante Dios (Ap 8:3-4). También hay un ángel con autoridad sobre el fuego:

> Y salió del altar otro ángel, que tenía poder sobre el fuego, y llamó a gran voz al que tenía la hoz aguda, diciendo: Mete tu hoz aguda, y vendimia los racimos de la tierra, porque sus uvas están maduras.
>
> —APOCALIPSIS 14:18

¿Cómo es que nuestra obra "por el fuego será revelada"? Primero, no somos salvos por obras sino solamente por gracia (Ef 2:8-9). Nuestras obras son los actos que hicimos mientras vivíamos en nuestros cuerpos en la tierra. Por ejemplo, Cristo enseñó: "Cualquiera que dé a uno de estos pequeñitos un vaso de agua fría solamente, por cuanto es discípulo, de cierto os digo que no perderá su recompensa" (Mt 10:42). Cristo reveló que cuando usted es perseguido, se incrementa su recompensa divina:

> Bienaventurados sois cuando por mi causa os vituperen y os persigan, y digan toda clase de mal contra vosotros, mintiendo. Gozaos y alegraos, porque vuestro galardón es grande en los cielos; porque así persiguieron a los profetas que fueron antes de vosotros.
>
> —Mateo 5:11-12

Ayudar a cuidar a verdaderos hombres de Dios también le ganará a usted una recompensa especial:

> El que recibe a un profeta por cuanto es profeta, recompensa de profeta recibirá; y el que recibe a un justo por cuanto es justo, recompensa de justo recibirá.
>
> —Mateo 10: 41

Hay una recompensa especial para los que sirven a otros voluntariamente, no para obtener ganancias, sino haciéndolo como un servicio al Señor:

> Siervos, obedeced en todo a vuestros amos terrenales, no sirviendo al ojo, como los que quieren agradar a los hombres, sino con corazón sincero, temiendo a Dios. Y todo lo que hagáis, hacedlo de corazón, como para el Señor y no para los hombres; sabiendo que del Señor recibiréis la recompensa de la herencia, porque a Cristo el Señor servís.
>
> —Colosenses 3:22-24

Este pasaje de la Escritura me recuerda a los numerosos voluntarios que ayudan a nuestro ministerio todos los años durante nuestras principales conferencias. Sin estos voluntarios dedicados y confiables, sería muy difícil conducir las conferencias regionales y asistir a las multitudes de quince mil a treinta y cinco mil personas que concurren. A nuestros voluntarios les preguntan frecuentemente por qué invierten sus vacaciones y pagan sus propios gastos para ayudar al ministerio. Ellos siempre contestan que lo están haciendo "para el Señor", no meramente para el ministerio.

Ellos comprenden el principio espiritual que mi abuela Lucy Bava comprendía. Después que Abuelito falleció, la "Abuela Bava" se mudó a Cleveland y ofrendaba algunas horas diarias a mi ministerio, haciendo de todo un poco. Yo decía: "Abuelita, ¡tendría que pagarte algo por este trabajo que estás haciendo!".

Ella alzaba los ojos con una leve y franca sonrisa, y señalaba una bandeja que tenía una pequeña cruz sobre una almohada morada con una coronita de oro y plata encima, donde se leía: "Da para la corona". "No necesito dinero", dijo. "¡Yo estoy trabajando para el cielo!" Estos voluntarios tienen la "recompensa de la herencia" y heredarán todas las bendiciones del futuro reino dado que sus corazones y motivos eran puros al desear ser una bendición para otros.

Muchos preguntan: "¿Cuál será nuestra recompensa si somos hallados fieles a Cristo?". La Biblia lista una serie de coronas que serán otorgadas a individuos por aspectos especiales de su ministerio y obediente labor durante su vida.

## Cinco coronas de la Biblia

Hay dos términos griegos comunes para la palabra *corona* de la Biblia. Un vocablo usado en el Nuevo Testamento es la palabra *diadema*, que se encuentra en Apocalipsis (Ap 12:3; 13:1; 19:12). Esta palabra es usada para las coronas de las cabezas del dragón, las coronas de los diez reyes en el reino del Anticristo, y las "muchas coronas" en la cabeza de Cristo cuando regresa a la tierra para establecer su reino. La palabra inglesa es *diadem* y siempre hace referencia a la corona de un rey o dignatario imperial.

El segundo vocablo griego es *stephanos*, que es la principal palabra usada para describir las coronas que los creyentes recibirán si son hallados fieles (1 Ts 2:19; 2 Ti 4:8; Stg 1:12; Ap 2:10). La palabra viene de *stepho*, que significa "lo que rodea", y alude a una "corona de vencedor". En el periodo grecorromano, esta corona era entregada al vencedor de los juegos. Era tejida como una guirnalda de hojas de roble, hiedra, mirto, o incluso de olivo o, en algunos casos, una imitación de éstas en oro.[2] En ningún lugar se le promete una diadema a un creyente, porque solamente un Rey de reyes es digno de llevar esa corona de realeza, y ése es Cristo. Los creyentes, en cambio, recibirán las *stephanos*, que es la recompensa a una persona que ganó los juegos, corrió la carrera, y cruzó la meta.

¡Hay cinco tipos distintos y diferentes de coronas que se han prometido a los creyentes como parte de su *paquete de retiro celestial*!

## La corona incorruptible

> ¿No sabéis que los que corren en el estadio, todos a la verdad corren, pero uno solo se lleva el premio? Corred de tal manera que lo obtengáis. Todo aquel que lucha, de todo se abstiene; ellos, a la verdad, para recibir una corona corruptible, pero nosotros, una incorruptible.
>
> —1 Corintios 9:24-25

La idea de una corona incorruptible indica una que perdurará por toda la eternidad. Esta corona señala que el creyente recibirá una recompensa que será siempre, a través de las edades sin fin, un recuerdo de que durante su vida terrenal su portador fue fiel en seguir al Señor y obedecerlo.

## La corona de gozo

> Porque ¿cuál es nuestra esperanza, o gozo, o corona de que me gloríe? ¿No lo sois vosotros, delante de nuestro Señor Jesucristo, en su venida? Vosotros sois nuestra gloria y gozo.
>
> —1 Tesalonicenses 2:19-20

Esta corona es llamada con frecuencia *la corona del ganador de almas*, porque será una recompensa especial para todos los ganadores de almas. Pablo se estaba dirigiendo a la iglesia de Tesalónica, Grecia, en la que era la primera de trece cartas que escribió en el Nuevo Testamento. La carta está dividida en cinco capítulos, y en cada uno de ellos Pablo aludió al regreso de Cristo. Le dijo a esta iglesia que en la venida de Cristo, ellos serían una "corona de gozo". ¡Seremos recompensados por las almas que hemos ganado para Cristo, y la corona especial de ganador de almas le será dada a cada creyente que haya sido un ganador de almas!

## La corona de vida

> Bienaventurado el varón que soporta la tentación; porque cuando haya resistido la prueba, recibirá la corona de vida, que Dios ha prometido a los que le aman.
>
> —Santiago 1:12

Los eruditos identifican esta corona con la prometida en Apocalipsis 2:10, que es la recompensa para los creyentes que toleran y superan la tentación y la prueba. Cuando Cristo advirtió: "He aquí, yo vengo pronto; retén lo que tienes, para que ninguno tome tu corona" (Ap 3:11), estaba advirtiendo a la iglesia de Filadelfia que fuera fiel y resistiese los ataques del enemigo. Hay una corona especial para quienes han disciplinado sus cuerpos, mentes y espíritus para seguir al Señor hasta el fin. Es una corona de vida.

## La corona de gloria

> Y cuando aparezca el Príncipe de los pastores, vosotros recibiréis la corona incorruptible de gloria.
>
> —1 Pedro 5: 4

En 1 Pedro 5, el apóstol Pedro se estaba dirigiendo a los ancianos e instruyéndoles que se mantuvieran fieles en alimentar el rebaño de creyentes, no codiciaran el dinero, y fuesen ejemplo para los otros creyentes. Si eran hallados fieles, entonces, al venir Cristo, recibirían una "corona de gloria". Esta corona especial es para los que han servido espiritualmente como ancianos, pastores y obispos sobre los creyentes, como un pastor cuidaría a sus ovejas.

## La corona de justicia

> Por lo demás, me está guardada la corona de justicia, la cual me dará el Señor, juez justo, en aquel día; y no sólo a mí, sino también a todos los que aman su venida.
>
> —2 Timoteo 4:8

Es interesante que Pablo mencione que esta corona es dada a los que "aman su venida". Uno pensaría que todos los creyentes aman la venida del Señor. Sin embargo, hay algunos que afirman ser creyentes que en realidad ridiculizan y se burlan de la idea de que Cristo vaya a volver (2 P 3:3-4). Otros serán "avergonzados en su venida" (1 Jn 2:28, NVI). Para los que esperan su venida, hay una corona de justicia. Solamente los que están en un pacto activo con Cristo, que son justificados por Dios a través de Cristo, recibirán esta corona especial.

Hay siete bendiciones prometidas para los que vencen, mencionadas por Juan en los capítulos 2 y 3 de Apocalipsis. Las bendiciones son:

1. El que venciere comerá del árbol de la vida que está en medio del paraíso de Dios (Ap 2:7).

2. El que venciere no sufrirá daño de la segunda muerte. (Ap 2:11).

3. El que venciere comerá el maná escondido, y le será dada una piedrecita blanca, y en la piedrecita escrito un nombre nuevo (Ap 2:17).

4. Al que venciere le será dada autoridad sobre las naciones (Ap 2:26).

5. El que venciere su nombre no será borrado del Libro de la Vida (Ap 3:5).

6. El que venciere será una columna en el templo de Dios y recibirá un nuevo nombre (Ap 3:12).

7. El que venciere se sentará con Cristo en su trono (Ap 3:21).

Todo lo anterior es parte de las recompensas que los creyentes recibirán por servir fielmente a Dios.

Otras recompensas incluirán reinar en la tierra con Cristo durante su reinado milenial. En Lucas 19, Cristo da una parábola referida a siervos que estaban recibiendo recompensas por su fidelidad. Según como estos siervos dedicados y leales invirtieron su tiempo y ganancias en la obra del Señor, les fue dado reinar sobre numerosas ciudades. En el Apocalipsis, todos los creyentes son llamados "reyes y sacerdotes" y se les promete "reinar sobre la tierra" (Ap 5:10). Durante el milenio, habrá miles de ciudades cuyos líderes regirán sobre regiones enteras. Esos gobernantes y reyes serán los santos que estarán viviendo en la tierra durante ese tiempo.

## Perder su recompensa

Hay algunas cosas muy estremecedoras vinculadas con el Juicio Bema. Aunque una persona debe tener un pacto redentor para estar en este juicio, habrá personas que perderán su recompensa eterna. Esta advertencia se halla a través de todas las Escrituras.

> Nadie os prive de vuestro premio, afectando humildad y culto a los ángeles, entremetiéndose en lo que no ha visto, vanamente hinchado por su propia mente carnal, y no asiéndose de la Cabeza, en virtud de quien todo el cuerpo, nutriéndose y uniéndose por las coyunturas y ligamentos, crece con el crecimiento que da Dios.
>
> —COLOSENSES 2:18-19

> He aquí, yo vengo pronto; retén lo que tienes, para que ninguno tome tu corona
>
> —APOCALIPSIS 3:11

Cristo dijo que ayudando a otros, usted "no perderá su recompensa" (Mt 10:42). Me he preguntado a menudo cómo creyentes que llegan al cielo…o personas que han muerto y luego fueron levantadas por haber "muerto en Cristo"…pueden haber entrado en el reino de los cielos y sin embargo perder sus recompensas o sus coronas.

A la luz de las advertencias de no de perder su recompensa y no permitir que otro tome su corona, las amonestaciones fueron dadas a cinco de las siete iglesias de Apocalipsis, ordenándoles que se arrepintieran de sus fracasos espirituales y morales o enfrentaran las graves consecuencias espirituales y jurídicas.

1. "Arrepiéntete y haz las primeras obras, pues si no te arrepientes, pronto vendré a ti y quitaré tu candelabro de su lugar" (Ap 2:5).

2.  "Arrepiéntete, pues si no, vendré pronto hasta ti y pelearé contra ellos con la espada de mi boca" (Ap 2:16).

3.  "Yo la arrojo en cama [a Jezabel]; y en gran tribulación a los que adulteran con ella, si no se arrepienten de las obras de ella" (Ap 2:22).

4.  "Acuérdate, pues, de lo que has recibido y oído; guárdalo y arrepiéntete, pues si no velas vendré sobre ti como ladrón y no sabrás a qué hora vendré sobre ti" (Ap 3:3).

5.  "...por cuanto eres tibio y no frío ni caliente, te vomitaré de mi boca." (Ap 3:16).

En el Bema, las obras de todos los creyentes serán probadas de alguna forma mediante el fuego.

## Los libros del cielo

¿Cómo sabe Dios lo que hemos hecho? Dios es omnisciente, por lo tanto, conoce todo. Además el cielo tiene numerosos libros (quizás rollos de pergamino) con la información grabada en los registros divinos. En el cielo hay por lo menos cinco diferentes tipos de libros donde se registra la información sobre quienes viven en la tierra.

### 1. El Libro de los Vivientes

En el cielo hay un *Libro de los Vivientes*, el cual algunos sugieren que es el mismo que el *Libro de la Vida*, que contiene los nombres de los justos. Sin embargo, este Libro de los Vivientes parece ser un libro que revela el destino de todos los seres humanos nacidos sobre la tierra. Dios le habló a Jeremías y le dijo: "Antes que te formara en el vientre, te conocí, y antes que nacieras, te santifiqué, te di por profeta a las naciones" (Jer 1:5). Éste es un ejemplo del conocimiento previo de Dios. David estaba al tanto de este conocimiento previo cuando escribió:

> Mi embrión vieron tus ojos,
> y en tu libro estaban escritas todas aquellas cosas
> que fueron luego formadas,
> sin faltar ni una de ellas.
>
> —Salmos 139:16

Antes del nacimiento físico de cada ser humano, en el cielo hay información detallada de cada persona viviente. Éste es el Libro de los Vivientes, y los detalles referentes a cada bebé fueron escritos antes de que el bebé fuera formado en el vientre (Sal 139:16). Dios tiene un nombre específico que ha dado a cada persona, y cuando entremos en el reino celestial, Él nos revelará nuestro nuevo nombre (Ap 3:12).

A veces en la Biblia Dios cambió el nombre terrenal de una persona y le dio un nuevo nombre con un nuevo significado. Jacob fue cambiado a Israel (Gn 35:10), Simón a Pedro (Mt 16:17-18), y Saulo a Pablo (Hch 13:9). ¡Dios no sólo lo conocía a usted antes de que naciera, sino que también sabe el número de días que va a vivir!

¡Déjeme añadir que Dios lo creó para que sea diferente de cualquier otro ser humano que pueda existir! Usted tiene un juego distintivo de huellas digitales que lo identifican personalmente. En la retina en sus ojos usted tiene un diseño específico y único. Incluso la forma de sus dientes es distinta a la de todos los otros seres humanos vivientes, y su firma es solamente suya. ¡Usted tiene un patrón de voz que una programa de computadora puede identificar como el verdaderamente suyo, no el de alguien que lo imite!

## 2. El Libro de la Vida

> El vencedor será vestido de vestiduras blancas, y no borraré su nombre del libro de la vida, y confesaré su nombre delante de mi Padre y delante de sus ángeles.
>
> —Apocalipsis 3:5

Este libro, el Libro de la Vida, es mencionado doce veces en la Biblia, en ambos Testamentos. En el Antiguo Testamento es mencionado por Moisés (Éx 32:32-33), por David (Sal 69:28), y Daniel (Dn 12:1), y en el Nuevo Testamento es mencionado por Pablo (Fil 4:3) y por Juan en el Apocalipsis (Ap 22:18-19).

Éste es un libro único que contiene los nombres de los que se arrepienten de sus pecados y confían en Dios para su salvación. El gran profeta Moisés sabía que los nombres podían ser añadidos o quitados de este libro de contabilidad divino. Cuando Cristo se convirtió en el sumo sacerdote del templo celestial y fue establecido como mediador entre Dios y el hombre, este libro divino fue llamado el "Libro de la Vida del Cordero", después que Cristo fue llamado el Cordero de Dios (Jn 1:29, 36). Se nos ha dicho que los nombres están inscriptos o registrados en el Libro de la Vida en el cielo (Lc 10:20). Para entrar en el reino eterno del cielo, el nombre de una persona debe estar en este libro:

> El que no se halló inscrito en el libro de la vida, fue lanzado al lago de fuego.
>
> —Apocalipsis 20:15

### 3. El Libro de las Lágrimas

También hay un registro de las lágrimas de los santos, como se revela en el Salmo 56:8: "Mis huidas tú has contado; pon mis lágrimas en tu redoma; ¿no están ellas en tu libro?". En la época de Cristo había pequeñas *botellas para lágrimas* que se usaban para recoger las lágrimas de hombres y mujeres en un funeral. Las lágrimas eran recogidas y puestas en estas pequeñas botellas, y las sellaban. La imagen metafórica de este versículo es que Dios ve cada lágrima que derramamos. Dios dijo: "He visto sus lágrimas" (2 R 20:5). Sabemos que Dios es movido por un "corazón quebrantado" y un "espíritu contrito" (Sal 34:18).

### 4. El Libro de Memorias

> Los que temían al Señor hablaron entre sí, y él los escuchó y les prestó atención. Entonces se escribió en su presencia un libro de memorias de aquellos que temen al Señor y honran su nombre.
>
> —Malaquías 3:16, nvi

En el capítulo 3 de Malaquías el profeta estaba tratando con la falta de obediencia de Israel en dar sus diezmos y ofrendas en el templo de Jerusalén. Los informó de un libro especial del cielo que contenía los nombres de los que temían al Señor, daban sus diezmos y ofrendas, y testificaban a otros acerca del Señor y su nombre. La palabra hebrea para *memoria* es aquí *zikrón* y alude a algo hecho como un memorial. Un ejemplo de este libro se encuentra en Hechos 10:1-4:

> Había en Cesarea un hombre llamado Cornelio, centurión de la compañía llamada "la Italiana", piadoso y temeroso de Dios con toda su casa, y que hacía muchas limosnas al pueblo y oraba siempre a Dios. Este vio claramente en una visión, como a la hora novena del día, que un ángel de Dios entraba donde él estaba y le decía: ¡Cornelio! Él, mirándolo fijamente, y atemorizado, dijo: ¿Qué es, Señor? Y le dijo: Tus oraciones y tus limosnas han subido para memoria delante de Dios.

Para que el nombre de una persona fuera grabado en el Libro de Memorias, esa persona debía ser un dador (Mal 3:10), debía temer a Dios, y debía testificar su nombre. Cornelio estaba dando limosna, palabra que en nuestro idioma se refiere a la caridad para con los necesitados. Él era temeroso de Dios y estaba orando en el momento de la visitación. ¡El registro de sus oraciones y ofrendas llegó ante Dios, y el Señor honró a este hombre con una especial bendición familiar, como consecuencia de su fidelidad! Si usted alguna vez ha se preguntado cómo Dios está al corriente de sus diezmos, ofrendas, y caridad a los pobres, ellos están registrados en este Libro de Memorias del cielo.

## 5. El Libro de las Recompensas

El quinto libro es el más importante, porque se relaciona con las recompensas de un creyente. En el cielo hay registros de los actos y obras que hicimos mientras vivimos en la tierra.

> Un río de fuego procedía y salía de delante de él; millares de millares le servían, y millones de millones asistían delante de él; el Juez se sentó, y *los libros* fueron abiertos.
> —DANIEL 7:10, ÉNFASIS AÑADIDO

Y vi a los muertos, grandes y pequeños, de pie ante Dios; y los libros fueron abiertos, y otro libro fue abierto, el cual es el libro de la vida; y fueron juzgados los muertos por las cosas que estaban escritas en los libros, según sus obras.

—APOCALIPSIS 20:12

Nuestros actos incluyen las palabras que hablamos. Cristo dijo: "Mas yo os digo que de toda palabra ociosa que hablen los hombres, de ella darán cuenta en el día del juicio. Porque por tus palabras serás justificado, y por tus palabras serás condenado" (Mt 12:36-37). Una "palabra ociosa" puede aludir a algo inútil, flojo, y estéril. Son palabras que dañan a las personas y declaraciones que resultan inútiles y no producen ningún fruto espiritual. Las palabras son muy importantes, porque "La muerte y la vida están en poder de la lengua" (Pr 18:21). Santiago dio una serie de instrucciones respecto al poder de la lengua y la importancia de que un creyente controle lo que dice. Dijo: "Que vuestro 'sí' sea sí, y vuestro 'no' sea no, para que no caigáis en condenación" (Stg 5:12). Recuerde, ¡si no lo dice, nunca tendrá que enfrentarlo! Cristo también dio una fuerte advertencia a quien use palabras que atenten contra un niño pequeño (Mt 18:6) y a los que cometan ofensas de cualquier clase, que lleguen a hacer tropezar a otros (v. 7).

Nuestro juicio en el Bema incluirá el juicio de las acciones, buenas o malas, que hayamos hecho mientras vivíamos en nuestros cuerpos en la tierra. La King James Version menciona acciones, y cómo nuestras acciones son juzgadas (Ro 2:6). La palabra griega para *acción* es *érgon* y viene de la palabra *érgo* o "trabajar". Alude al sentido ético de la acción humana, sea bueno o malo. No es solamente lo que usted hizo en forma de labor, sino también la razón ética o espiritual que estaba detrás de lo que hizo. Diríamos que fue *el verdadero motivo* por el que usted trabajó. Si sus motivos fueron egoístas, interesados, y centrados en sí mismo y en cómo podía llegar a la cima, entonces usted ya recibió su recompensa aquí y no tendrá ninguna recompensa en el cielo. Cristo reveló: "Cuídense de no hacer sus obras de justicia delante de la gente para llamar la atención. Si actúan así, su Padre que está en el cielo no les dará ninguna recompensa" (Mt 6:1, NVI).

Por ejemplo, considere a dos ministros diferentes. Uno usa sus ganancias para beneficio personal, necesidades personales, y para llevar un estilo de vida algo costoso —todo en nombre de la prosperidad. Otra persona —por ejemplo la Madre Teresa— vive en absoluta pobreza en la India y da todos sus donativos a los pobres, ayudando a alimentar, vestir y cuidar a los más pobres y más despreciados de la tierra. Ambos mueren y están en el juicio. Sugiero que el ministro rico ya ha disfrutado gran parte de su recompensa en la tierra, pero la Madre Teresa tendrá recompensas inmensas porque aceptó poco sobre la tierra pero verdaderamente cuidó de los pobres. Cristo habló de algunos que "ya tienen su recompensa" en la tierra, porque sus actos son vistos por los hombres, y ellos desean la honra y el elogio de los hombres (Mt 6:1-2). Otros hacen su orar, dar y ayudar en secreto, y el Padre celestial los recompensará abiertamente (v. 4).

## ¿Quién está mirando?

Si nuestras palabras y acciones son guardadas en libros en el cielo, ¿quién está registrando la información? En la época de Lot, el Señor apareció con dos ángeles. Después de reunirse con Abraham, ambos ángeles, con forma de hombres, fueron a Sodoma pues, como el Señor dijo: "Por cuanto el clamor contra Sodoma y Gomorra se aumenta más y más, y el pecado de ellos se ha agravado en extremo, descenderé ahora, y veré si han consumado su obra según el clamor que ha venido hasta mí; y si no, lo sabré" (Gn 18:20-21). Ciertamente Dios conocía la maldad y no necesitaba que un equipo de búsqueda determinara cuán mala se había puesto la situación moral. Sin embargo, consultó con Abraham por dos razones. Primero, Abraham tenía familia (Lot) en Sodoma, y Dios no iba a destruir la ciudad sin dar a Lot y su familia una vía de escape. Segundo, como dice Amós 3:7: "Porque no hará nada Jehová el Señor, sin que revele su secreto a sus siervos los profetas". Fueron comisionados ángeles para confirmar la información ya conocida en el cielo de que el clamor por la maldad de Sodoma era grande.

Podemos ver otro ejemplo en la visión de Jacob, cuando vio una escalera dorada llegar de la tierra a la cima del cielo, con ángeles ascendiendo los peldaños y otros bajando del cielo a la tierra. Como Jacob mencionó el diezmar ("un décimo", Gn 28:22) después de ver esta visión, algunos sospechan que la escalera estaba asentada en el sitio del futuro templo (el monte Moria en Jerusalén) donde un día los diezmos serían recibidos por los descendientes de Jacob. Por lo tanto, los ángeles estaban llevando el diezmo hasta el cielo y soltando de vuelta la bendición sobre los de la tierra. Jacob llamó a ese lugar "casa de Dios, y puerta del cielo" (v. 17).

Los ángeles son espíritus ministradores enviados para servicio a favor de los que serán herederos de la salvación (He 1:14). Son completamente conscientes de quiénes somos y son especialmente protectores de los niños (Mt 18:10). En el cielo, los ángeles adoran a Dios (Ap 5:11), tienen acceso a las siete trompetas y los siete vasos que se usarán para verter los futuros juicios de la Tribulación (Ap 8:6; 15:6), y guardan las doce puertas de la ciudad (Ap 21:12). Hay tantos ángeles que se dice que son "miríadas de ángeles" (He 12:22, LBLA). Creo que cada creyente tiene asignado un ángel que se queda con él o ella durante toda la vida de esa persona:

> El ángel de Jehová acampa alrededor de los que le temen, y los defiende.
>
> —SALMOS 34:7

Parece que el ángel de cada persona podría ser responsable de compilar toda la información relacionada con ella mientras vive en la tierra y de llevar un detallado registro en los archivos celestiales que serán usados en el Bema. Cuando Juan fue llevado al templo celestial en Apocalipsis, vio el trono, los veinticuatro ancianos, las cuatro bestias, y multitud de ángeles. Estos ángeles podrían ser los ángeles que van a presentar la información sobre cada persona al Señor en el Bema.

## Cómo se utilizarán los libros

Estos libros del cielo servirán cada uno para un propósito distinto en el Juicio Bema.

1. El *Libro de los Vivientes*: su destino entero fue registrado en el Libro de los Vivientes.
2. El *Libro de la Vida*: al recibir a Cristo, su nombre fue inscripto en el Libro de la Vida del Cordero.

3. El *Libro de las Lágrimas*: los detalles de sus palabras y lágrimas y otras acciones son registradas en un Libro de las Lágrimas.

4. El *Libro de Memorias*: cuando usted da apoyo financiero a la obra del reino y ora, sus acciones son apuntadas en el Libro de Memorias.

5. El *Libro de las Recompensas*: cuando usted en la tierra trabaja para Dios y ayuda a otros, sus acciones son registradas en el cielo.

En el tribunal de Cristo todos estos libros serán puestos en una pira. Si sus obras se queman, usted no recibirá recompensa. Si sus obras toleran la prueba y permanecen, usted será recompensado y escuchará al Señor decir: "¡Hiciste bien, siervo bueno y fiel!" (Mt 25:21, NVI). Si usted oye estas palabras, la próxima declaración de Cristo en el juicio lo emocionará por toda la eternidad: "En lo poco has sido fiel; te pondré a cargo de mucho más. ¡Ven a compartir la felicidad de tu señor!".

Una vez oí decir a una persona que no importaba si recibía una corona o una recompensa, siempre y cuando estuviera en el cielo. Un día mientras leía el Apocalipsis, noté que los veinticuatro ancianos lanzaron sus coronas sobre el piso de cristal de la habitación del trono y empezaron a cantar una canción de alabanza al Cordero (Ap 4 y 5). Me di cuenta de que una corona en la cabeza de un creyente vencedor es una señal eterna para el Señor de que la persona que lleva la corona amó tanto a Cristo mientras estaba en la tierra, que sacrificó voluntariamente tiempo, finanzas, oraciones, y obras para ayudar a otros a entrar en el reino. Sin una corona, usted no tendrá nada para presentar a Cristo, nada para poner a sus pies, y nada que a través de las edades eternas demuestre su fidelidad al Señor. Usted se sentirá avergonzado cuando Él venga.

## El terror del Gran Trono Blanco

Y vi un gran trono blanco y al que estaba sentado en él, de delante del cual huyeron la tierra y el cielo, y ningún lugar se encontró para ellos. Y vi a los muertos, grandes y pequeños, de pie ante Dios; y los libros fueron abiertos, y otro libro fue abierto, el cual es el libro de la vida; y fueron juzgados los muertos por las cosas que estaban escritas en los libros, según sus obras.

—APOCALIPSIS 20:11-12

Este segundo juicio tendrá lugar cuando concluya el reinado de mil años de Cristo en la tierra. Nunca ha habido, ni habrá jamás, un juicio tan importante sobre la humanidad como el que ocurrirá en este momento en particular. El tribunal celestial será llamado a sesionar y los que estarán en la sala del tribunal serán personas que vivieron en la tierra desde la Creación hasta el fin del milenio. Las personas presentes en este juicio incluirán:

- ☞ Todos los hombres y mujeres injustos que murieron desde el tiempo de Caín hasta la crucifixión de Cristo.
- ☞ Todos los hombres y mujeres injustos que murieron desde la crucifixión hasta la época del Arrebatamiento de los santos.
- ☞ Todos los que murieron en los siete años del periodo de la tribulación, con y sin la marca de la bestia.
- ☞ Todos que vivieron durante una parte del reinado milenial de Cristo en la tierra y murieron ante de que se terminara.
- ☞ Todas las personas que vivieron hasta el final del milenio y deben ser juzgadas.
- ☞ Los ángeles caídos, incluyendo a Satanás y sus espíritus rebeldes.

Hay un pasaje algo peculiar en Apocalipsis 20:12, que dice: "los muertos [fueron juzgados] por las cosas que estaban escritas en los libros, según sus obras". Sabemos que los de la época del Antiguo Testamento que murieron sin fe en el único verdadero Dios...y los que murieron sin un pacto de redención desde el tiempo de la crucifixión hasta el fin de la época milenial...están perdidos, así que ¿quiénes son juzgados por lo que está "escrito en los libros"?

Y el mar entregó los muertos que había en él; y la muerte y el Hades entregaron los muertos que había en ellos; y fueron juzgados cada uno según sus obras. Y la muerte y el Hades fueron lanzados al lago de fuego. Esta es la muerte segunda. Y el que no se halló inscrito en el libro de la vida fue lanzado al lago de fuego.

—APOCALIPSIS 20:13-15

Primero, note que "el mar" entregó sus muertos, seguido por la muerte y el infierno (Hades). Hades es la parte ardiente del Seol donde los muertos injustos han sido confinados remontándose a los que murieron antes del diluvio de los días de Noé. Estas almas surgen de las cámaras subterráneas a través del mar y son llevadas al templo celestial para este juicio. ¿Por qué deben ser juzgadas estas almas perdidas? Dios es un juez justo y nunca condenaría a nadie a una separación final y eterna sin permitir que la persona vea la evidencia escrita acerca de ella en los libros del cielo. Es por esto que los "libros" son abiertos. Hay muchos libros, pero sólo un "Libro de la Vida". Los que no recibieron la marca de la bestia y fueron asesinados por su testimonio durante la Tribulación son resucitados y se les permite vivir con Cristo durante el reinado de mil años (Ap 20:4). A los que recibieron la marca de la bestia no se les permite gobernar con Cristo y se les echará afuera, a la oscuridad, donde habrá llanto y rechinar de dientes (Mt 8:12). Los que tienen la marca de la bestia están entre los que serán juzgados en este juicio.

Los que son juzgados "de acuerdo con sus obras" serían los hombres y mujeres que sirvieron al Señor durante el reinado milenial de Cristo pero murieron antes de que el milenio terminase. Sus acciones fueron registradas en los libros del cielo, y sus nombres se encuentran en el Libro de la Vida, y recibirán sus recompensas en el Bema.

## El misterio de la segunda muerte

De los sesenta y seis libros de la Biblia, la frase "segunda muerte" solamente es usada en el libro de Apocalipsis.

El que tiene oído, oiga lo que el Espíritu dice a las iglesias. El que venciere, no sufrirá daño de la segunda muerte.

—APOCALIPSIS 2:11

Bienaventurado y santo el que tiene parte en la primera resurrección; la segunda muerte no tiene potestad sobre éstos, sino que serán sacerdotes de Dios y de Cristo, y reinarán con él mil años.

—APOCALIPSIS 20:6

Y la muerte y el Hades fueron lanzados al lago de fuego. Esta es la muerte segunda. Y el que no se halló inscrito en el libro de la vida fue lanzado al lago de fuego.

—APOCALIPSIS 20:14-15

Pero los cobardes e incrédulos, los abominables y homicidas, los fornicarios y hechiceros, los idólatras y todos los mentirosos tendrán su parte en el lago que arde con fuego y azufre, que es la muerte segunda.

—APOCALIPSIS 21:8

¿Qué es la "segunda muerte"? Cuando el pecado original entró en el mundo a través de Adán, se le había dicho: "Mas del árbol de la ciencia del bien y del mal no comerás; porque el día que de él comieres, ciertamente morirás" (Gn 2:17). Adán no murió físicamente en forma instantánea, pero murió espiritualmente al ser separado de Dios y expulsado del jardín, y perder el acceso al árbol de la vida. Vivió 930 años, y entonces murió físicamente. Por lo tanto, hubo una muerte espiritual primero y una segunda muerte (física) por último. Todos los hombres deben morir, tanto los justos como los injustos. Los justos solamente mueren una vez, físicamente, y luego ya no hay más muerte, porque seremos parte de la primera resurrección, ¡después de la cual la segunda muerte no tiene poder sobre nosotros!

El pecador impenitente, en cambio, experimentará dos veces la muerte. La primera muerte es la separación de Dios en el compartimento de Hades en el Seol. Algunos han estado confinados en las profundidades de la tierra durante siglos. Su "muerte" no es una destrucción de su alma o espíritu, sino la existencia eterna sin la presencia de Dios, amorosas personas justas, y la belleza que se encuentra en la creación de Dios, la tierra. La Biblia indica que la segunda muerte sigue al Juicio ante el Gran Trono Blanco, donde toda la humanidad perdida, así como Satanás y sus seguidores —la bestia y el falso profeta— serán arrojados al lago de fuego, "que es la muerte segunda" (Ap 21:8).

## ¿Hay una aniquilación final en el lago de fuego?

Hay muchos que creen que Dios no dejará que estas almas permanezcan eternamente en esta forma de castigo, sino que, en algún momento, permitirá que sean consumidas por el fuego final, la "segunda muerte". Hay muchas escrituras usadas para apuntalar esta teoría. He aquí varias:

> Porque los malignos serán destruidos...
>
> —SALMOS 37:9

> Pues de aquí a poco no existirá el malo; observarás su lugar, y no estará allí.
>
> —SALMOS 37:10

> Mas los impíos perecerán ... Y los enemigos de Jehová ... serán consumidos; se disiparán como el humo.
>
> —SALMOS 37:20

> Sean consumidos de la tierra los pecadores,
> Y los impíos dejen de ser.
>
> —SALMOS 104:35

> Jehová guarda a todos los que le aman,
> Mas destruirá a todos los impíos.
>
> —SALMOS 145:20

> Pero los rebeldes y pecadores a una serán quebrantados, y los que dejan a Jehová serán consumidos.
>
> —ISAÍAS 1:28

> Porque he aquí, viene el día ardiente como un horno, y todos los soberbios y todos los que hacen maldad serán estopa; aquel día que vendrá los abrasará, ha dicho Jehová de los ejércitos, y no les dejará ni raíz ni rama.
>
> —MALAQUÍAS 4:1

La mayoría de las referencias que afirman que el perverso será destruido, consumido y perecerá, generalmente aluden a la destrucción del perverso mientras vive en la tierra, no a su aniquilación cuando entre en el lago de fuego.

Luego del Juicio ante el Gran Trono Blanco, los pecadores son lanzados en el lago de fuego. A continuación de este evento, Dios crea un nuevo cielo y una nueva tierra, y la ciudad santa, la nueva Jerusalén, desciende desde Dios en el cielo a la nueva tierra. Después que esta ciudad enjoyada de piedras preciosas descansa en la tierra, leemos la siguiente declaración:

> Pero los cobardes e incrédulos, los abominables y homicidas, los fornicarios y hechiceros, los idólatras y todos los mentirosos tendrán su parte en el lago que arde con fuego y azufre, que es la muerte segunda.
> —APOCALIPSIS 21:8

Después, Juan describe el hecho de que en la nueva Jerusalén hay un río de vida y un árbol de la vida sobre cada lado del río. Aquí no hay más maldición sobre la tierra y no hay necesidad del sol, porque el Cordero ilumina la ciudad (Ap 22:1-5). Note que el río de vida con los dos árboles está ubicado *fuera* de las puertas de la ciudad de mil quinientas millas cuadradas:

> Bienaventurados los que lavan sus ropas, para tener derecho al árbol de la vida, y para entrar por las puertas en la ciudad. Mas los perros estarán fuera, y los hechiceros, los fornicarios, los homicidas, los idólatras, y todo aquel que ama y hace mentira.
> —APOCALIPSIS 22:14-15

¿Por qué estas personas —perros (una frase del judaísmo para una persona impura, no literalmente un animal), hechiceros (el griego es *farmakós*, drogas y pociones), fornicarios (pervertidos sexuales y perversos), junto con los mentirosos, asesinos e idólatras— siguen siendo identificado como estando en el exterior de la ciudad después de que la tierra ha sido purificada (2 P 3:7)?

Parece que el lago de fuego también estará ubicado bajo la nueva tierra. Dios no deshace la tierra en el olvido y pega fuego a los cielos, recreando unos nuevos desde cero. En realidad, Él renueva el planeta y los cielos purgándolos con fuego como dijo Pedro. Esto ocurre despúes del Juicio ante el Gran Trono Blanco cuando todos, incluyendo los santos, estarán en el cielo. Pedro escribió:

> Pero los cielos y la tierra que ahora existen, están reservados para el fuego por el mismo mandato de Dios. Ese fuego los quemará en el día del juicio y de la perdición de los malos.
>
> —2 Pedro 3:7, dhh

> Pero el día del Señor vendrá como un ladrón. Entonces los cielos se desharán con un ruido espantoso, los elementos serán destruidos por el fuego, y la tierra, con todo lo que hay en ella, quedará sometida al juicio de Dios. Puesto que todo va a ser destruido de esa manera, ¡con cuánta santidad y devoción deben vivir ustedes! Esperen la llegada del día de Dios, y hagan lo posible por apresurarla. Ese día los cielos serán destruidos por el fuego, y los elementos se derretirán entre las llamas; pero nosotros esperamos el cielo nuevo y la tierra nueva que Dios ha prometido, en los cuales todo será justo y bueno.
>
> —2 Pedro 3:10-13, dhh

En el Apocalipsis Juan no menciona que la tierra y el cielo sean quemados con un fuego purgante (Is 65:17; 66:22; 2 P 3:1-13), pero alude a los nuevos cielos y la nueva tierra (Ap 21:1). Juan dijo: "el mar ya no existía más", sobre la nueva tierra. Esta observación era importante para Juan. Cuando escribió el Apocalipsis, él era un prisionero político en la rocosa isla de Patmos y estaba rodeado por las aguas del mar Egeo. A Juan, esta gran masa de agua lo separaba de sus iglesias y de aquellos a quienes amaba. ¡Sobre la nueva tierra no hay no más límites ni limitaciones! La única manera de que los mares del mundo puedan dejar de existir es que se evaporen en un fuego global de alguna clase, similar a lo que Pedro dijo: "los elementos ardiendo serán deshechos" (2 P 3:10).

## Los hombres en el infierno

Isaías alude al nuevo cielo y la nueva tierra. Hemos mencionado antes este pasaje, pero miremos ahora esta predicción a la luz de las palabras de Apocalipsis:

Porque como los cielos nuevos y la nueva tierra que yo hago permanecerán delante de mí, dice Jehová, así permanecerá vuestra descendencia y vuestro nombre.

Y de mes en mes, y de día de reposo en día de reposo, vendrán todos a adorar delante de mí, dijo Jehová.

Y saldrán, y verán los cadáveres de los hombres que se rebelaron contra mí; porque su gusano nunca morirá, ni su fuego se apagará, y serán abominables a todo hombre.

—Isaías 66:22-24

Antes mencioné la posible conexión del Mar Muerto durante el tiempo del reinado milenial de Cristo. Sin embargo, después de la reformación de la tierra y los cielos, las almas perdidas están ubicadas fuera de las puertas de la ciudad. Por lo tanto, no parece que los espíritus de los ángeles o de los hombres caídos sean aniquilados o destruidos en el lago de fuego.

El Juicio del Gran Trono Blanco separará a estos pecadores de los fieles que murieron durante el reinado milenial de Cristo. No habrá ningún incrédulo en ese día. Los ateos se volverán creyentes, y los agnósticos estarán atónitos al ver al Creador sobre su trono. Los burladores serán acallados, y el perverso lamentará sus caminos... pero será demasiado tarde. Para el justo, el futuro luce grandioso. Lo mejor aún está por venir.

# Capítulo 13

# ¿Cómo quiere usted ser recordado?

uando era adolescente, estaba ministrando en Carmi, Illinois, y estudiando en la oficina del pastor cuando encontré un pequeño folleto ilustrado llamado *The Infidel's Grave* (La tumba del infiel). El folleto narraba una historia verdadera y mostraba fotografías de un cementerio con la estatua de bronce de un hombre. Sobre la estatua de bronce había dos rollos de pergamino. El primero, que representaba la Biblia y tenía la inscripción "Superstición", estaba bajo sus pies. Un segundo rollo de pergamino tenía grabadas las palabras "Libertad mental universal" y estaba en su mano levantada. El indicador decía que era la tumba de Chester Bedell, que murió a los ochenta y dos años de edad y fue enterrado en North Benton, Ohio, en 1908. El hombre era abiertamente contrario a Dios y la Biblia. Se ha informado que el Sr. Bedell había dicho: "Si hay un Dios o cualquier verdad en la Biblia, déjelo infestar mi tumba con serpientes". Escribió un libro contra la Biblia, llamado *Universal Mental Liberty* (Libertad mental universal).

De acuerdo con una entrevista realizada en la década de los treinta con las hijas de Bedell, cuando el sacristán cavó la tumba, debió matar dos serpientes. Cuando el ataúd fue colocado en tierra, una tercera serpiente fue retirada de la tumba. De 1908 hasta la década de los treinta, la tumba llegó a ser un popular sitio turístico, cuando la historia de la tumba del infiel se extendió a la zona circundante. En el viejo libro había fotos que mostraban no menos que siete serpientes salir desde la tumba en el lapso de un día.

En la década de los treinta, personas de todas partes de los Estados Unidos vinieron al cementerio para visitar la tumba y ver la estatua de bronce. De acuerdo con el viejo sacristán que fue entrevistado por B. E. Perigo en la década de los treinta, había no menos que doscientos visitantes por domingo. Durante una fuerte tormenta, la estatua fue derribada y retirada y fue reemplazado por una lápida.[1]

Hace muchos años leí una historia que fue publicada por Gordon Lindsay, fundador de Cristo para las Naciones, sobre el Sr. Stanley Carter, que observó un extraño indicador en un cementerio cerca de Lafayette, Indiana. El indicador tenía inscriptas estas palabras:

> Martin P. Jenners
> Nació el 21 de agosto de 1832 en una cabaña de troncos sobre
> la esquina Noroeste de Ferry y Fourth Streets
> Murió el 22 de diciembre de 1919.
> Mi única objeción a la religión es que no es verdadera.
> 1 Corintios 15:52; Isaías 26:14
> No se permite predicar, orar, ni leer salmos en esta parcela

Este hombre creyó que había encontrado en la Biblia una gran contradicción que lo condujo a la incredulidad total en la inspiración de las Escrituras. Las dos escrituras en cuestión dicen:

> ...en un momento, en un abrir y cerrar de ojos, a la final trompeta; porque se tocará la trompeta, y los muertos serán resucitados incorruptibles, y nosotros seremos transformados.
> —1 CORINTIOS 15:52

> Muertos son, no vivirán; han fallecido, no resucitarán; porque los castigaste, y destruiste y deshiciste todo su recuerdo.
> —ISAÍAS 26:14

Al lector casual, estos pasajes le parecerán contener enseñanzas opuestas. Sin embargo, un examen más riguroso del contexto en el que fueron escritos revela que no hay contradicción. El pasaje de 1 Corintios trata directamente sobre la resurrección de los muertos en Cristo cuando Cristo regrese. En el contexto de los capítulos anteriores y posteriores, Isaías 26:14 estaba tratando sobre las naciones que Dios iba a juzgar, haciendo perecer su memoria, pero la nación de Israel perduraría. Pobre el Sr. Jenner, se tragó el truco más viejo del cuaderno de estrategias del adversario: creer que la Biblia está llena de contradicciones y mentiras.

Ambos indicadores de cementerio son declaraciones de hombres que una vez vivieron. La declaración es: *No creemos en lo que está escrito en las Escrituras*. Esto define cómo fueron recordadas por sus amigos y los de sus comunidades estas difuntas almas.

Vaya conmigo ahora a las montañas de Virginia Occidental. Hemos viajado en auto por tortuosas rutas pavimentadas a través de ondulantes colinas. Estamos aproximadamente a tres millas de Davis, el pueblo más alto de las Rockies. Justo antes de alcanzar el puente viejo en el pintoresco pueblo de Thomas, damos una vuelta y enfilamos hacia un área arbolada sobre un camino de grava que parece no llevar a ninguna parte. Por un breve momento vemos una señal donde se lee *Rose Cemetery*. Este antiguo cementerio ha servido como sitio de descanso final para personas de la comunidad circundante desde el 1800. Muchos de los indicadores en la parte posterior de la ruta están tan desgastados por el tiempo que se tornaron ilegibles. Algunos se quebraron y están inclinados hacia un lado, ignorados desde hace siglos por los parientes sobrevivientes. Algunos monumentos más recientes tienen flores de plástico que yacen sin vida frente a los monumentos, en tanto que otros están bien guardados y cuidados.

Nos detenemos aproximadamente a quince yardas de la entrada, apagamos el motor y salimos del automóvil. Lo que queremos ver son dos simples indicadores de mármol sobre el lado derecho del camino de grava. La hierba ha sido recortada y han puesto flores de plástico nuevas en un pequeño florero en la base de las lápidas. Nos detenemos y recordamos a las dos estupendas personas que murieron hace muchos años, ambos de ochenta y tantos. Estuvieron casados durante más de sesenta y cinco años antes de la partida del esposo. La esposa extrañaba tanto a su amado amigo, que lo siguió algunos años después. Fueron enterrados uno al lado del otro.

Hoy siguen viviendo, pero en este momento sólo en nuestros recuerdos. Él siempre estaba riendo y haciendo bromas. Nunca estaba triste, y los hijos y nietos nunca vieron a esta pareja discutir ni nunca los escucharon hablar negativamente de alguien. Ella fue una gran cocinera y el aroma de su sopa casera de verduras atraía a la familia a la mesa antes de que la llamaran a venir.

Son dos de los cientos enterrados en este cementerio. Todas las semanas muchos pasan frente a los indicadores de sus tumbas sin notarlos, excepto los parientes y amigos que visitan ocasionalmente el lugar para recordar a dos personas especiales cuyos restos físicos fueron puestos a descansar en ese pequeño cementerio de montaña.

Sin embargo, con el paso de los años, las personas han hecho comentarios sobre las sencillas palabras del indicador del hombre. Junto con su nombre, fecha de nacimiento y fecha de muerte, en el duro granito están esculpidas cuatro simples palabras:

## UN HOMBRE DE DIOS

Poco después de su muerte, la familia se reunió y se preguntó: "¿Qué debemos poner en el indicador?"

El nieto dijo: "Pongamos *Hombre de Dios*, porque eso es lo que fue para todos los que lo conocieron". Él nunca, y quiero decir nunca, faltó a la iglesia, ni siquiera en un día nevoso y durante las vacaciones. Siempre pagó su diezmo hasta el día en que murió, y fue ministro en la misma iglesia que había organizado y construido físicamente en 1959. Fue en esa pequeña iglesia donde prediqué mi primer avivamiento. Ese hombre era mi abuelo, John Franklin Bava.

Murió en 1996, poco después de que le realizaron una cirugía en el hospital de Elkins en Elkins, Virginia Occidental, pero lo seguimos recordando.

*¿Cómo lo recordarán a usted?*

¿Las personas pasarán junto a sus restos terrenales, le dirán una despedida, y en pocos días se olvidarán de que usted existió? ¿Cuchichearán en la funeraria y comentarán: "Realmente le causó muchos problemas a su esposa y nunca tuvo mucho que ver con sus hijos biológicos"? ¿El círculo empresarial tendrá para contar historias de cómo siempre estaba endeudado, nunca pagaba sus facturas, y deja una pesada carga para su familia? ¿Qué dirán de usted?

¿O durante los años venideros sus amigos más íntimos estarán colgando su fotografía en la repisa de la chimenea, como un recuerdo de su querido amigo que ya no está con ellos? ¿Las personas de su comunidad dirán: "Era un gran ejemplo de buen esposo y padre; espero poder ser como él"? ¿Los colegas de la empresa dirán: "Tenía una aguda mente empresarial y siempre trató de hacer lo que era correcto; supo cómo planear para el futuro"? ¿Sus hijos lo extrañarán y contarán a sus propios hijos historias de su relación con usted y lo bien que lo pasaban con papá?

Cómo hombres y mujeres verán su partida es una elección suya. Usted escoge su propio destino. Usted decide los senderos que toma y a dónde lo llevarán en última instancia. Lo mismo es cierto con respecto a su destino eterno. ¿Dónde terminará usted?

Dios ha dado a cada persona el poder de elegir entre la vida y la muerte (Jos 24:15). El plan de la redención, a menudo llamado plan de salvación, fue establecido mucho antes de que Adán hubiera pecado (1 P 1:19-20). Cristo llevó nuestros pecados a la cruz, y si nos arrepentimos y recurrimos a Dios y recibimos por fe la obra consumada por Cristo, podremos ser liberados de este cuerpo de muerte y pasar la eternidad con el Señor (Ro 7: 24; 8:1-11).

El proceso comienza creyendo con su corazón que Jesucristo es el único camino al cielo:

> Y en ningún otro hay salvación; porque no hay otro nombre bajo el cielo, dado a los hombres, en que podamos ser salvos.
>
> —HECHOS 4:12

Luego debemos confesar que somos pecadores y pedir que Cristo perdone nuestros pecados. Como Pablo dijo:

> Porque con el corazón se cree para justicia, pero con la boca se confiesa para salvación.
>
> —ROMANOS 10:10

Este proceso de creer y confesar lleva a una transformación interior, que no puede ser explicada pero que ha sido experimentada por cientos de millones de personas a lo largo del tiempo. Desde este punto, cuando usted estudie las Escrituras y se asocie con otros creyentes, descubrirá lo que le ha estado faltando: justicia, paz, y gozo (Ro 14:17). Usted se asombrará ante la maravilla de la Palabra escrita de Dios, la Biblia, y cuando aprenda a comunicarse personalmente con el Señor, crecerá en gracia y en el conocimiento de Él.

Usted también debe buscar una iglesia o una comunidad de creyentes que ame a Cristo y esté enseñando la pura Palabra de Dios. En la medida en que permanezca fiel a su compromiso con Cristo y camine en este nuevo pacto, usted se estará preparando para el mejor viaje de todos los tiempos. Usted dejará esta vida a través de la muerte o será transpuesto y transformado en un momento cuando Cristo regrese. En cualquier caso, ¡usted será un ganador!

Si usted oye la verdad y decide rechazarla deliberadamente, su destino eterno final será una tierra de aridez y oscuridad, de fuego y desolación en cámaras subterráneas. Usted no tiene por qué ir allá, y nunca verá ese sitio si simplemente cree en el evangelio.

Para concluir, ¡por favor no se olvide de que la eternidad nunca termina, y que usted está yendo camino de la eternidad!

# Una oración para ser redimido

Querido Señor Jesús:

Vengo ante ti sabiendo que soy un pecador. Me doy cuenta de mi debilidad y mi pecado, pero creo que tú viniste para redimirme y perdonar mis pecados y traerme a tu familia. Te pido que me perdones todos mis pecados, me limpies completamente por medio de tu preciosa sangre y tu sacrificio, y me recuerdes como hijo tuyo cuando sea el tiempo de entrar en tu reino.

A través de tu Palabra y tu poder, cámbiame. Líbrame de mis ataduras, y dame gozo y paz. Ayúdame a hacer nuevos amigos y a seguirte y aprender de ti. Te recibo como mi Salvador, y creo que tú me has recibido como tu hijo en la familia de Dios. Pido todo esto en el nombre de Cristo, amén.

# NOTAS

## Capítulo 1
## Viaje más allá de la tumba

1. Notas de *Dake's Annotated Reference Bible* (Lawrenceville, GA: Dake Publishing, 1996), s.v. "Genesis 1:1."

2. Strong, James: *Strong concordancia exhaustiva de la Biblia*, Ed. Caribe, 2003, vocablo "tejóm" (H8415).

3. Vine, W.E. :*Vine Diccionario Expositivo de Palabras del Antiguo y Nuevo Testamento*, Ed. Caribe, 1999. Sección N.T., vocablo "Hades".

4. *The Ante-Nicene Fathers* (Los Padres antenicenos), vol. 5 (Grand Rapids, MI: Wm. B. Eerdman's Publishing House, 1957), 221.

5. Citado por Francis A. Schaeffer en *The Church Before the Watching World* (La iglesia ante el mundo expectante) (Downers Grove, IL: InterVarsity Press, 1971), 54–55.

6. John Lightfoot, "Chapter 39: The Valley of Hinnom" (Capítulo 39: El valle de Hinom), en *A Commentary on the New Testament From the Talmud and Hebraica* (Un comentario sobre el Nuevo Testamento del Talmud y la Hebraica), http://philologos.org/__eb-jl/cent04.htm (consulta en línea, 9 de abril de 2010).

7. Flavius Josephus, War 2:155, as referenced in Steve Mason, Flavius Josephus on the Pharisees: A Composition-Critical Study (Guerras 2:155, tal como se menciona en Flavio Josefo sobre los fariseos: Un estudio de composición crítica, de Steve Mason) -(Leiden, he Netherlands: E. J. Brill, 1991), 159.

8. WorldAtlas.com, "The Bermuda Triangle" (El triángulo de las Bermudas), http://www.worldatlas.com/aatlas/infopage/bermudat.htm (consulta en línea, 7 de enero de 2010).

9. Library.hinkquest.org, "Ocean Facts," http://library.thinkquest.org/6234/newpage1.htm (consulta en línea, 7 de enero de 2010).

10. Bibliotecapleyades.net, "Ten Vile Vortices Around the World," http://www.bibliotecapleyades.net/mapas_ocultotierra/esp_mapa_ocultotierra_11.htm (consulta en línea, 7 de enero de 2010).

11. Ibíd.

## Capítulo 2
### El Mar Muerto: la zona del futuro lago de fuego

1. Nature magazine, Science Update, July 22, 2002, as quoted in Terry Watkins, "The Truth About Hell" (La verdad acerca del infierno) http://www.av1611.org/hell.html (consulta en línea, 12 de abril de 2010).

2. TravelEgypt.com, "Dead Sea," http://www.travelegypt.com/siteinfo/DeadSea.htm (consulta en línea, 8 de enero de 2010).

3. Zayne Bilkadi, "Bulls From the Sea," Saudi Aramco World, July/August 1994, http://www.saudiaramcoworld.com/issue/199404/bulls.from.the.sea.htm (consulta en línea, 8 de enero de 2010).

4. "LV.3–LVI.4: Final Judgment of Azazel, the Watchers, and their Children," The Book of Enoch, http://www.heaven.net.nz/writings/thebookofenoch.htm (consulta en línea, 8 de enero de 2010).

5. Strabo, Geographika XVI, 764, como lo cita Stephen John Spencer, en The Genesis Pursuit (Longwood, FL: Xulon Press, 2006), 199.

6. Sabiduría de Salomón 10:6-7. En Biblia Online, sitio Catholic.Net http://biblia.catholic.net/home.php?id_cap=1&id_ver=92&id_sub=933&palabra=perversidad&tipo=palabra&idiomabiblica=1, (consulta en línea 5 de julio de 2010).

7. Diodorus, Book II, como lo cita Sir William Smith ed., en Dictionary of Greek and Roman Geography (Diccionario de geografía griega y romana), vol. 2 (London: Spottiswoods and Company, 1873), 522.

8. Philo, On Abraham, XXVII: 140–141 (Filón sobre Abraham, XXVII 140-141), http://www.earlychristianwritings.com/yonge/book22.html (consulta en línea, 8 de enero de 2010).

9. Volney, Travels, vol. 1, 281–282, como lo cita Newswatchmagazine.org, en "Jude's Example," http://www.newswatchmagazine.org/restknowledge/rk2/lakeoire2.htm (consulta en línea, 8 de enero de 2010).

10. William Francis Lynch, The Official Report of the United States Expedition to Explore the Dead Sea and River Jordan (Informe official de la expedición de los Estados Unidos a explorer el Mar Muerto y el río Jordán), (Baltimore: John Murphy & Company, 1852), 34, 38.

11. Jamal Halaby, "Mideast Conflict Slows Dead Sea Work" (El conflicto del Medio Oriente demora el trabajo en el Mar Muerto) USA Today, May 5, 2007, http://www.usatoday.com/news/world/2007-05-05-deadsea_N.htm (consulta en línea, 8 de enero de 2010).

12. Joe Anuta, "Probing Question: What Heats the Earth's Core?" (Investigando a fondo: ¿Cuán caliente es el centro de la tierra?) Physorg.com, March 30, 2006, http://www.physorg.com/news62952904.html (consulta en línea, 11 de enero de 2010).

13. National Academy of Sciences, "Project Mohole, 1958–1966," http://www.nationalacademies.org/history/mohole/ (consulta en línea, 11 de enero de 2010).

14. RitchieWiki.com, "Kola Superdeep Borehole, http://www.ritchiewiki. com/wiki/index.php/Kola_Superdeep_Borehole (consulta en línea, 11 de enero de 2010).

15. Anuta, "Probing Question: What Heats the Earth's Core?" (Investigando a fondo: ¿Cuán caliente es el centro de la tierra?), antes citado.

16. Isaías 66:24 desde la versión Caldea, tomado de Notas de Barnes, Electronic Database. Copyright © 1997 by Biblesoft.

17. Isaías 66:24, la Vulgata. Torres Amat, Sagrada Biblia –versión de la Vulgata. Ed. Ramón Sopena S.A., Barcelona, 1978.

18. Isaías 66:24, the Septuagint.

19. Isaías 66:24, the Syriac.

## Capítulo 6
## Más secretos del tercer cielo

1. International Standard Bible Encyclopedia, s.v. "candlestick" (candelabro) Bibleencyclopedia.com, http://bibleencyclopedia.com/ candlestick.htm (consulta en línea, 19 de abril de 2010).

2. Ali Sina, "7 Layers of Heaven" (7 niveles del cielo) Islam Watch, 20 de noviembre de 2005, http://www.islam-watch.org/AliSina/7Layers.htm (consulta en línea, 12 de enero de 2010).

3. Bereishis Rabbah 19:7, como lo cita "Hide and Go Seek," Rabbi Winston's Weekly Parsha Page, http://www.neveh.org/winston/parsha63/ nitzvylc.html (consulta en línea, 12 de enero de 2010).

## Capítulo 7
## El hombre es un ser tripartito: una parte muere y dos partes viven

1. WhatHappensNow.com, "Average Funeral Costs" (Costo promedio de los funerales), http://www.whathappensnow.com/articles_show. cfm?id=37&cat=6&sub=4 (consulta en línea, 14 de enero de 2010).

2. KehillitIsrael.net, "A Summary of Jewish Practices in Death and Mourning" (Un sumario de prácticas judías sobre la muerte y el duelo), http://kehillatisrael.net/docs/chevra_summary.htm (consulta en línea, January 22, 2010).

3. Earl A. Grollman, "Rituals: Ceremonies Following Death and their Meanings for Jewish Children" (Rituales: ceremonias que siguen a la muerte y sus significados para los niños judíos) in Bereaved Children

and Teens: A Support Guide for Parents and Professionals (Boston, MA: Beacon Press, 1995), 142.

4. Alfred J. Kolatch, *The Jewish Book of Why* (El libro judío de los por qué) (Middle Village, NY: Jonathan David Publishers, 1981), 49–83.

5. Eusebio, *Church History* (Historia de la Iglesia), libro VI, Capítulo 37, "The Dissension of the Arabians," NewAdvent.org, http://www. newadvent.org/fathers/250106.htm (consulta en línea, 21 de abril de 2010).

6. C. F. Hogg and W. E. Vine: *The Epistles to the Thessalonians With Notes Exegetical and Expository* (Las epístolas a los tesalonicenses con notas exigéticas y expositivas) (London: Pickering & Inglis, 1929), 172.

7. Robert A. Morey: *Death and the Afterlife* (La muerte y la vida después de la muerte) (Minneapolis, MN: Bethany House, 1984), 50.

8. Flavio Josefo: The Wars of the Jews (Las guerras de los judíos), Libro II, Capítulo 8.11, Christian Classics Ethereal Library, http://www. ccel.org/j/josephus/works/war-2.htm (consulta en línea, 21 de abril de 2010).

9. Justino Mártir: "Capítulo XX: Heathen Analogies to Christian Doctrine" (Analogías paganas de la doctrina cristiana) in The First Apology of Justin, http://www.tertullian.org/fathers2/ANF-01/anf01-46. htm (consulta en línea, 21 de abril de 2010).

10. John Deedy, *The Catholic Fact Book* (n.p.: Thomas More Press, 1990), 374.

11. El Concilio de Trento, Sesión VI, "La justificación", Cánones sobre la justificación, canon XXX, http://www.conoze.com/doc.php?doc=5249 (consulta en línea 3 de julio de 2010).]

12. El Concilio de Trento, Sesión XXV: "Decreto sobre el Purgatorio", http://www.conoze.com/doc.php?doc=5310 (consulta en línea 3 de julio de 2010).

13. F. L. Cross y E. A. Livingstone, eds.: *Dictionary of the Christian Church* (Diccionario de la iglesia Cristiana) 3a edición (n.p.: Hendrickson Publishers, 2007).

14. Platón, citado por Homer William Smith, en *Man and His Gods* (El hombre y sus dioses) (n.p.: Grosset's Universal Library, 1956), 127.

# Capítulo 8
## El misterio de las experiencias próximas a la muerte

1. Maurice Rawlings, *Beyond Death's Door* (Más allá de las puertas de la muerte) (Nashville, homas Nelson, 1978), 3.

## Capítulo 9
### La mejor bienvenida jamás conocida

1. Esta historia sucedió durante la Guerra de Vietnam, y la escuché relatada por Jimmy Swaggart cuando predicaba un mensaje a fines de la década de los setenta en una iglesia local.

2. Para mejor información sobre el descubrimiento del AND, ver Lotta Fredholm, "El descubrimiento de la estructura molecular del ADN: La doble hélice," 30 de septiembre de 2003, en http://nobelprize.org/educational_games/medicine/dna_double_helix/readmore.html.

3. Kitta MacPherson, "'Junk' ADN Has Important Role, Researchers Find," cited in Mariusz Nowacki, Brian P. Higgins, Genevieve M. Maquilan, Estienne C. Swart, Thomas G. Doak, and Laura F. Landweber, "A Functional Role for Transposases in a Large Eukaryotic Genome," Science 324, no. 5929 (2009): http://www.sciencemag.org/cgi/content/abstract/324/5929/935 (consulta en línea, 14 de enero de 2010).

4. Walt Brown, *In the Beginning* (En el principio), 8th ed. (Phoenix, AZ: Center for Scientific Creation, 2008).

5. Ibíd.

6. Un web site que da información adicional sobre el ADN testeado de los rollos del Mar Muerto puede ser consultado en línea en http://www.smithsonianmag.com/history-archaeology/Who-Wrote-the-Dead-Sea-Scrolls.html.

7. Vine, W.E. :*Vine Diccionario Expositivo de Palabras del Antiguo y Nuevo Testamento*, Ed. Caribe, 1999. Sección N.T., vocablo "Tocar", 1.

## Capítulo 10
### Los misterios del tiempo-luz y de la eternidad

1. Para aprender más acerca de cómo funciona la melatonina, vaya a "Questions and Answers About Melatonin" (Preguntas y respuestas sobre la melatonina), en http://www.sltbr.org/melfaq.htm.

2. Isaac M. McPhee, "Traveling at the Speed of Light" (Viajando a la velocidad de la luz) Suite101.com, http://physics.suite101.com/article.cfm/traveling_at_the_speed_of_light (consulta en línea, 15 de enero de 2010).

3. PhysicsWorld.com, "Laser Smashes Light-Speed Record," PhysicsWorld.com, July 19, 2000, http://physicsworld.com/cws/article/news/2810 (consulta en línea, January 15, 2010).

4. Cockrill School of Engineering Press Release, "Engineers Discover Procedure hat Can Make Tissue Temporarily Transparent, Potentially Improving Medical Procedures" August 23, 2000, http://www.engr.utexas.edu/news/releases/4468 (consulta en línea, January 15, 2010).

5. Paul Rincon, "Wormhole 'No Use' for Time Travel" (Agujeros de gusano "no usados" para viajes por el tiempo) BBCNews, May 23, 2005, http://news.bbc.co.uk/2/hi/sci/tech/4564477.stm (consulta en línea, January 15, 2010).

## Capítulo 11
## ¿Quién irá al cielo, y quién se perderá?

1. Para mejor información sobre los cuarenta y ocho templos de Fengdú, China, vea: Nancy Muenker, "To Hell and Back" (Ida y vuelta al infierno) The Well Seasoned Traveler, http://www.wellseasonedtraveler. com/Muenker/MuenkerArticles/China/ToHellAndBack.htm, o "Fengdu Ming Mountain Scenic Area," ChinaHotel.com, http://www.chinahotel. com .cn/ch_scenic_info.php?sl41_No=1090 (consulta en línea, 18 de enero de 2010).

2. MyHealingHands.com, "The Buddhist Perspective on Paper Offerings" (La perspective budista sobre ofrendas de papel), The Dharma, January 2004, http://www.myhealinghands.com.sg/thedharma/ buddhistburningpaperofering.htm (consulta en línea, 22 de abril de 2010).

3. R. K. Jones et al., "Abortion in the United States: Incidence and Access to Services, 2005" (Aborto en los Estados Unidos: Incidencia y acceso a los servicios) Perspectives on Sexual and Reproductive Health (Perspectivas en salud sexual y reproductiva) 40, no. 1 (2008): 6–16, referenced in Guttmacher Institute, "Facts on Induced Abortions in the United States," July 2008, http://www.guttmacher.org/ pubs/b_induced_abortion.html (consulta en línea, 18 de enero de 2010).

4. L. B. Finer et al., "Reasons U.S. Women Have Abortions: Quantitative and Qualitative" (Razones que tienen las mujeres de EE.UU. para abortar: Cuantitativas y cualitativas) Perspectives on Sexual and Reproductive Health (Perspectivas en salud sexual y reproductiva) 37, no. 3 (2005): 110–118, referenced in Guttmacher Institute, "Facts on Induced Abortions in the United States" (mencionado por Guttmacher Institute en "Hechos que inducen abortos en los Estados Unidos").

5. Lawrence Jones, "Planned Parenthood Director Resigns After Witnessing Abortion" (Director de Planned Parenthood renuncia después de ser testigo de un aborto) ChristianPost.com, November 6, 2009, http://www.christianpost.com/article/20091106/planned- parenthood-director-resigns-after-witnessing-abortion-on -ultrasound/ (consulta en línea, 18 de enero de 2010).

6. Bishop Earthquake Kelley, *Bound to Lose, Destined to Win* (Cleveland, TN: CopperScroll Publishers, LLC, 2007).

7. Ibíd., 105–118.

8. Dr. Laverne P. Blowers, "Are they Really Lost? What Is the Status of the Unevangelized?" (¿Están realmente perdidos? ¿Cuál es la situación de los no evangelizados?) Christian Higher Education, Bethel College, http://www.bethelcollege .edu/academics/library/Archives/relections/ v7n1p127.pdf (consulta en línea, March 5, 2010).

9. Vine, W.E. :*Vine Diccionario Expositivo de Palabras del Antiguo y Nuevo Testamento*, Ed. Caribe, 1999. Sección N.T., vocablo "Niño", 2.

10. Gordon Lindsay, *Scenes Beyond the Grave: Visions of Marietta Davis* (Escenas más allá de la tumba: Visiones de Marietta Davis) (n.p.: Christ for the Nations, 1975).

11. Vine, W.E., op. Cit. Sección N.T., vocablos "Renovación, renovar", B. Verbos.

## Capítulo 12
### El Bema y el juicio ante el Gran Trono Blanco

1. Vine, W.E.: *Vine Diccionario Expositivo de Palabras del Antiguo y Nuevo Testamento*, Ed. Caribe, 1999. Sección N.T., vocablo "Tribunal".

2. Íd., vocablo "Corona", A. Nombres.

## Capítulo 13
### ¿Cómo quiere usted ser recordado?

1. "Snakes in an Atheist's Grave" (Serpientes en la tumba de un ateo), FaithPublishing.com, http://www.theshop.net/faithpub/snakesin.html (consulta en línea, 12 de enero de 2010).

# Otros libros del autor:

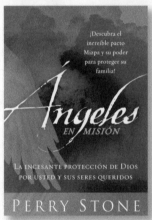

Para más información visite nuestra página web:

## www.casacreacion.com

**Adquiéralos en su librería más cercana.**

CASA
CREACIÓN
A STRANG COMPANY
www.casacreacion.com